ピエール・ブルデュー

Pierre Bourdieu

1930—2002

加藤晴久 編

藤原書店

PIERRE BOURDIEU 1930-2002

Pierre BOURDIEU et al.
(Sous la direction de KATO Haruhisa)

ピエール・ブルデュー　1930－2002

目次

第II部　ブルデュー理論の地平——ブルデュー論文選　P・ブルデュー

第Ⅲ部　ブルデューを語る

ブルデューを悼む――弔辞

エドワード・W・サイード（文学批評家）　208
エリック・ホブズボーム（歴史家）　212
ジャック・ブーヴレス（哲学者）　216
エマニュエル・テレ（人類学者）　221
加藤晴久（フランス語・フランス文学者）　224

ブルデューの偉大さを称えて

ブルデュー、悲しみ……アニー・エルノー（女流作家）　230
ブルデュー、理性と情熱……ロジェ＝ポール・ドロワ（哲学者）　234
マルクスよりもパスカル……ロジェ・シャルチエ（歴史家）　238
攪乱者ピエール・ブルデュー……ジャック・ブーヴレス（哲学者）　242
ジンメルとヴェーバーの総合……アクセル・ホネット（哲学者）　248
言葉の力……『ル・モンド』社説　251

諸領域へのブルデューの影響

［政治学］　雑談的政治学者への嫌悪……バスチアン・フランソワ（政治学者）　254

[労働運動] ブルデューは楽しんでいました……アニック・クーペ（労働組合書記長） 256
[文学] 実験室の必要……ジャック・デュボワ（文学研究者） 258
[同性愛者の運動] 社会運動のアヴァンギャルド……ディディエ・エリボン（作家・哲学者） 261
[アルジェリア] 彼は自らの陣営を選んだ……フランソワ・ジェズ（出版社主） 264
[歴史学] 歴史学の革新への貢献……オリヴィエ・クリスタン（歴史家） 267
[メディア] 後期の関心事……シリル・ルミュー（社会学者） 269
[教育] 遺産相続者たちのスキャンダル……クリスティアン・ボードロ（社会学者） 273
[哲学] 哲学への深い愛……ジャック・ブーヴレス（哲学者） 276
[文化] 美的趣味の社会的批判……リチャード・シュスターマン（哲学者） 279
[エクリチュール] 言葉と物を変える……ピエール・アンクルヴェ（社会学者） 281
[ブルデュー以後] 遺産を生かす……ベルナール・ライール（社会学者） 284

ピエール・ブルデュー関連インターネット・サイト案内 287
ピエール・ブルデュー略年譜 289
ピエール・ブルデュー主要単行本リスト 290

編者解題 294

ピエール・ブルデュー　1930－2002

観察の対象となる個々の人々を動かしている糸を発見することだけが社会学の目的であるとしたならば、社会学は人間たちを相手にしているのである（たとえ彼らが操り人形のように自分の知らない規則に従うゲームを演じているときでさえ）ことを忘れたならば、要するに、社会学が人々に彼らの行為の意味を取り戻させることを自らの任務としているのでないのならば、社会学には三文の価値もないだろう。

——「独身と農民の条件」『農村研究』五—六号、一九六二年四—九月号

La sociologie ne mériterait peut-être pas une heure de peine si elle avait pour fin seulement de découvrir les ficelles qui font mouvoir les individus qu'elle observe, si elle oubliait qu'elle a affaire à des hommes, lors même que ceux-ci, à la façon des marionnettes, jouent un jeu dont ils ignorent les règles, bref, si elle ne se donnait pour tâche de restituer à ces hommes le sens de leurs actes. ——« Célibat et condition paysanne », *Études rurales*, 5-6, avril-septembre 1962

自分が知っていると思うことを人々に言うことは、いわば社会的義務、仕事上の義務だと思います。私は公共機関の研究者です。公共機関によって生み出された存在です。私は自分の仕事の成果で報酬を受けているわけですが、その成果を公衆に還元すべきであると考えます。私は社会を理解しようと努めることで報酬を得ています。ですから〔還元することが〕社会的義務と思うわけです。

——「ネオ・リベラリズムと新しい支配形態」、二〇〇〇年一〇月、東京での講演
『ピエール・ブルデュー来日記念講演2000』

Je pense que c'est une sorte de devoir social, de devoir de fonction de dire aux gens ce que l'on croit savoir. Moi, je suis un chercheur du service public, je suis un produit du service public, j'estime que je dois rendre au public les services pour lesquels je suis payé. Je suis payé pour essayer de comprendre le monde social. Je pense que c'est un devoir social.

——« Néo-libéralisme et nouvelles formes de domination », octobre 2000 à Tokyo

I ブルデュー自身が語るブルデュー

PIERRE BOURDIEU 1930−2002

ムーラン市のリセ教員時代のブルデュー

超領域の人間学——アルジェリアから『世界の悲惨』まで

ピエール・ブルデュー
（聞き手・加藤晴久）

加藤晴久　あなたの最近の著作『世界の悲惨』は昨年〔一九九三年〕春出版以来ベストセラーになっています。五二の面接調査記録と、担当研究者の社会学的分析からなっている本ですが、面接の部分がそのまま脚本として使われて劇化され大きな話題になっています。われわれも昨日、スタン市の劇場で見て、撮影してきました。しかしこの『世界の悲惨』は九〇〇ページもある大きな本ですし、コメントの部分はかなり専門的で、すらすら読めるといったものではありません。それが一〇万部を越すベストセラーになっている。この事態をどのように説明されますか？

一〇万部のベストセラー『世界の悲惨』

ピエール・ブルデュー　それは『世界の悲惨』が人々の強い期待に応えていたからだと思います。面接調査のなかで話してくれた人たちはまさにその機会を待っていた、自分たちの苦悩について語るために私たちを待っていたかのようでした。読者のほうも、本のなかで話している人たちは自分の代わりに話しているという印象を持ったようです。自分の代弁者のように思った、話されていることのなかに自分の姿を認めたかのようです。そのような内容の手紙をたくさん受け取りました。読者との対話集会もしばしばやりました。あるとき、ひとりの女性が立ち上がって、「盗まれた作品」というタイトルのインタビューで語られている女性の話はまさに私自身の話です、あれを読んだお蔭で私は自分のことを理解できるようになりました、私も自分の話が人に話せるようになりました、と言いました。

加藤 インタビューの対象になった人たちはどんな人たちなのですか？

ブルデュー それは本当にさまざまな境遇の人たちです。いわゆる極貧層に属する人たちがいます。たとえば失業者や労働者、ホームレス、浮浪者といった人々です。それとは逆に「小さな悲惨」に苦しむ人たちもいます。つまり、家もあるし、安定した仕事もあって、幸せであるための条件はすべて揃っているように見えながら、実際には職場の労使関係や人間関係で大きな悩みを抱えている人々もいます。ですから、この面接調査は、フランスで「排除されている人々《レ・ゼクスクリュ》」、「第四世界《ル・カール・モンド》」と呼ばれる人々だけを対象としているのではありません。日常的に私たちが出会うような人々、たとえば教師とか学生といったごく普通の人たちも含まれているのです。私は極端に不幸な人の例をわざわざ選んだりはしていません。むしろあまりにドラマチックな例は外しました。というのも、『世界の悲惨』の基本的なコンセプトは、社会は表立って表現されることのない苦しみであふれている、その声にならない苦しみに耳を傾けようというものだからです。たとえば学校システムの中での苦しみです。日本の教育制度についても多くの文献を読みましたが、学校という場には表現されることのない苦しみが充満しているはずです。

加藤 つまり、調査の対象となった人々に共通しているのは、彼らが今までみずからを表現する機会を持たなかった点である、というふうに言えるのでしょうか。

ブルデュー そうです。民主主義と言われますが、現代社会の一般市民はそういう状況に置かれています。彼ら

について、彼らのために、彼らの代わりに語る者たちがいます。政治家、労組幹部といった者たちです。しかし、この代弁者たちは市民の声に耳を傾けることがありません。この本はフランスの社会党政権の末期に企画されました。その狙いのひとつは、人民の意思を表現しているはずの体制がいかに人民の言うことを聞いていないかを示すことでした。たとえばインタビューのひとつでは、下部の社会党員三人、市長、県会議員、組合活動家と語り合いましたが、彼らはいずれも、自分たちが党中央のエリートたちといかに断絶しているかを告白していました。これらの人たち自身が本当は一般市民の政治的代弁者であるはずなのに、です。となれば、一般市民に発言の場があるはずがありません。

『世界の悲惨』の「治療効果」

加藤　面接調査の対象になった人たちがいろいろだったとすれば、読者の方もそうだったと言えるわけですね？

ブルデュー　詳しい統計を取ったわけではありませんが、読者の手紙とか、集会での接触とかをとおして、非常に多くのソーシャル・ワーカーの人たち、つまり苦しんでいる人々と日常的に接している人たちに読まれたことが分かっています。しかしそれだけでなく、指導的な階層の人たちにも読まれました。というのはあの本のなかに読者は社会を見るひとつの見方を読みとったのだと思います。人々は話す場がないというだけでなく、聞く場もないと考えているのだと思います。聞くことを仕事にしている精神分析医とかその他の医師がいますが、社会的苦しみは表現される場がありません。別に治療的な役割を果たそうと思ったわけではありませんが、『世界の悲惨』には一種の治療効果があったと思います。

自分にとってこの本は一つの啓示だった、自分の問題が表現されていると感じた、今まで人前で言えなかったことが言えるようになった、と言う人たちがたくさんいました。

加藤　治療的効果と言われましたが、具体的に説明していただけますか？

ブルデュー　たとえばソーシャル・ワーカーたちです。はじめ私たちは、ソーシャル・ワーカーはインフォーマントの役割を果たしてくれる、深刻な社会問題について彼らが持っている知識は私たちが分析すべき素材となると考えていました。ところがこの「町中の官僚たち」自身が実は大きな矛盾を抱えていること、深刻な苦しみに悩んでいることに気が付きました。北フランスの貧困地域で地区再生プロジェクトの主任をしている女性がいましたが、計画を実施するための手段がほとんどない、自分がやっていることは人々の苦しみをなだめる、眠らせることでしかないと悩んでいました。私たちと語ることが彼女にとってはまさに治療的効果を持つことになりました。

もうひとつ例を挙げますと、刑の執行を担当する判事の事例です。刑務所で服役者の外出とか外泊を許可するかどうかなどを判断する司法官です。インタビューのなかで「あなたはいわば『ヒューーズ』のような存在ですね」と私が言ったのです。彼は笑いましたが、的を射ていると思ったのか、その後の話でこの「ヒューーズ」という言葉を繰り返していました。それがきっかけでずっと打ち解けた話ができるようになって、彼自身の自己理解が進む効果がありました。読者にとっても同じようなことが起こったのだと思います。

加藤　その話をうかがって最近日本であったことを思い出しました。社会福祉関係の仕事に従事してい

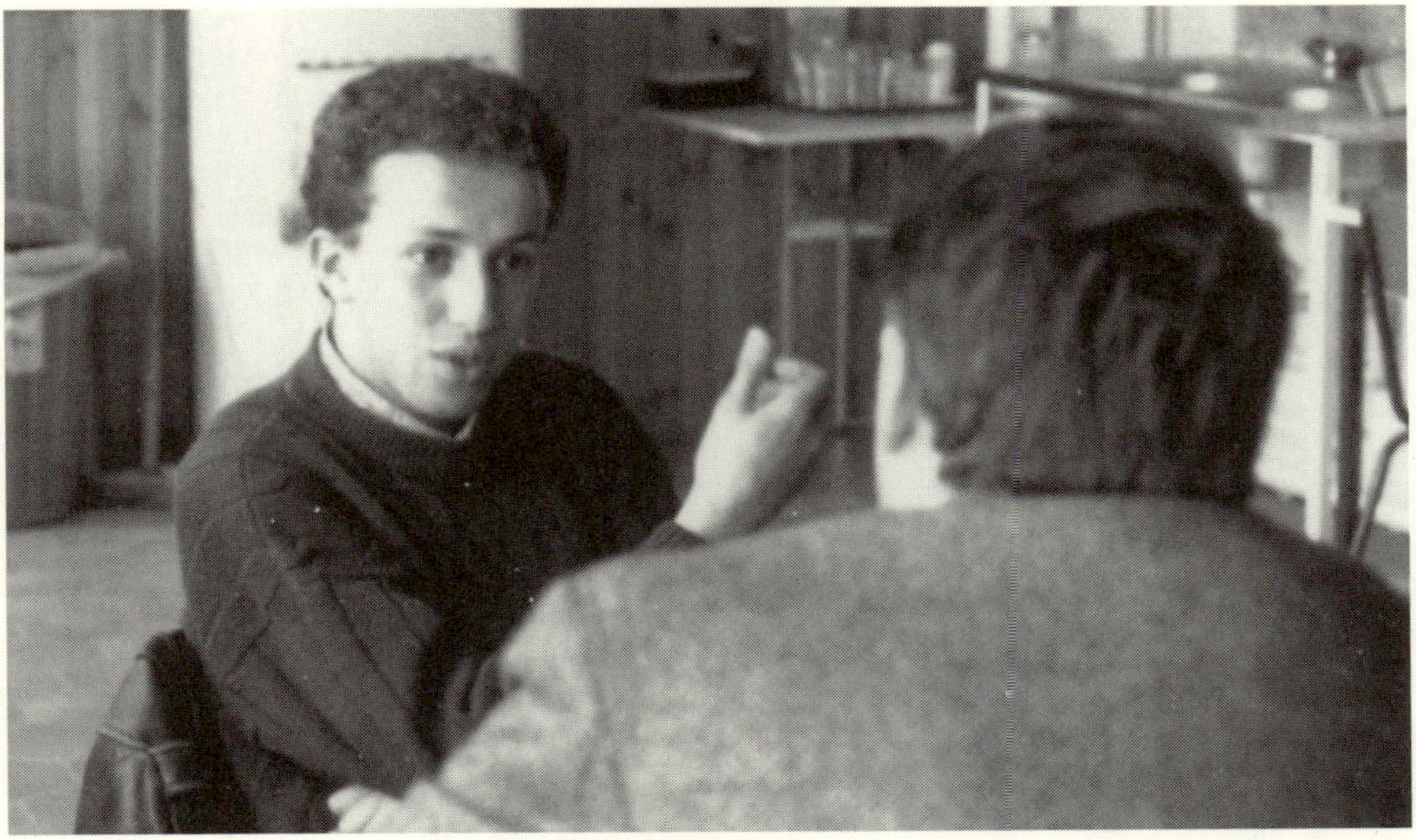

インタビューするブルデュー

る人たちが自分たちで出している雑誌の「俳句」ないし「川柳」という定型詩欄で、自分たちが世話をしている貧困者や障害者たちを嘲笑するような作品を発表しているのです。日刊紙がそれを取り上げてスキャンダルになったのですが、雑誌を回収するという、いわば臭いものに蓋をする形で処理されました。しかし、非難されたソーシャル・ワーカーたちは実は限られた条件の中で底辺の人たちの世話を一生懸命している人たち、彼ら自身上層階層に属しているわけでない人たちなのですね。その彼らが日常的に直面している矛盾が嘲笑的な川柳という形で表れたのだという分析はマスコミでは見ませんでした。

ブルデュー　それは実に興味深い例です。ソーシャル・ワーカーを対象にしたインタビューは「不可能なミッション」というタイトルでしたが、まさにあなたが言うとおりで、彼らは、蔑視すべきとされている人たちの世話をしているがゆえにいささか蔑視されている人たちなのです。人を援助する立派な仕事をしている、社会が果たしていない仕事に従事しているのに、軽んじられている。そうした状況を不当だと感じているわけです。最近、トゥールーズ市でコレージュ・ド・フランスの出張講義をやりましたが、終わったときにひとりの女性が寄ってきて、自分はソーシャル・ワーカーだが、『世界の悲惨』を読んで、読者の目に対してだけでなく、自分たち自身の目にとって、自分たちの仕事が名誉回復されたように感じて嬉しかったと言ってくれました。社会が重要な業務を、蔑視している人たちに負託するのはよくあることで、たとえばアフリカの多くの社会では鍛冶とか食肉処理など不可欠な仕事を負託されている人たちが一方で蔑視されています。私はそうした事態に義憤を覚えます。社会的弱者の世話をしている人たちが、自分たちが世話をしている相手を軽んじる、そのことで自分の仕事を軽んじる、そんな状況に置かれていることに、です。

似非科学的面接調査批判としての「社会分析」

加藤　昨夜私たちが観た芝居の最後で、従来型の面接調査がかなり戯画的に演じられていましたが、そうした、あなたの言い方ですと「官僚的」な面接調査の仕方に対して、あなたのチームが実践する面接調査はどこが違うのでしょうか？

ブルデュー　あれは官公庁の面接調査の記録です。お役所社会学者が作った質問票に従って実施されたものです。残念ながら、普通、科学的と称されている調査の多くのはこの手のものです。それに従事している者たちは科学的と考えているのですが、ほとんどカフカ的と言わざるをえないようなもので、私たちは「審問」というタイトルを付けて本に収録しました。私たちがおこなった調査はまったく違います。お役所的な調査で収集されるような客観的データは、インタビューする前にすでに私たちの頭の中に入っていました。対象となる人の置かれている状況、人柄、考え方、収入や家族に関してはもちろん、その人の属する社会的カテゴリー全体の状況も知っていました。

例えば、ロレーヌ地方の製鉄所の労働者とか、そこに住む移民にインタビューに行く前に、私はその地方について書かれた物を深く研究し、調査のときにはそれを考慮に入れて質問するのです。その結果、私の質問の一つ一つが、相手をいかに理解しているかを証明するものとなるのです。つまり、インタビューを受ける人が、質問の内容やその尋ね方を通して、自分が理解されていること、自分が受け入れられていることを感じ取るのです。

そして、信頼して本音を語るというわけです。お役所的調査の、取り調べを受けているかのように、被告席に置かれているかのように感じるやり方とはまったく異なるわけです。

加藤　一部には、あなたやチームのメンバーによる社会学的コメントを付することなしに、生のままのインタビュー記録を出せばよかったのに、という声がありましたが。

ブルデュー　それは非常に重要な問題です。私たちはこの方法を「社会分析」socio-analyse と呼んでいるわけですが、私がこの方法を去年、日本で説明したときに、いったいどこが新しいのか、そんなことは皆やっている、というようなことを言った人たちがいました。それは疑わしいと私は思います。まず、社会学者が面接調査の記録を公刊することは非常に稀です。それもそのはず、あまり誇れるようなものではないでしょうからね。それはさておき、面談はそれだけで、孤立して機能することはできません。語り手の存在条件の厳密に構築された記述を付さなければなりません。この記述は面談と一体をなすものです。これらの記述なしでは多くのテクストは公刊できません。たとえば人種差別的な信念が吐露されている場合があります。個人攻撃がおこなわれている場合があります。こうしたテクストをそのまま読者に提供することはできません。なぜ語り手がそのようなことを言うのかを読者が理解しうるように、語り手の社会的特性を記述した分析を添える必要があります。語り手に対してその聞き手が示すであろう態度を読者に代って取る、ということです。これは成功したと思います。私たちが意図したのは、まさに、社会学的まなざしの所産を、社会学的問いかけの成果を示すことでした。同時に、社会的まなざしの原理、つまりこう話しかければ、こう問えば、語り手はこう話す、ということを示すこと、人を理解するためにはどのようなまなざしを注ぐ必要があるかを示すことでした。

加藤　でも、こう言う人がいませんか。そのように前もって面接調査を準備するというようなやり方は、被調査者、つまりインタビューされる人々に調査者が自分を投影していることにならないか、と。つまり、そうした方法は科学的客観性を保証しうるのか、と。

ブルデュー　それは実に素朴な考えです。それでいながら学問的だと信じ込まれている考え方です。最悪なのは素朴実証主義です。素朴実証主義の立場からそういう異論が出てくるのです。前提なき科学という幻想です。ニーチェはそれを処女懐胎の幻想と呼んでいます。私たちが批判した「審問」的な調査というのは、まさに典型的な実証主義なのです。その調査の特徴は何かといいますと、問いを発する人が、みずからの問いそのものに関しては問いかけないという点です。このような調査をする人は、例えば今何をしているのですか、どこで働いているのですかといった質問が中立的で客観的だと考えています。しかし、もしこれが失業者に対する質問であった場合、それは相手の罪責感をかき立てるようなものとなってしまいます。失業中の人に「働いていないのですか？　何故ですか？」と聞くことがどんな意味を持つかお分かりでしょう。

それに対して、私たちの調査方法の特徴は私が反省性《レフレクシヴィテ》と呼んでいるものです。つまり、調査者は被調査者との関係を把握する努力をするということです。面接記録に付したコメントでは、例えば、両者はどのようにして知り合ったのか、つき合いは長いのか、社会的格差はあるのか、同じような社会環境に属しているのか、あるいはインタビューがおこなわれたときの社会関係の

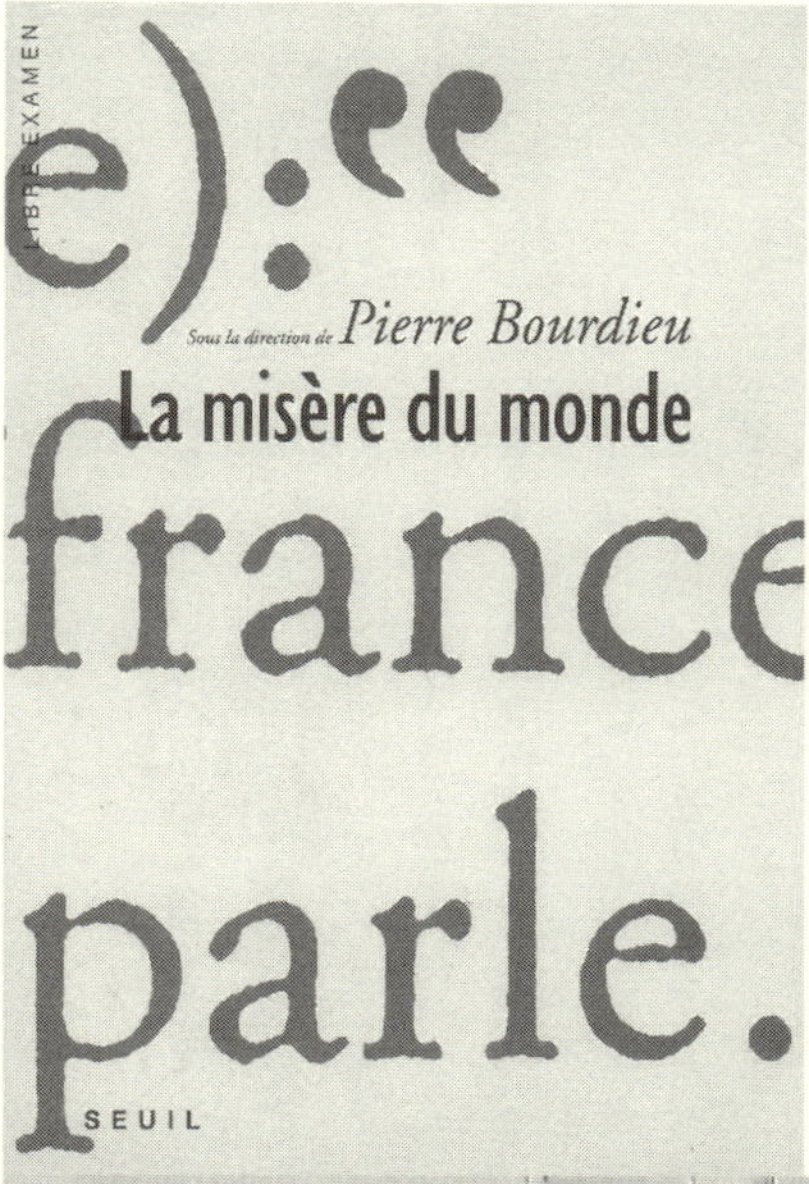

『世界の悲惨』原書

カバーの表の部分には La misère du monde というタイトルがベージュ色の地に黒く印刷されているが、それを圧する大きさで france「フランス」と parle「語る」という二つの語が赤く浮き出している。カバーをはずして裏表紙の部分も含めて全体を拡げてみると、はじめ france と見えたのは souffrance「苦しみ」の一部であることが分かる。そしてこの語の上に silence「沈黙」、その下に parole「言葉」、parle「語る」の二語がやはり赤く大きく配置され我々の目に迫ってくる。「フランスは語る」「ただしそのフランスとは普段は沈黙している人々」「通常は沈黙を余儀なくされて聞こえてくることのない苦しみにこの本は言葉を与えて語らせる」というこの本の意図を示す図柄である。

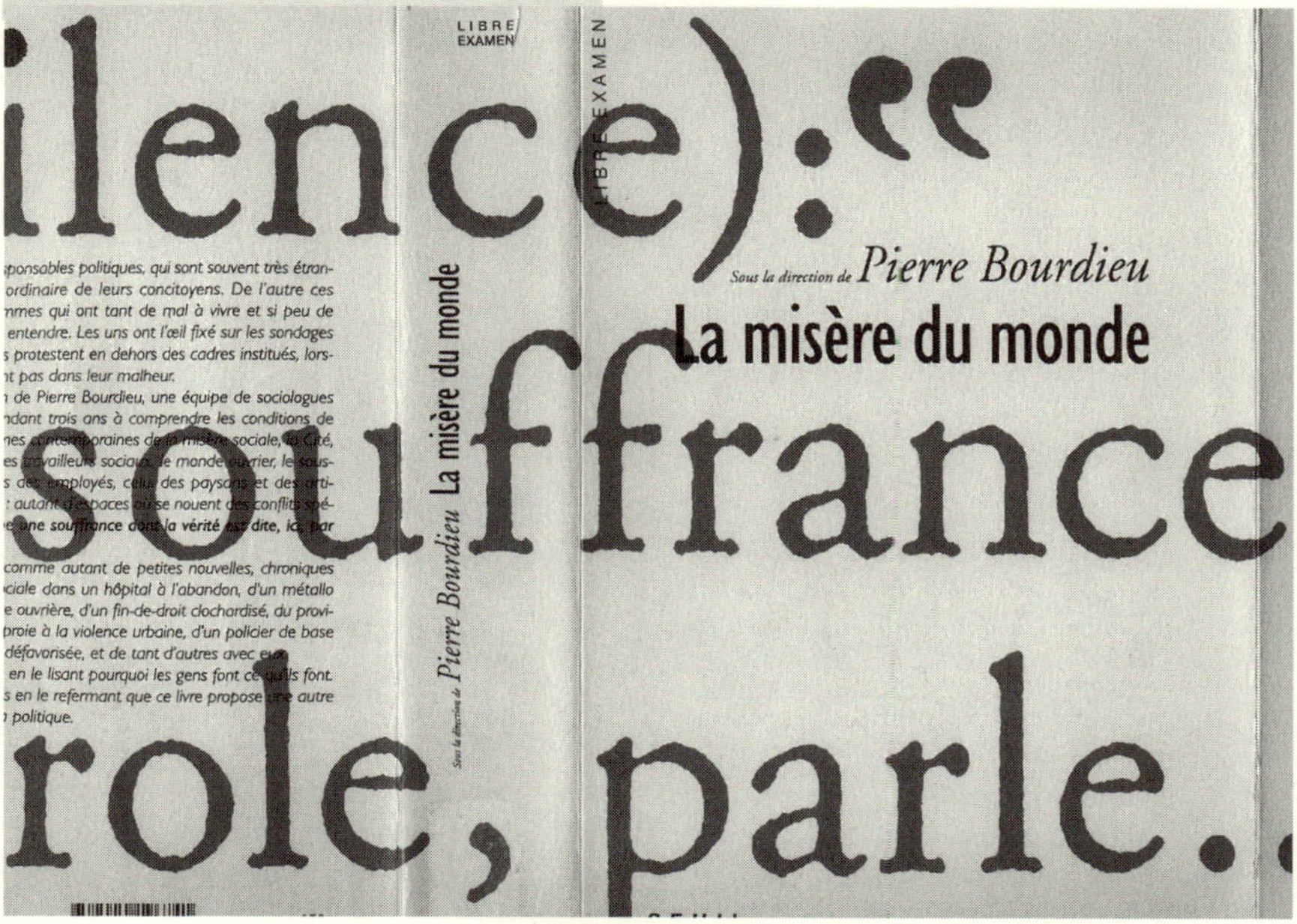

性質はどのようなものであったか、これらすべてが明らかにされるということです。
　言いかえれば、調査者の問いかけ自体を批判するために大きな努力がなされているということです。実証主義的調査はこの努力をいっさいしません。客観性と言いますが、客観性とは主観のゆがみを批判することを前提としています。質問を受けている人の立場に立つために、質問する者の主観のゆがみを批判しなければならないのです。質問する者が受ける者の社会的立場に立ったら、どのように言うだろうかを自省しなければならないわけです。

客観化する視点自体を客観化する

加藤　本の面接記録を読んだり、芝居を見たりして印象深かったのですが、フランス語で se trahir、文字通りには「自分を裏切る」、比喩的に「思わず本音を漏らす」ということですね、そういう場面がしばしばありますね。

ブルデュー　この本をもとにした劇化の企画がかなり寄せられてきているのですが、私は演出家に言っています。もし観客が笑ったら、その劇化は失敗したことになる、と。笑いというのは難しい問題ですが、共感を込めた、優しい笑いはともかく、皮肉な笑い、距離を置いた笑いの場合は、失敗です。なぜかということですが、日常生活において、私たちは皆、他人の客観的真実については明敏です。しかし、他人を見ているときの自分の視点については明敏ではありません。ですから、大切なのは、客観化する者の視点を客観化することです。それが本当の客観性というものです。ですから、できる限り、読者や観客がこの視点から見ることができるようにすることです。そうすれば、ほかの人々を笑ったり、非難したり、毛嫌いしたりすることはなくなります。それまでは嫌だなと思っていたような人をも、あるがままに受け入れることができるようになるのです。

加藤　あなたは「補佐された自己分析」l'auto-analyse assistée という言い方をしていますが、面接が終了した時点で被調査者は自己を発見する、自分という人間、自分の行動、要するに自分の人生を社会的に構造化しているものを発見する、ということになるのでしょうか。

ブルデュー　そのプロセスは複雑です。日常的な場面でひとは他人について「あいつは我慢ならない、耐えられない」というようなことを言います。しかし自分自身についてもそう言うことがあるわけです。「自分に我慢ならない、耐えられない」という自己嫌悪があります。では、他人、あるいは自分を我慢できる、耐えうるものにするプロセスは、人あるいは自分を変えるというのではなくて、その人あるいは自分がどのようにして今の人あるいは自分になったかを理解することなのです。いまある人あるいは自分にならなかったとしたら、わけが分からないということを理解することなのです。そこにある種の必然性があるということを理解することです。『世界の悲惨』の最後で方法論を展開した「理解する」という章のなかでフランシス・ポンジュの詩集《Le Parti pris des choses》に触れました。生物や無生物、カタツムリや椅子など、偶然的な存在がそうしたものとしてある、その必然性を受け容れるまなざしです。そのまなざしを人間に対しても持つということです。もちろん人間は競争、対立抗争の関係にありますから、より複雑ですが。

被調査者とブルデュー

加藤　あなたのいう社会分析と精神分析とは違うものと考えるべきなのですね？

ブルデュー　手続きの面では相似性がありますが、構築原理においては違います。いずれの場合も、相手に耳を傾ける、相手に対して完全に開かれている態勢にあるという点では似ていると言えますし、社会学者はこの姿勢を反射として完全に体内化していなければなりませんが、理解原理においてはまったく別です。

ハビトゥスを理解することはその人間を理解すること

加藤　社会分析には精神分析と同じように見えないものを見えるようにするという意図がある、そのことによって精神分析と同じように治療効果を持つことになるのだと思いますが、『世界の悲惨』の根底にある社会理論を具体的な例をとおして解説していただけませんか。

ブルデュー　面接調査で私たちがする質問、一見何でもないような質問の背景には理論があります。無色透明な質問というのはないので、その底には社会的存在としての人間、その人間を作り出した社会的条件についてのグローバルな哲学があるわけです。『世界の悲惨』に収めた面談の狙いは私が「ハビトゥス」と呼ぶものが表現されるようにすることでした。ハビトゥスというのは、われわれの内にある、言説・行動の生成原理です。われわれは社会的学習によって持続的、恒常的、体系的な諸性向を獲得します。これがわれわれのすべての行動のなかに表現されるわけです。たとえば、われわれは直感的に、人はひとつのまとまり、統一性を持っていると考えます。人の言動を予測可能なものと考えています。そしてそれを彼の性格に帰するのが普通です。生来の性格、つまり自然、生物的自然に帰するわけです。ハビトゥスはこれを社会的に獲得されたものとする概念です。人を理解するとは、この生成原理――彼が即興する、つまり言ったりしたりすることを選択する原基であるマトリックス――を把握することです。このハビトゥスを直感的に把握すれば、人の言動を予測できることになります。的確な質問ができます。未知の者どうしの間にごく自然な、くだけた会話が成り立つのは、相手のハビトゥスについての認識があるからです。抽象的な認識ですが、これを適用することによって自然な面談が可能になるのです。逆にいうと、自然に見える面談の背景には、調査者が被調査者のハビトゥスについての科学的な認識を持っているということがあるわけです。

加藤　ハビトゥスとは、われわれの身体に刻み込まれている行動原理である、われわれはこれを社会的学習によって獲得する、要するにわれわれの内部に組み込まれた社会である、ということは分かりましたが、具体的な例で説明していただけますか。

ブルデュー　例えば、美術館に行き絵画を鑑賞するといった文化的な活動を取り上げてみましょう。まず美術館に行く頻度、そこに定期的に通う確率は社会的にきわめて不平等に分布しています。美術館に行くことがまったくない階層に属している人たちがいます。確率は上の階層になるほど大きくなります。次に、美術館に通う人々の好みを記述することができます。どんな種類の絵が一番好きかを尋ねた場合、一九七〇年代のフランスでは印象派という答えが圧倒的でした。印象派というのは一番安易で、最頻度な趣味、平均的な趣味だったというわけです。さらに印象派をもっとも好む人々を対象に、彼らが属する社会階層や学歴などについて調べ、どの画家が一番好きかを詳しく調査することもできます。商業や工業に携わる富裕なブルジョワジーはルノワールが好きだと答えるでしょう。ルノワールというのは、ブルジョア演劇的、色鮮やかで、きれいで、幸福感にあふれており、上流の生活を描いているということになるのでしょう。それに対して、社会空間の別の位置に属する人たち、文化に携わる人々、例えば教師の間ではマネ、あるいは印象派ではありませんがゴヤがもっとも好まれています。つまり、よりいかめしく、冷たく硬い感じがして、批判的な絵ということです。

　さらに社会的出自を関わらせて、一歩進んだ分析をおこなうこともできます。たとえば第一世代の教員、つまり庶民出身の教員の場合、バロック音楽が好きだと言うでしょう。それに対して、ブルジョア出身の教員、ロラン・バルトのように、子どものときピアノを習ったとか、母親がピアノを弾くとかいった教員は、もっと洗練された、親密《アンティミスト》な音楽、シューベルトのリートやフォーレが好きと言うでしょう。こういう風に分析を次第に精密化していくわけです。もちろんどんな場合にも例外はあるので、第一世代の教員でもフォーレを愛するものもいれば、伝統的ブルジョア出身の教員でもバロック音楽を愛する者もいます。しかし、確率という視点からすれば、いま述べたようになります。

加藤　「社会学的真実は統計的真実である」というあなたが前に言われた言葉を思い出します。常に例外はある。

ブルデュー　そのとおりです。ただし、科学の目的は例外をなくすこと、新しい変数を導入して例外をも理解させるようにすることです。ある人々がフォーレを愛し、他の人々がセザール・フランクを愛するのは何故かを社会学的に説明できるかどうか分かりません。いずれにせよ、説明しようとするなら、新しい変数を導入しなければなりません。私の経験では、新しい変数を導入するたびに例外の理解が進むのが常でした。説明不可能と思われたものが、説明可能になるのが常でした。もちろん科学的にすべての変数を手中にしうるかは問題ですが。

加藤　ハビトゥスという概念はいつも私に「箸の上げ下ろし」という日本語の表現を思い起こさせます。各人それぞれがそれぞれの家庭環境で身に付けた独特の箸の扱い方があります。ですからたとえば、もしあなたが好きな女性があなたと違う箸の使い方をするなら、その女性とは結婚しないほうがよい、遅かれ早かれうまくいかないことになる、というわけです。フランス語で mésalliance「不釣合いな結婚」と言いますね、あれです。ハビトゥスというのは、まさにそれだと思います。

ブルデュー　まさにそのとおりです。私はかつて、自分の生まれ故郷のベアルン地方における結婚の仕方の変遷を研究したことがあります。日本でもそうでしょうが、かつての農村社会では結婚は家族によって取り決められていました。まさに「不釣合いな結婚」を避けるために「箸の使い方」が重視されていたわけで、金持ちは金持ち同士、貧しい者は貧しい者同士で結婚するように取り計らわれていたのです。今日ではこうしたことはなくなったと思われています。多くの近代社会においては結婚は自由な形態に移行しました。配偶者の選択は自由交換にもとづいている、それぞれが自分の配偶者を自由に選ぶと思われています。

しかしながら、統計的に調査してみると、現代においても、やはり同じ箸の使い方をする者同士が結婚していることが分かります。同じ社会的特徴を共有しているのです。homogamie「同婚」と言われるものです。同じ社会的水準の者同士が結婚することです。親密な交際をしているカップルは、相手がどのような人間であるか直感的に理解している。彼らは同じハビトゥス、同じ物の見方、同じ知覚原理を持っているということです。ですから、初対面の者同士のあいだの、君はどんな映画が好きなの、といった種類のおしゃべりは互い

ブルデューの生まれ故郷ベアルン

が同じハビトゥスを持っているかどうかを見抜くひとつの方法なのです。そして、もし同じハビトゥスであれば、僕たち気が合うね、趣味も同じだし、ということになります。この「趣味が同じ」というのは、フランスではよく使われる表現ですが、これはつまり同じハビトゥスを持っているということなのです。

こういうとき、似たもの同士群れるとか、生まれつき同じ性格の者同士のつながり式に考えるのは、よくある素朴哲学です。実は似た者同士という のは社会的に作り出された者たちなのです。同じ環境に属する者たちなのです。民族もひとつの要因です。ハビトゥスは部分的に民族によっても決まります。日本人とフランス人は挨拶の仕方、話し方などで区別がつきます。また、ハビトゥスは社会的な位置、経済資本、つまり所得水準、文化資本、つまり教養や学歴などと結びついていますし、性別にも関係があります。こうした特性すべてが人々、集団の性向を決定する条件になります。そしてこれら性向をとおして行動を決定するわけです。大まかに言いますと、同じ環境の中でつくられた人々はおそらく同じような趣味や好みを持ち、彼らが出会えば、互いに相手に対して親しみが持てるというわけです。逆にかけ離れた環境に属しているとすれば、相手になじめないと思うだろうということです。

ベアルンの農村風景

加藤　そうですね、ただ、ハビトゥス概念については、素朴な反応して、決定論だとか、宿命論だとかいった批判がなされることがあります。

自由と必然

ブルデュー　それに対する第一の答えは、私は社会学的認識をこれまで研究されてこなかった領域、これまで心理学に委ねられていた領域に進めたということ、無知を縮小した、そのことによって自由の幻想を打ち砕いたということです。自由は幻想だ、必然性についての無知だ、とスピノザがすでに言っています。批判があるのは、私が伝統的に心理学に任されていたことを研究の対象にしたことに起因しています。たとえば色の好き嫌いです。「趣味と色彩は議論の対象にならない」ということわざがあります。私はそれがまさに科学の対象になることを示しました。いくつかの変数をもとに人々の趣味を予測することができることを示しました。第二の答えは、ハビトゥスとは拘束のシステムですが、同時に発明原理でもあるということです。あるハビトゥスから新しいものを作ることもできるのです。いま私がやっていること、私と同じ教育を受けなかった、同じ学校を出なかった、同じ本を読まなかった、同じ研究をする時間のなかった人は、これと同じことはできません。同じことを言ったり考えたりすることはできません。ハビトゥスは必然性の原理です。しかし自由の原理でもあるのです。人々のハビトゥスを知ること、それは人々の文法を知ることです。彼らはこの文法に従って話すのですが、文法に従いつつ無限の文を作ることができます。ハビトゥスに従って無限の文ができますが、それは文法の範囲内でです。フランス語の文法で日本語を話すことはできません。農民のハビトゥスの持ち主はＥＮＡ〔国立行政学院〕の学生と同じ話し方はしません。山奥の村の農民は東大の学生と同じ話し方はしないでしょう。

加藤　まさにその点が問題でして、人々は何か自分自身の判断とか選択といったものの自由が否定されているように感じるのではないですか。誰でも、自分がある画家が好きだ、ある映画作家が好きだ、という場合、それは自由な、独立した選択、判断だと思っているのではないでしょうか。

ブルデュー　いや、私たちは、ある選択の幅の中では自由なのです。例えば、あなたと私が生み出された社会的条件には共通点が多いわけですが、この場合、二人がある特定のカテゴリーの映画を好むだろうと予想できるわけです。しかし、このカテゴリーの中で、あなたはこの方が好きだ、あの方はどうも、ということはあるでしょう。ただ、こうして残っているかに見える自由も、単に私があなたについて十分に精密な分析装置を持っていないということだけなのかもしれません。

私がやっているような社会学的客体化にいちばん反発

するのは知識人です。自由の幻想はまさしく知識人の特性です。他のカテゴリーでは必然性の意識が強い。たとえば、労働者の間では、現実主義的な意識、必然性の意識が根付いています。いま自分がやっていること以外のことができるという自由の幻想はありません。

加藤　そういったハビトゥスは個人の内部で一体どのようにして形成されるのでしょうか。その過程についてもう少し詳しく説明していただけますか。

ブルデュー　その前にハビトゥスを具体的な例でもう少し説明しておきましょう。自分がよく知っている人間、身近な人間についてそのハビトゥスを私たちは直感的につかんでいます。たとえば親子関係です。親は自分の子どものハビトゥスを直感的に知っています。子どもにとってはやりきれないわけですが、「また、あれだこれだ」「いつも、こうだああだ」といった具合で、子どものハビトゥスがひとつの本質であるかのように、それを元に子どもの言動を予測できるかのように考えています。この親の直感には真実が含まれています。メルロー=ポンティがうまい例を挙げています。人それぞれに固有の筆跡があるというわけです。ペンで紙の上に書く、チョークで黒板に書く、大きく書く、小さく書く、いろいろですが、一人の人間が書くものには固有の形、姿、特徴があって、それを見ればすぐ、これはあなたの書いたもの、これは私の書いたものと分かります。多様性を超えたところに、ある統一性があるわけです。ひとりの人間の、物を食べる仕方、話し方、衣服の着方、髪の整え方、すべてに親近性、類縁性、統一性があります。

これがどのようにして形成されるか。興味深いのは、ハビトゥスは明らかに後天的に獲得されるのですが、その獲得のされ方は全く無意識的であるということです。ハビトゥスという私たちの中にある原理、文法は私たちに左右できないもの、私たちの統制の及ばないものであるということです。

加藤　そして、ハビトゥスは個人的なものであると同時に集団的なものでもあるということですね。

ブルデュー　もちろん、二人の人間がまったく同一の条件を共有することはありえません。だから違いはあります。しかし、たとえば同じ社会的出自、同じ学歴、同じ職業など根本的な面で共通点がある場合、いろいろな個人的違いを超えて、政治的態度、趣味、食事面や衣服面の趣味等で、多くの共通点を持つのが普通です。そうした大きな共通性の中で小さな違いがあるというわけです。ハビトゥスはある社会カテゴリーに共通する、しかし違いを伴う、ということになります。

加藤　ブルデューは決定論者だ、宿命論者だと言う人たちはまた、ブルデューは遅れて来たマルクス主義者だと言うのですが、この点はいかがですか。

ブルデュー　マルクス主義とは何か、は難しい複雑な問題です。私の仕事は階級概念を含めていわゆるマルクス主義に逆らって構築されたと言ってよいかと思います。「マルクス主義者」など、思想とか芸術の分野で人を分類するために使われる概念のほとんどすべては侮蔑的なニュアンスを持っています。たとえば「印象派」もそうで、初めは侮蔑的に使われたのです。「マルクス主義者」と言われて、そうだと挑発的に居直ることもできますが、こうしたレッテル貼りはまったく不毛です。あえて言えば、私はマルクスがなすべきであったがなさなかったことをした、マルクスが自分自身と首尾一貫していたならばしたであろうことをした、ということかもしれません。

　レッテル貼りを相手にするのは止めて、いわゆる決定論を論じましょう。もし、社会的行為主体が深く、持続的に、彼らの存在条件によって条件付けられ、変容させられるというのが真ならば、彼らが決定されているというのは確かです。社会化《ソシアリザシオン》を論じない社会学者はひとりもいません。そんな人がいたら、それは社会学者ではありません。つまり社会学者は誰もが決定論の観念を受け容れているのです。問題はこの決定論がどの程度適用されるのか、すべてが決定されているのか、人間の生活には決定されていない部分があるのか、人間精神の論理的構造は社会的条件によって決定されているのか、それとも独立しているのか、といった問題です。これらが重要な問題であることは異論がないでしょう。私は、人間精神の構造は社会的に構成されると考えています。これが第一。第二は、そのような制約に対してわれわれはどのような自由を持ちうるかという点です。私は、自由の一つはこうした制約を認識することであると考えます。このことに盲目な人々、われわれは自由だ、自分は一個の人格であり、主体なのだなどと言う人々は、まさに知識人特有の幻想、自分は決定されていないという幻想の犠牲者です。サルトルはその典型です。彼はこの自由な主体という幻想の中で生きていた人です。これこそ知識人の社会学的幻想です。こうした幻想を捨て、自分は決定されているという考えを受け容れること、決定論を認識することによってひとつの自由を獲得できるのです。つまり、決定論に対して働きかける自由です。

例を挙げます。デカルト、スピノザ、ライプニッツら古典的哲学者は、人間は情念《パッシオン》を持っていると言っています。彼らが情念について語っていることは私がハビトゥスについて言うことと同じです。情念を変えることは難しい、情念を変える一つの方法は情念を知ることだというわけです。

加藤　なるほど。よくあなたは、重力の法則があるからこそ飛べるのだとおっしゃいますが、そういう意味での自由ということですね。そして、自由を獲得し、人間を解放するのに、社会学は貢献することができると常々言われています。社会学は私たちを規定している、見えない構造を見えるようにできるというわけですね。

ところで、ハビトゥスを作り上げる要因のひとつとして性別や民族を挙げられましたが、これを一種の習慣であるかのように考える人々がいます。社会学者だけではありません。フランスの日本学者、日本のフランス学者などには、自分が観察したわずかの例を根拠にして、日本人はこうだ、フランス人はこうだ、式の議論をする人たちがいます。あなたはいつもこのての人たちをエッセイストであって、研究者ではないと批判しておられるわけですが、あなたの所説、あなたが提唱される概念は、単なる思い付き、あるいは思弁の所産でなく、いつも精密・詳細な実証的統計的調査にもとづいている、ということを強調しておく必要があるように思います。

理論と経験

ブルデュー　民族的特性はもちろんハビトゥス形成に関与します。ただし、安易にフランス人はこうだ、日本人はああだと言うのは本質主義であって、民族的特性を性格、自然的属性と見なす立場です。人種の観念と同じで、自然に、生物学的に形成された特質である、それが行動、趣味、選好すべてを決定する、とする立場です。

私も人々についてああである、こうであると言います。しかしそれはある特定の存在条件、特定の教育の結果としてそうなのだということです。たとえば、私がフランス人のハビトゥスとの比較において日本人のハビトゥスを研究するとしますと、まず膨大な歴史的研究をおこなわなければなりません。日本文化はどのような条件のもとで形成されたのか、ある事柄が、どうして本質的に日本的なものだと言えるのか。それが、いつ、だれによって、何のためにつくり出されたのか。そして、それがどのように再生産されたのかといったことです。この過程で教育の役割は重要です。フランス人の精神構造の特性として、たとえば才気ということが言われますが、これは学校教育によって、伝統的な作文教育によって生産・再生産されたものです。日本ではそうでないかもしれません。歴史的状況が違うからです。

加藤　私は社会学者ではありませんが、専門家ではない立場からの印象を申しますと、特に日本の場合、とかく社会学者の仕事は二つに分離しているように思います。一方では非常に細かい研究があり、細かいデータまで提示するわけですが、ただそれだけのことで分析・解釈がない。一体何のためになるのだろうと思います。そうかと思えば、何の根拠も示さずに一般論ばかり唱える人たちもいます。こういう人たちは社会学者と言えないのではないでしょうか。というのも、科学的な調査に基づいて言っているわけではないのですから。

ブルデュー　そのとおりです。私はそのいずれも初めから一貫して拒否してきました。私の若いころ、フランクフルト学派の批判社会学、批判哲学がもてはやされました。その批判的性格に共感を覚えましたが、その皮相で饒舌なレトリックに違和感を持っていました。また、他方にはラザーズフェルドに代表される経験社会学が盛んで、何でも統計を取るのですが、その結論というのはきわめて陳腐で、理論構築の努力をしない一派です。私はこのような二者択一を拒否したのです。たとえば『ディスタンクシオン』の元になったアンケート調査ですが、これは、労働者はブルジョアに比べてどのような頻度でパンツを替えるかといった類の、きわめて具体的な質問に答えることが出発点になっていたのです。アドルノのような理論家はこんな問題は絶対に問わないでしょう。音楽は論じるかもしれませんが、そんなところにも実は階級的差別主義が顔をのぞかせることがあるので、アドルノが大衆音楽について言っていることは非常に侮蔑的です。私は、身近な具体的・個別的な事柄の中で一般的な問題を考えようとしてきました。例えば、カントの提出した古典的な問題で、カテゴリーの問題があります。どのようにして私たちは知ることができるのか、どのようにして認識は可能になるのかというと、それは私たちの精神の中にカテゴリーがあるからだということになるわけです。デュルケムはカントから想を得て、未開社会ではこのカテゴリーは乾いた・湿った、熱い・冷たい、太陽・月など原始的分類形式であると言いました。そしてモースとともに、神話が構築される基になるこれらカテゴリーを分析しました。私は現代社会について同じことをしました。例えば、教師が学生の作文・レポートを採点するとき、美術評論家が一枚の絵を批評するとき、才気ありとか、真面目だとか、曖昧だとか、構成がしっかりしているといったカテゴリーを動員します。これらのカテゴリーは社会的に形成されたもの、社会的に獲得されるもの、あるカテゴリーの人々に共通のものなのです。いわゆる共通感覚《サンス・コマン》です。人はよく、それは明らかだとか言いますが、これは頭の中に同じカテゴリーを持っている人々にとって明らかだということなのです。こうしたカント的カテゴリーは普遍的なものではありません。それはさまざまな環境の中で獲得されるものであり、民族が異なればカテゴリーも異なるということです。

加藤　一般的なものと個別的なもの、理論的なものと経験的なものを両立させることを常に心がけてこられたわけですね。

ブルデュー　私に言わせれば、もっとも理論的なことはもっとも経験的なものです。『世界の悲惨』はきわめて理論的な本ですが、その理論は目に見えません。理論が経験的に応用されているからです。

加藤　あの規模の調査を実施するためには多額の予算、また時間が必要だったのではありませんか。

ブルデュー　私たちよりずっと多くの予算を使うチームもあります。『世界の悲惨』は比較的多くの経費がかかったことは事実ですが、予算の問題は主要な問題ではありません。巨額の予算を使ったからといって、厳密な調査ができるわけではありません。大規模な調査が難しいわけでもありません。むしろその逆です。

第二の故郷アルジェリア

加藤　あなたの多岐にわたる研究の根底にある社会理論は、アルジェリアにおられた時期に芽生えたと言われていますが、その点に話題を移したいと思います。

ブルデュー　そのとおりです。用語は別としても、後に発展させていく概念やアイデアのかなりはアルジェリアでの研究の中から生まれたものです。その一つはカビリアでおこなった民族学の仕事。もう一つはアルジェリアの労働者を対象とした社会学の仕事でした。国立統計経済研究所の統計専門家たちとおこなった調査で、『アルジェリアにおける労働と労働者』のもとになった調査です。たとえばハビトゥスの概念ですが、これはいわば不可避的に生まれました。というのも、消費や出生率、労働、労働との関係などに関するアルジェリア人の行動についての統計的研究の過程で、アルジェリアの人々は、社会の機能を制する論理がまだ完全に貨幣によって支配されていない前資本主義社会のなかで育ち、教育されたため、資本主義社会に適応するのに必要なハビトゥスを持っていないことを発見したからです。彼らの行動は不適応でした。というのも彼らは、植民地化が導入した資本主義体制の諸要請にたいして、自分が育った小さな村、つまり交換が貨幣に従っていなかった、あるいは賃金の観念が存在しなかった社会で獲得した生き方と性向にしたがって反応していたからです。こんなわけで、ハビトゥスという概念をはじめから使わざるをえなかったというのが実情です

アルジェリア情景（ブルデュー蔵）

加藤　アルジェリアに行かれたのは一九五五年でしたね。アルジェリア戦争はもう始まっていました。哲学のアグレガシオンを取得されて、哲学教員のキャリアを始めようとされていたのが、なぜアルジェリアに行ったのか、うかがいたいのですが。

ブルデュー　エコル・ノルマルに入ったのが五一年です。三年でアグレガシオンを取りました。その後一年は

エコルに残る権利はあったのですが、社会のために働きたいという気持ちが強く、ムーラン市の高校で一年一ヶ月教えました。そして五五年に動員されました。軍隊の規律に従順でない、アルジェリア戦争に反対ということでアルジェリアに行かされました。そうした困難な条件の中でアルジェリア社会に関心を持つようになったのです。フランスの新聞の報道や知識人が書くものを読んで、自分が見ている現実とかけ離れていることに気が付きました。そこでひとつ行動的《ミリタント》な仕事をしなければならない。フランスの人々にアルジェリアの現実、植民者たち、つまりコロンと被植民者たちが構成するアルジェリア社会の現実を正確に説明しなければならないと考えたのです。大それたものではなく、ささやかな仕事です。『アルジェリアの社会学』〔一九五八〕というクセジュ文庫の一冊で、エコル・ノルマルの仲間たちは一般入門書の叢書と馬鹿にしたかもしれませんが、苦労して書きました。哲学はその後にまた続ければよい、と考えていました。

アルジェリア情景（ブルデュー蔵）

加藤　植民地戦争の最中のフランスは政治的にも思想的にもきわめて混迷した状況にあったわけですが、サルトルなどを中心とする知識人たちは戦争に反対する言論を展開していました。そうした本土の動きに対して自分をどのように位置付けていましたか？

ブルデュー　それは複雑な問題です。まず私はアルジェリアにいました。兵役についていて、しかも要注意人物視されていたわけですから。パリで組織されていた行動を支持していても、それを表明することはできません。知識人の「百二十一人宣言」〔一九六〇〕を私は全面的に支持していました。ただし、知識人のある種の立場表明は無責任だと考えました。たとえばフランツ・ファノンの『地に呪われし者』〔一九六一〕にサルトルが寄せた序文です。まさに、噴飯もの、無責任そのものです。サルトルには自分がよく理解していない問題について思い付きでいい加減なことを書く傾向があります。そうしたことが当時の私の態度を説明すると思います。私は現場に行くこと、あるがままに現実を見ることを選びました。たとえば『アルジェリアの労働と労働者』〔一九六四〕の序文で、ミシェル・レリスが非植民地化についてサルトル式のことを言っているテクストを引用して、その無責任性を批判しました。彼らの言うことは正しい、しかしその理由がいけない、というわけです。同じ序文の中でファノンも批判しました。革命的階級はもはやプロレタリアではない、農民だ、中国モデルだというのは、イデオロギー的妄想だと言いました。現実に照らせば明白なことです。私は農民と直接交わりました。革命戦争の中で農民の実情を調査しました。『デラシヌマン』〔一九六四〕は革命的人民について証言しようとした努力の成果です。私の親友でリュシアン・ビアンコという中国研究者がいます。その後の熱狂的な中国妄想にはまらなかったごく少数の中国学者のひとりです。中国の農民、アルジェリアの農民、農民と革命の関係などについて彼と議論しましたが、彼も私もきわめて現実主義的な見方をしていました。

加藤　アルジェリア、カビリアで社会学、民族学の調査を実施しておられたころ、すでにレヴィ＝ストロースを読んでおられましたか？　後に『実践感覚』で回顧的に総括しておられるような理論的考察をはじめておられたと考えてよいのでしょうか？

ブルデュー　実を言うと、自分は哲学を断念したのだと自分で認めるまでにはずいぶん時間がかかりました。社会学、民俗学の研究を進めながらも、哲学を続けていました。フッサールにおける時間性の現象学的分析です。私の最初の学問的論文は「アルジェリア農民の時間に対する態度」〔「伝統的社会　時間に対する態度と経済行動」一九六三〕でしたが、これがフッサールの時間性研究からカビリア研究への移行の転機になりました。カビリア農民の時間意識を理解するためにフッサールの概念を使ったのです。当時の民族学者、それも大民族学者でも、驚くべき人種差別的偏見に捕らわれていて、非ヨーロッパ社会の農民は時間性を持たない、瞬間の中に生きているというようなことを言う者もいたのです。そんな次第で、自

アルジェリア情景（ブルデュー蔵）

分が社会学者であることを認めるまでには時間がかかったのですが、この移行は民族学を経てのことで、その過程でレヴィ＝ストロースの仕事は大きな意味を持ちました。彼の神話の構造分析はカビリアの儀礼や親族構造に私の目を向けさせました。

今あなたは私が歩んだ知的道程に関心を向けておられるので付け加えるのですが、アルジェリアは別な意味でも私にとって重要な役割を果たしました。民族学の方法に従ってカビリアの農民を研究していたわけですが、民族学は多様な人々に対して理解的な態度を取ること、レヴィ＝ストロースの言い方ですとエスノセントリズムに陥らないこと、自分の過去からくる前提を拒否することを要求します。私はカビリアの農民たちに理解的な態度をとりながら、彼らが私の故郷の農民と非常に似ていることに気づきました。両者の間には本当に多くの共通点がありました。たとえば、そのころカビリア農民における名誉の倫理について論文を書きましたが、この倫理観はまさに私の故郷ベアルン地方の農民の倫理観なのです。私にとって非常に重要なことでした。というのも、私のような離反者《トランスフュージュ》の場合ですと、教育の結果、自分の出身を恥じる傾向があります。正統とされる文化にアクセスするために、自分の固有の文化を否定してしまうわけです。ところが、私はまさに民族学をとおして自分本来の文化を取り戻すことができたのです。つまり、過去の私によく似た人々に対して、民族学が要求する理解的な眼差しを向けることができるようになったということです。これは本当に大事なことでした。私のような出身の者は、時として、いや、一生をつうじて、文化的な恥辱感につきまとわれるのですが、そのせいで結局みず

アルジェリア情景（ブルデュー蔵）

アルジェリア情景（ブルデュー蔵）

からを完全に解放することができず、また、ほかの人々を解放する役割を果たすことができないことになりますから。カビリアでの研究は、私にとってまさに自分を解放する機会だったのです。アルジェリアで五年過ごしましたし、その後の三年間、六三年まで、夏期休暇に調査のために行きました。アルジェリアは私にとって第二の故郷です。

ですから、私は革命戦争、解放戦争に自己同一化しました。自分の研究をアルジェリア解放に対する一つの貢献だと思っていたのです。亡命や沈黙を余儀なくされているアルジェリアの知識人たちにはできないことをかわりに私がやっているのだという気持ちでした。こういった連帯感は現在でも続いています。

加藤　あなたの民族学的・社会学的アルジェリア研究はアルジェリアの知識人にもよく読まれているのでしょうね。

ブルデュー　と思います。フランスには第二世代、第三世代のアルジェリア系知識人が多くいますが、講演の後などによく声をかけられます。数学者、物理学者のような民族学とは無縁の人たちです。興味深いのは彼らがたとえば『実践感覚』をとおして自分の伝統的文化を学んでいるということです。この本には詳細で正確な情報が詰まっているからですが、それだけでなく語り口にもその理由があると思います。私は、カビリア人はこうする、カビリア人はこう考える式のことはけっして言いません。カビリア人の視点に立って書きます。だからこそ、自分の文化的伝統を失ってしまったカビリア系の読者も排除されていると感じることなく、客体化されていると感じることなしに、文化的伝統を回復しうるのだと思います。

加藤　アルジェリアは九二年の軍部クーデタ以来、イスラム原理主義勢力によるテロと軍による弾圧の果てしない悪循環という困難な状況に置かれています。その中であなたは昨年、アルジェリア知識人を支援するためのアッピールを出されました。そうしたコミットメントもいま言われたような昔からの関わりから来ているわけですね。

ブルデュー　そのとおりです。少なからぬ数の知識人が殺害されました。私が指導教員になって学位論文を書いた社会学者もそのひとりです。いわゆる社会主義体制下で封建制の新たな諸形態がつくり出されていることを明らかにした論文です。ですから当然、民族解放戦線FLN政権に批判的でした。他にも作家や演劇人などが犠牲になっています。犯人はしばしば若者です。誰が彼らを洗脳し陰で操っているのか。イスラム原理主義勢力のテロもあります。国家によるテロもあります。国家権力内部の派閥争いがあるからです。殺害者集団の正体は誰なのか、判断することは難しい問題です。しかしこうした殺害を止めさせなければなりません。すくなくとも亡命を余儀なくされる人々を援助しなければなりません。私たちは、ドイツ、イタリア、ベルギー、そのほかヨーロッパのほとんどすべての国のグループとともに、国際委員会を結成しました。これらのグループが各地で同じ日に記者会見を開いて、アルジェリアの状況を訴える広報活動をしたり、具体的な支援活動をおこなったりしています。おととい、フェルネー町の住民から亡命者二人を受け容れるという申し出がありました。スイス国境に近いこのフェルネーという町は十八世紀の哲学者ヴォルテールが国王の言論弾圧を逃れて暮らしていた町で、その寛容《オスピタリテ》の伝統を復活させたいということでした。迫害されている知識人はアルジェリア人とは限りません。チモールにもアンゴラにもいます。私たちの願いは各地に「作家の家」を作り、祖国を追われた作家・知識人を受け容れて、安全に仕事をしてもらえれば、ということです。

加藤　フランス人の世論の一部にはこんなふうに言う向きもあります。つまり、アルジェリアの連中は四〇年前にフランスからの独立を望み、要求し、獲得したのに、いったん苦しい状況になると、フランスに逃げてきたいなんて矛盾しているじゃないか、というわけです。長い植民地化の歴史がありますし、長

アルジェリア情景（ブルデュー蔵）

い苛烈な戦争がありましたから、フランス人の側のアルジェリアに対する心情にも複雑なものがあるのが現実だと思います。アルジェリアの問題になると誰もニュートラルにとどまっていることができない、パッションに支配されてしまう傾向があるのではないでしょうか。

ブルデュー　それはしかしエゴイズムの正当化、誤った、自己欺瞞にもとづく反応です。アルジェリアの知識人は独立のために戦ったわけですが、それはフランス的な理念の名においてでした。つまり、自律、独立、自由といった普遍主義的な理念のことです。一見矛盾しているようですが、理解可能なことです。フランスはその植民地主義の時代にあっても反植民地主義的な理念を輸出していました。フランスの植民地主義で不思議なのは、フランスがかつての植民地に魅惑力を及ぼしていることです。フランスによって植民地化されたのにもかかわらず、この国に対する特別な愛着を持ち続けているのです。それは、植民地を支配していたフランスは、同時に普遍主義のフランス、革命のフランスでもあったからです。このフランス植民地主義の両義性は植民地主義とのたたかいのさなかにも存在しましたし、その後にも存在しつづけています。このフランスの普遍主義的な理念のために旧植民地の知識人たちがフランスの方に顔を向けているのです。彼らはフランスに溶け込んでいます。フランス語を話し、フランスで政治的教育を受け、批判的精神を養ったのです。そしてまた、かれらはこの伝統に合致したフランスを受け容れているのです。ただし私は残念ながら、いまのフランスはこの普遍主義的理念に忠実でないと考えています。ますます田舎《プロヴァンシアル》的に、偏狭になっていると考えています。

普遍と個別

加藤　アルジェリアで現在起きていることは特殊な困難をともなっていますが、決して特殊な問題ではありません。ベルリンの壁の崩壊、社会主義圏の解体以後、旧ユーゴスラビアで見られるように、民族が大きな問題となっています。国家と民族の関係、あるいは政治と宗教の関係といってもよいかと思います。昨年あなたは東京で国家をテーマとして講演されましたが、一般的抽象的な話をしながらも、旧ユーゴなど現実の状況をも視野に入れておられたと思う

アルジェリア情景（ブルデュー蔵）

――のですが。

ブルデュー　オスマントルコ帝国やオーストリア・ハンガリー帝国と同様、ソビエト帝国は超民族的な単一体でした。しかし、逆説的なことですが、これらの帝国は国内のナショナリズムを助長していました。これは忘れられがちなことですが、ソ連はそれぞれの民族文化を賛美することでナショナリズムをあおっていました。ウクライナなど、さまざまなフォークロアがありましたが、帝国の崩壊によって、隠されていたナショナリズムが表面化したのです。現代の問題は新たなインターナショナリズムをいかに構築するかという点にあります。不幸なことに、ソ連によって進められてきたインターナショナリズムは形を変えた帝国主義にすぎませんでした。それは非常に特殊なものであったソ連モデルを普遍的なものとして強制するということだったのです。ですから、今日必要なのはインターナショナリズムの新しい形態を見出すことで、そのためには国家の伝統的な定義を再検討しなければなりません。

国家について考えることは大変重要なことだと思います。国家の存在は、地域文化、地域言語などを均質化するという普遍化の利益をもたらします。国家のマイナス面、ナショナリズム、他の国家との対立を排して、この利益を生かすことができないものかと私は考えます。現在、多くの人々が、普遍国家という考え方を取り上げるようになっています。これはユートピア的に聞こえるかもしれませんが、十八世紀の哲学者が既に思い描いていた国家像です。ヨーロッパ統合であるとか、人権の発展、私がおこなっているような知識人インターナショナルの試みなどは、現在の国家の枠組みにとらわれない、超民族的な組織形態が可能であるという考えに基づいておこなわれているのです。

加藤　今日では相対主義的な考え方があり、西欧中心主義、西欧のエスノセントリズムの時代はもう終わったと言われたりします。すなわち、人権や普遍国家などといった考え方は欧米諸国が発明したもの、特殊なものにすぎない。今やわれわれは、自分たちのオリジナリティー、特殊性をもっと主張する必要があるというわけです。けれども、こうした立場は少々危険であると私は思います。旧ユーゴで起こっていることはまさに個別性、特殊性への執着が原因になっているわけですから。

ブルデュー　最近、私は米仏共催のシンポジウムで話す

ために「普遍の二つの帝国主義」と題するテクストを書きました。アメリカとフランスは文学や芸術の問題で激しく対立することがあったが、それは、二つの国に共通の普遍主義志向の伝統のためだ、と言いました。フランスはフランス革命の名において（これはマルクス主義に受け継がれて広く行き渡っていました）、一方、アメリカは民主主義の名において、普遍主義的な自己主張をしてきました。しかし、この普遍主義はしばしば帝国主義を隠しているのです。ですから、帝国主義を隠したままにしておいて普遍主義を擁護してはなりません。反省的かつ批判的でなくてはなりません。

アルジェリア情景。左端はブルデューの姿（ブルデュー蔵）

そのことを断った上で言うのですが、例えば日本でも、アラブ諸国でも、アフリカでも普遍主義を攻撃する言説を聞きますが、退嬰的なイデオロギーと言わざるをえないものがあります。普遍を装った帝国主義からの解放という建前のもとで、彼らはナショナリズムの方へ退行していくわけですが、実はそれ自体が帝国主義的なのです。私は、こうした点について、偽善なしの議論をする必要があると思います。そのためには欧米は彼ら自身の普遍主義に批判的な目を注がなくてはなりません。たとえばアラブ人、イスラム教徒に対して、人権の擁護は湾岸戦争につながらない、ということを理解させなければなりません。

今日、確かに人権という偽善、あるいは国連の普遍主義の偽善があるように思われます。この偽善が、不幸なことに、普遍の信用を失わせているのです。

加藤　最近の西欧エスノセントリズム批判の言説に対して、私が言いたいのは、非植民地化の動きも、たとえばアルジェリアの独立も西欧的な普遍を同化する、自分のものとすることによって達成されたのだということを踏まえる必要があるということです。

ブルデュー　普遍の帝国主義からみずからを解放するのに必要なのは、普遍を自分のものにするということであって、普遍を捨ててしまうということではありません。普遍を捨てることなしに帝国主義を捨てることが必要なのです。それが私の信念です。帝国主義的側面を伴った歴史的普遍の批判をとおして、普遍の、真の意味で普遍的な定義を創出しなければならないと考えます。その意味でいまおこなわれているイスラムをめぐる議論はきわめて重要です。イスラム原理主義者が、ある種の人権の主張の恣意性を告発し、人権が個別性を脅かすために使われていると言うことにも一理あることが多いのです。女子生徒のヴェールの問題はそのひとつです。ある宗教への自分の帰属を形に表すことをなぜ禁止するのか。まさに帝国主義だと思います。もちろん他の人々に同じ権利を認めるという条件のもとですが。いずれにせよ、教育の非宗教性《ライシテ》を定義しなおす必要があります。普遍の建前が暴力性を隠蔽することになってはいけません。

加藤　普遍と個別をいかに統合するかという課題は、日本が政治的にも文化的にも国際社会に開かれていく際に問われる問題で、お話は私たちにとっても示唆に富んだものでした。ここで第一日目のインタビューを終えることにしたいと思います。

アルジェリア情景（ブルデュー蔵）

「知識人」とは何か

加藤　あなたの『芸術の規則』を読みまして、作家エミール・ゾラの人物像に与えられている重要性に驚きました。なぜあなたはゾラをこのように再評価されるのでしょうか？　学校で使われている普通の文学史ですと、ゾラはそれほど高く評価されている作家ではないように思うのですが。

ブルデュー　ゾラは近代的な意味での知識人像を創始した人です。ヴォルテールとかディドロとか啓蒙主義時代の哲学者の先例はありましたが、ゾラこそは、作家・創造者としての要求をもって政治の領域で発言した最初の人です。作家としての権威をもって、純粋さ、無私無欲、ヒューマニズムといった文学の世界の価値を認めさせることに努めました。政治の世界の根本規則を侵犯して、愛国主義の特殊的な価値よりも正義の普遍的価値を優先させたのです。その意味で彼は知的国際主義の創始者でした。ゾラ以後、アルジェリアでの拷問を糾弾したサルトルの行動なども同じ意味を持っていました。一種の国家反逆罪だったわけです。ゾラの行動は、こういった現代的な知識人の先駆けだったと言えるでしょう。

加藤　日本語では「進歩的文化人」がフランス語の「知識人」に相当する言葉かと思いますが、今日ではこの言葉はどちらかというと軽蔑的なニュアンスで使われます。フランスでもこの les intellectuels という言葉はドレフュス事件のとき反ドレフュス派によって軽蔑的な意味を込めて使われたようですが。

ブルデュー　知識人の世界で使われる概念が最初は悪罵であったというのはよくあることです。知識人という概念は非常に両義的な概念です。私は大学人、知識人を社会学的分析の対象にした最初の社会学者のひとりですが、その私から見ると、現実の知識人は嘲笑の的にされても仕方のない側面があります。それは今日に始まることではなく、たとえばオーストリアの作家、批評家、哲学者カール・クラウスがすでに知識人をさんざんからかっています。特に知識人の署名マニアです。クラウスは偽のアッピールを書いてホフマンスタールなど当時の著名な作家、知識人の名前を署名者として連ねたのです。アッピールの内容が非常に高潔な人道主義に溢れたものであったので、名前を使われた者たちは悪ふざけだと真相を明らかにするのをためらったということです。

ですから、知識人についてもっともきびしい批判はすでに昔から言われていることなのです。ただし、現実の知識人はどうであれ、理念的知識人像、『私は糾弾する』のゾラが体現するような理念的知識人像は依然として重要な意味を持っています。擁護しなければならない重要な歴史的発明です。知の生産者たち、作家たちが、彼らのめざす普遍主義的な価値と彼らの創造力をもって政治にコミットする可能性を、彼らに取り戻させる必要があります。たとえば宗教的原理主義やナショナリズムの問題について、専門家はコミットするべきです。私はいつも言っているのですが、専門家が研究を続けることができるのは国民が払う税金のおかげです。研究者は研究の成果を社会に還元しなければなりません。さもないと微妙な問題についてマスコミがいい加減な情報を流すのを放置することになります。アルジェリアで頻発する殺害事件についてイスラム原理主義勢力の仕業と書き立てますが、現実はそれほど単純でなく、もっと複雑です。研究者、作家がそれぞれの専門的知をもって社会問題にコミットすることは重要なことです。

加藤　あなたはふだん知識人に対してむしろ批判的な立場をとっておられるわけですけれど、ある条件のもとでは、現在においても知識人がゾラと同じように社会において積極的な役割を果たし得るとお考えになるわけですね。きのうも話しましたけれど、たとえば困難な状況にあるアルジェリアの知識人を救おうと一つの運動を組織しておられるわけですし、昨年はストラスブールで国際作家議会を設立されました。けれども、あなたがアカデミズムの外の世界に対して働きかけるというのは、最近に始まったことではないように思われます。たとえば、ポーランドの連帯を支援する運動をあなたは十年以上も前に組織なさっていたわけです。ミシェル・フーコーと一緒でした。

ブルデュー　私は知識人の伝統的な行動形態であるアッピール運動には常に批判的でした。アッピールに署名したことはごく僅かしかありません。類型化した行動にも参加しませんでした。その類のことは社会的に効果がないと考えたからです。それに、そうした行動はもっぱら、小知識人が大知識人を気取る手段として利用されていたからです。ヌーヴォー・フィロゾフと言われた者たちがいますが、彼らは自分の書いたものよりは、サラエボに行ったりとか、あれこれの問題について抗議文を発表したりとか、彼らの行動で著名になった者たちです。哲学を持たない哲学者がそうした行動で哲学者の地位を獲得するわけです。私はそうした派手で打算的な、そして実効のない行動には批判的でした。しかし一方では、自分のためでない、地味であっても実効性のある行動を創造しなければならないという気持ちも持っていました。ポーランドの連帯支援の行動はそのひとつでした。ある出版社に知識人たちを集めてほしいと頼みました。その中にはミシェル・フーコー、アラン・ロブ＝グリエ、ジル・ドゥルーズ、パトリス・シェローがいました。私はフーコーと一緒に月曜日の朝テクストを書いて、水曜日にラジオとテレビで、それをイブ・モンタンに読んでもらったのです。実効性を考えたためと、ナルシシズムを排するためです。これは新しい行動形態を作り出すひとつの試みであったと思います。連帯に倣って労組と組んでおこなった私たちのささやかな行動は、ソ連の体制を崩壊させるのに多少の貢献ができたと思うのです。こうした知識人の国際的批判活動は南米の独裁体制に対しても効果を発揮したことが研究者によって証明されています。もちろん、独裁体制を倒しはしませんでしたが、圧制を批判する国際的な批判は打撃を与えました。集団として行動することによって知識人はゾラのように正義のたたかいを支援する役割を果たしうるのです。アルジェリアの話にもどりますが、無駄なおしゃべりでなく、フランス、ドイツ、ベルギー、イタリア、スペインの知識人がアルジェリアから亡命してきた知識人を援助する具体的な活動をおこなう一方、政府やテロリズム勢力に対して実効性のある言論活動も展開するということです。そうした相対的に効果のある運動は十分に可能です。

国際書評誌『リベール』――学問の国際化への努力

加藤　相対的と言われましたが、この言葉は重要だと思います。ところであなたは『社会科学研究紀要』*Actes de la recherche en sciences sociales* という研究誌を出す一方で『リベール』*Liber* という国際書評誌も出しておられます。これはまさに知的国際主義の行動と意味づけることができるように思いますが。

ブルデュー　そうです。『リベール』は新しいタイプの行動形態です。従来のサルトル流の派手な象徴的行動よりも実効のある、しかしもっと地味な、またずっと経費と労力を必要とする仕事です。ちょっと観察してみれば明らかなことですが、ヨーロッパに限っただけでも各国の知的活動の間には大きなずれがあります。パリで議論されていることとベルリンやニューヨーク、東京で議論されていることの間にはずれがあります。『リベール』のひとつの目的はこの時間的ずれを縮めること、議論を同期化することです。それぞれの国で翻訳出版されてから話題にするのでなく、原書が出版されたときに紹介し批評しようというわけです。これは実に大変な仕事で、ドイツ語を読むフランス人、フランス語を読むイタリア人やドイツ人といったように各国に協力者を得なければなりません。フランス人がドイツの本をドイツ人がフランスの本を語るというやり方は議論を同期化すると同時に、距離、つまり客観性を確保するためです。フランスのメディアでは、高く評価されている新聞でも、いわゆる「エレベーターを送り返す」つまり「借りを返す」風習がはびこっています。ピエールがポールの本について書けば、ポールがピエールの本について書くといった持ちつ持たれつの関係です。こうした狭いサークルの内部でお互い提灯を持ち合う悪習を断つためには国際化が必要です。『リベール』はこのような実践的国際主義のささやかな手段です。科学研究の世界は本来国際的なものです。数学者の世界は普遍的です。残念ながら、作家はずっと国内的です、ひとつの言語に縛られています。社会学者もきわめて国内的です。狭い世界に閉じこもっています。数年前ですがシカゴでおこなった講演でアメリカの社会学者に学問の国際化の必要を説きました。アメリカの社会学者はきわめて島国的で、アメリカ人の書いたものしか読みません。社会学は科学の国際化に寄与しうるかもしれないと私は考えています。

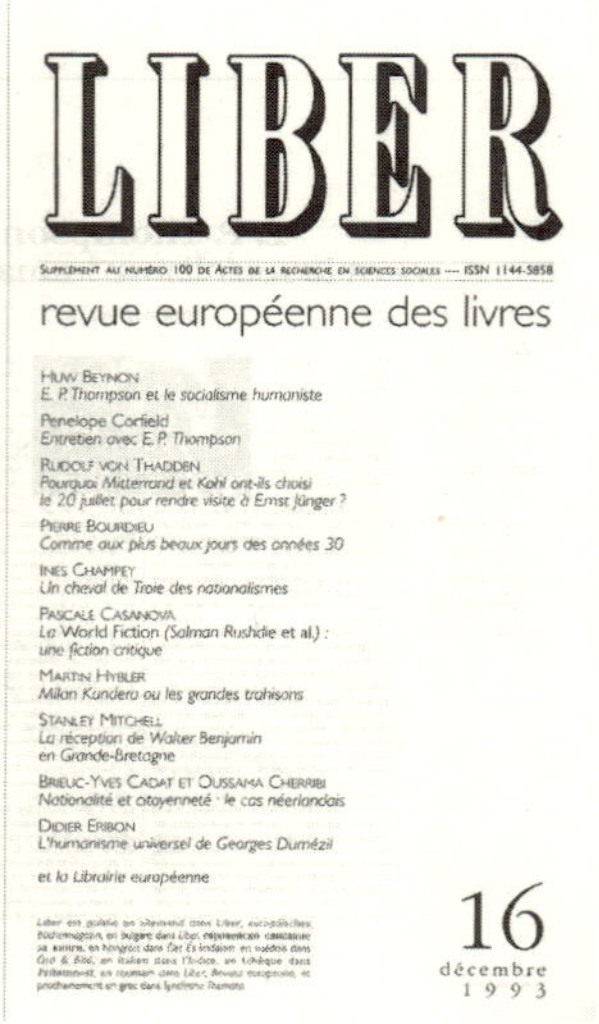

国際書評誌『リベール』

——**加藤**　これまで具体的にどのような成果が得られていますか？

ブルデュー　ささやかですが、それなりの重要な成果が挙がっています。今のところヨーロッパの十二ヶ国で、つまり十二ヶ国語で出ているのですが、特に翻訳出版の促進に貢献しています。たとえばスウェーデンでは古くからある有力な雑誌の付録として出ていますが、『リベール』が紹介した本が翻訳出版されています。ブルガリアでも同じです。近いうちにドイツの作家・思想家におけるナショナリズムの連続性を取り上げる予定ですが、こうした分析は『リベール』のような超国境的な媒体の方がやりやすいし効果的です。

国際作家議会

加藤　国際作家議会に話を移したいと思いますが、これは去年〔一九九三年〕ストラスブールで開かれた「ヨーロッパ文学の交差点《カルフール》」という国際シンポジウムが発展した形と考えてよいのですか？

ブルデュー　「カルフール」はむしろ伝統的なシンポジウムで、著名な作家たちが集まってもっぱら自分を語る、高級ホテルでジャーナリストのインタビューを受ける、といった進行でしたので、落胆しました。そこで私は議会 parlement をつくることを提案しました。作家たちがいわば議員となり、ある種の集団的権威、立法権的な権威をもって、行動につながるような討議をする場です。そうすることで、自分たちと関係のある問題について影響力を持つこともできるわけです。たとえば、検閲の問題では、世界中の多くの作家がその犠牲になっているわけです。先進国の作家といえども例外ではありません。書くことのできない事柄があります。若い作家には出版できないものがあったりします。また、少数民族の言語や文化についても、議論して行動の可能性を探らなければなりません。もちろん作家はひとりひとり自分の考えに従って仕事をする者たちです。作家は常に独自な存在で、自分の単一性にこだわり、組織に加入することを嫌います。しかし作家の場合も個人ではできないこと、集団的にやるならできることがあります。彼ら個人の能力、権威を累積することができます。

ひとつ例を挙げます。九月にリスボンで開く国際作家議会の準備をするための作業部会をつい最近やりましたが、ポルトガルの知識人たちはかつての植民地である東チモールとアンゴラの事態を憂慮していると言うのです。われわれフランス人はアルジェリアの事態を憂慮しています。同じ問題、同じ関心です。そこで具体的な行動ができるようなネットワークをヨーロッパの六、七ヶ国につくりました。互いの力を集めようとしたのです。十月にはベルリンで会議を開きます。そこでは、アンゴラや東チモール、アルジェリア、トルコなどでの知識人に対する抑圧について議論することになるでしょう。この会合の目的はきわめて実際的で、ただ単に、アンゴラで起こっているのは悲しい出来事だ、などと嘆くのではなく、政府に対して実際に働きかけたり、出版を促したりする、具体的行動を考え出すことなのです。政治的な理由で本を出すことができない優秀な作家の作品を出版させようというようなことです。

加藤　ストラスブールでの文学の交差点にはトニー・モリソンとかスーザン・ソンタグ、それにサルマン・ラシュディなどがいましたが、作家議会のメンバーはどのようにして選ぶのですか？

ブルデュー　相互推薦なのですが、いま国際的な運営委員会をつくろうとしています。フランスからはデリダ、私。カリブ海の作家エドゥアール・グリッサン、黒人女性作家トニー・モリソン、南アフリカのブライテン・ブライテンバッハ、メキシコのカルロス・フーエンテスなどです。三〇人ほど集める予定です。いずれも「文句の付けようのない《アンディスキュターブル》」人々です。

加藤　ちょっと先ほどから気になっていることがあります。日本語で「作家」と言うと、哲学者や社会学者は含まれません。小説家とか文学評論家です。

ブルデュー　この種の国際的な運動を組織する場合、作家だけでなく芸術家や研究者に枠を広げなければならないと思います。今日の政治問題の多くは科学と大いに関わりがあります。日本人のあなたにわざわざ言う必要もないことですが、今日では科学研究は根本的な生産力になっています。にもかかわらず、作家、芸術家同様、科学者は政治的決定から排除されています。作家議会の準備会議に物理学や化学の専門家も招きましたが、私のイニシアティヴを評価していました。そして特に、メディアとの関係を問題にしていました。研究者と市民をつなぐ役割を果たしていないと言うのです。

加藤　参加を呼びかける対象は欧米の知識人が主ですか？

ブルデュー　いや、できるだけ広い地域、アフリカやアジアの作家の参加も期待しています。輝かしい文学的伝統のある国、すぐれた作家を輩出している国の作家が多くなるのは仕方のないことですが。もちろん日本からの参加も歓迎です。また特に、女性作家の参加を期待しています。

加藤　国際作家議会のためのアピールとタイトルは「世界の叫び Le cris du monde」でした。作家や知識人が、その創作の自由、思想の自由においてばかりでなく、生存そのものをおびやかされているという現実に抗議の声を上げたものでした。知識人の国際的な結集を目指した、こうしたイニシアティヴと、きのう話題にした庶民的な人々の苦しみを取り上げた本『世界の悲惨』とはどうつながるのでしょうか。*La misère du monde* を世界の「悲惨」と訳すとなんとなくよく分からなくなる気がして、まさに『世界の叫び』とするのがよいのではないかなと考えたものですから。

ブルデュー　知識人によるこの国際議会は知的な問題だけを取り上げるわけではありません。もちろん自分たちの自律性をはっきりと主張しなければなりません。この議会の議長を務めるサルマン・ラシュディが書いたテクストはわれわれの憲章とも言うべきものなのですが、そこでは権力からの独立を謳っています。ストラスブールでおこなわれた「文学の交差点」が打ち出した原則の第一は、自律性ということでした。政治、経済に対する自律性、とりわけメセナ、ジャーナリズムに対する自律性。要するに、あらゆる種類の権力に対する自律性ということでした。

しかし、自律性とは自給自足を意味しません。自分たちの世界だけに閉じこもることではありません。ここでもまたゾラの例を引き合いに出すことができます。独立していなければならない。しかし、それは世界に積極的にコミットしていくための独立なのです。それは世界の叫び、世界の苦しみにかかわっていくことなのです。

私たち社会学者の仕事とはあるがままの世界を知ろうと努めること、その法則やメカニズムなどを明らかにして、それを表現することです。『世界の悲惨』というあの本は代書《エクリヴァン・ピュブリック》人の仕事です。つまり、人々の叫び、苦しみを公《ピュブリック》にする仕事です。すべての知識人がそうすべきだと言っているのではありません。すべての作家、詩人に人々の悲惨の代弁者になれと求めているわけではありません。しかし作家議会のひとつの役目は苦しみを表現することです。苦しみと言いましたが、それはユーゴスラビアの場合のように戦争の苦しみであったり、アルジェリアの場合のように圧制、検閲、テロリズムの苦しみであったり、搾取に結びついた苦しみであったりするでしょう。こうした苦しみを表現することも作家議会が果たさなければならない機能の一つであると思うのです。

加藤　特に作家、知識人の集まる機関をつくろうとする試みはかえって社会のなかで孤立することになりませんか？　あるいはエリート主義という批判を浴びることになりませんか？

ブルデュー　それは逆です。多くの国で知識人、特に作家が上層階級の出身であるのは確かです。十九世紀では、作家と批評家の間に社会的対立がありました。つまり、ブルジョアあるいは貴族出身者が多かった作家はプチ・ブルジョア出身の多い批評家を卑しい、凡庸な存在と軽んじていたのです。ですから作家が特権的な生活を送り、象牙の塔に閉じこもる傾向があったのは事実です。しかし私たちと一緒に行動することを選んだ作家たちはあるがままの世界に耳を傾ける用意のある人々です。自分の世界に閉じこもることも、世界を現実主義のなかに放置することも拒否する人々です。

教育システムに結びついた苦しみ

加藤　昨日私たちはカルティエ・ラタンで学生のデモ行進を見ました。あなたは教育の問題について多くの仕事をしておられるわけですが、いま進行中の学生の運動をどのように評価しておられますか？

ブルデュー　社会学は予測の学問ではないと言われていますが、大言壮語するわけでなく、今の状況は私がすでに書いていると言ってもよいかと思います。『世界の悲惨』のなかに「内部の除け者」les exclus de l'intérieur という章があります。そこではすべての先進国で観察される過程が記述されています。一九四五〜五〇頃は庶民の出の子どもは非常に早く、フランスでは第六年級、つまり十歳、十二歳くらいで学校システムから排除されました。他の国では十三歳、十四歳くらいの場合もありました。次の時期には、この庶民出の子どもたちが大量に中等教育システムに進学するようになりました。しかし、数年後に、排除されました。彼らは自分の取得した資格、学歴が労働市場で価値がないことを気付かせられたのです。第三の時期には、彼ら庶民出の子どもたちはますます大量に中等教育修了、いや、高等教育段階まで残留します。しかし、学校教育からは何も得られないことを自覚しているわけです。「内部の除け者」という表現はこの事態を端的に示しています。かつては外部に排除された者と内部にとどまる者とがいました。現在では、内部にいながら実際には排除された者たちがいるのです。そして、彼らは将来に展望がないということを知っています。最近の学生たちのデモはまさにそれです。彼らは十四、五歳から既に、高い地位を得るどころか、高失業率の今、就職すらおぼつかないことを知っていますす。これはどの国にも存在する過程だと私は思います。つまり、学校教育のシステムに結びついた苦しみというものがあって、それがそうしたデモによって表現されているのです。

加藤　もちろんそうした問題が日本にも共通するということはよく分かるのですが、不安や不満の表現形態が違います。フランス人の行動は日本人の理解を超えるところがあります。フランスの農民や漁民、そして学生たちのデモの暴力的な激しさです。これに対して日本人なら、確かにそうなのだけれども、国もまた困難な状況にあるのだから、自分たちもあまり極端な、過大な要求を突きつけることはできないと考える傾向があります。

ブルデュー　私は日本の教育システムに関する多くの論文を読みました。日本には、校内暴力という非行形態、学校教育のシステム内部にも非常に激しい暴力があるということですが、それもやはり一つの表現形態なのです。そうした反抗や暴力などは一種の内戦と言うべきものです。私が考えるには、そもそも国と国との間の違いというものは歴史的なものであって、別のところに要因を探してはなりません。今日のフランスの十八歳の青年たちはフランスの革命モデルを継承しているのです。彼らは一九六八年五月があったことを知っています。パリ・コミューンがあったこと、大革命があったことを知っています。デモのやり方、横断幕やスローガンのつくり方、ハンドマイクの使い方をわきまえています。こうしたすべての経験の蓄積があって、表現があのようなデモの形を取るのです。ですから、フランスの場合は、いわば国、つまりナショナルなものに対する政治の優位、正義は国益に優先するという考えがあるわけです。まさにゾラのモデルです。現状があるべきものでないのなら、その現状を変えなければならない、そのためにどんな結果になろうとも、ということです。無責任だ、経済にマイナスだと思われるかもしれません。しかしそれがフランスなのです。私はその良し悪しは言いません。フランスというのはそうした役割を持っている国、一種の政治的実験をする国だと考えています。フランス社会学が常に世界に先んじていたのは偶然ではないと考えています。フランス人が特別に社会学的な頭脳を持っている、天賦の才があるというのではありません。デュルケムもパリ・コミューンを体験した人です。フランスは常に深刻な社会的紛争に晒されていた国です。そのために他の国であれば意識されなかった事柄をフランス人は意識するようになったのです。そうした歴史的背景のために批判的性向が発達し、新しい行動形態が発明されたのです。連絡調整委員会 coordination と言われる労働運動の新しい組織形態などがその例です。

加藤　あなたはいつも社会学というのは デランジャント dérangeante な学問だと言っておられます。「通念を覆す」だから「邪魔な」「はた迷惑な」学問という意味なわけですが、特に教育社会学の分野での仕事、『遺産相続者たち』はそのような受容のされ方でした。ある意味では六八年五月を思想的に準備したと言われた本ですが。

ブルデュー　受容というのは微妙な問題であって、人はしばしば思想家に帰する自分のまなざしのなかにある過ちを思想家に向ける傾向があります。確かなのは、私のグループがやった仕事を通して、それまで見えなかったメカニズムが見えるようになったということです。私の若いころ、学校は解放をもたらすものであると言われていました。解放する学校という名の教育運動があり、そういう名前の雑誌もありました。解放をもたらすと考えられていた学校、それは確かにそのとおりなのですが、一方で、学校というのは保守的なものであって、非常に強力に社会的不平等を再生産していたのです。社会的不平等を再生産するというのは、所得においては同じ水準でも、子どもたちが自分の育った環境から文化資本を受け取る受け取り方が非常に不平等だということです。文化資本とは、言葉遣いであるとか、美術館によく行くとか、本に慣れ親しんでいるといった文化的経験のことを言うのですが、これらのすべては、学校でよい成績を収めるための要因です。日本でもどこでも同じはずですが、統計的に研究をしてみれば、社会的出自、すなわち文化資本の多い少ないと、学校教育における成功との間に、非常に大きな相関関係があることがわかります。この発見はある人たちにとって迷惑なことでした。というのも、解放する学校という幻想の中に住んでいる人々がいたからです。革命的な運動には非常に多くの教師が参加していましたが、その革命運動が解放する学校の幻想に支えられていたのです。繰り返しますが、もちろん学校は解放をもたらすという考えが間違いであるというわけではありません。学校は知識をもたらしてくれるし、普遍的なものをもたらしてくれます。しかし、知識、普遍なものをもたらしてくれる仕方が平等ではないのです。普遍的なものを擁護しなければなりませんが、しかし同時に、普遍的なものにアクセスするための条件をも普遍的なものにしなければなりません。普遍的なものへアクセスする条件は特殊的なもの、特権です。現状では普遍的なものに特権的にアクセスしている者たちがいるのです。知識人とはまさにそうした特権者なのです。彼らは普遍的なもの、すなわち法や科学、宗教さえもほとんど独占しているのです。

普遍的なものにアクセスするための条件を普遍化するには、どうすればよいか、それはあらゆる人々に、本を読んだり、テレビで教育番組を見たり、それらを理解する手段を与えるということです。こういった手段は生まれつき備わっているたぐいのものではありません。それは後天的に獲得されるものなのです。

ホモ・アカデミクス

加藤　教育社会学におけるあなたの仕事で重要なのは文化資本という概念です。これまでは教育と社会的出自の関係を問題にするとき、考えられていたのはもっぱら経済資本でした。裕福な家庭に生まれたからよい学校に入れる、高等教育にアクセスできる、という考え方です。それに対し文化資本の役割に着目された点に革新性がありました。今では、ことさらブルデューの概念と意識せずに、これを使っている社会学者もいるようです。

ブルデュー　それはすぐれた科学的概念の運命であって、汎用性ゆえに万人の所有物になるというのは、その概念にとって名誉なことです。それはそれとして、かつて私の仕事を読んで、フランスはまだ伝統的な国だ、だから教育の機会均等が実現していない、しかしアメリカでは社会移動の可能性がはるかに大きい、というようなことを言うアメリカの社会学者がいました。しかし、その後彼ら自身が私の理論的枠組みを使って研究を進めた結果、アメリカのシステムの方がフランスのシステム以上にエリート主義であることを発見したのです。フランスでは経済資本と文化資本の二つが作用するからです。フランスでは教育費はまったく無償というわけではありませんが、相対的には無償といってよいと思います。私の在学期間をとおして学費の半分ないし三分の二は奨学金によって保証されていました。アメリカでは有料で、しかも非常に高いのが現実です。経済的要因があり、それに加えてフランスと同じく文化的要因が作用するわけです。ですからプリンストン、エール、ハーバードのようなアイビーリーグの名門校はフランス以上にエリート主義的な社会構造を持っています。そうした実態を調査・分析して公表することはきわめて重要です。

加藤　日本では、フランスはいまだに階級社会であるとよく言われます。教育制度も複線型でエリート主義だと言われます。一方に、袋小路、行き止まりの短期コースがあり、他方にはエコル・ノルマルとか、エコル・ポリテクニックといった定員数百人規模の超エリート校があって、そこの学生は給料まで支給されているというようなことがよく話題に上ります。それに比べると、日本の教育制度はずっと民主的だと言われているのですが……。

ブルデュー　それは民主主義という幻想にとらわれているからです。そうした幻想は広く行き渡っているのですが、日本にはみずからを民主的だと信じ込んでいるシステムの非民主的な実態について分析する民主的な社会学者がいなかったためだと思います。アメリカの場合のように、民主的な社会学者が現われれば、そうした実態がすぐに露わになるはずです。私は、日本とフランスとの間の差異は、あなたが言われるよりもずっとわずかなものだと思います。私たちが東大について知っていること、私たちが持っている統計によれば、東大もまたまったくエリート主義的だと思います。もちろん比較的な観点からの研究をもっと推し進めなければなりませんが。

加藤　『ホモ・アカデミクス』は高等教育、あるいは知識人界の分析なわけですが、これも特殊フランス的と見なす人たちがいます。

ブルデュー　しかしアメリカの社会学者の研究ほどアメリカノ・セントリズムなものはありません。アメリカノ・セントリズムはアメリカ社会学の普遍的性格です。

それがいけないと言っているのではありません。最近、フェミニストの女性社会学者が小ブルジョアジーの女性たちが交わす電話の会話を分析した研究を読みましたが、きわめて特殊アメリカ的ですが、すぐれた研究です。経験的な研究をおこなうとき必然的に個別主義《パルティキュラリスム》になります。自分が目の前にしている世界を研究するのですから。しかし個別が普遍に通じるのです。

　口幅ったいようですが、私の仕事の個別性ついても同じです。私は個別な社会についてきわめて経験的に研究します。アメリカでも大学人の社会学的研究はなされていますが、どこでも通用するような漠然とした類型論で内容空疎なものが多いのです。私は個々別々の人間について、どんな諮問委員会にいたか、どの学校出身か、どこにポストを得ているか、などを調べます。まさに、こうした個別的な細部の背後に一般的な事柄、他の国にも見出される普遍的な事柄があるのです。いま、アメリカの大学界についての研究が進行中ですが、フランスと同じ構造が明らかになっています。たとえば権力《プヴワール》と威信《プレスティージュ》の対立です。一方に権力を持つ者たち、教育システムの再生産に力を持つ有力者たちがいます。よいポストを得ようとすれば、彼らとよい関係を維持しなければなりません。他方に、非常に大きな威信を持っている、しかしかならずしも権力を持っているわけでない者たち、実力者でない者たちがいます。フランスの場合、コレージュ・ド・フランスの教授がそうです。ミシェル・フーコーがよい例で、彼は大きな威信はありましたが、いかなる権力も持っていませんでした。予算もなし、秘書も与えられていませんでした。それでも威信という点では抜きん出ていたわけです。その一方で、あなたが名も知らないような教授、無名の哲学者が絶大な権力を振るっているのです。こうした対立はどこにも見出されます。他にまた、さまざまな二義的な対立があるわけですが、いずれにせよ経験的な個別主義とはそのようなことなので、徹底的に細部にこだわります。固有名詞を挙げることもあります。『ホモ・アカデミクス』の英訳版では、人文科学系学部の界の図版で、フランス語版でイニシャルだった人名をフルネームで復元しました。一般的なメカニズムを発見するためには、そこまで個別主義を徹底しなければならない、そうすることによってはじめて、必要な変更を加えた上で他に適用できる普遍性に到達できるのです。

　要するに私が心がけていることは、自分自身の置かれている世界を研究するために可能な限り科学的な態度を取るということです。こうしたラディカルな反省性はしばしば愉快でない、辛い事柄を発見させることにもなるので、『ホモ・アカデミクス』を書くことは私にとっては私自身を客体化することでもあったわけで、けっして楽な作業ではありませんでした。

農村から地方都市ポーの中学に進んだブルデュー（教師の右隣）

加藤　ブルデューは学校教育システムを批判するけれども、ご自分は十六世紀以来存在するフランスでもっとも威信の高い学術研究機関の教授ポストを占めている。矛盾する、と言う人もいます。この点、どのように自己分析をしておられますか？

ブルデュー　いや、矛盾しているということはありません。コレージュ・ド・フランスの位置というのは非常に特別なのです。『ホモ・アカデミクス』のなかで、コレージュ・ド・フランスの教授の位置を扱った章は「聖別された異端派」と名づけました。彼らの多くは正統派と非常に難しい関係を経験した人たちです。たとえばレヴィ＝ストロースはソルボンヌの教授ポストへの選任を五回も拒否されています。デュメジルも何度も拒否されています。フーコーは典型的な異端派で、キャリアの大半を外国で過ごしました。スウェーデン、チュニジア、そのあとまずヴァンセンヌでしたが、これはマイナーな大学です。つまりコレージュ・ド・フランスというのは非常に威信のある、しかしマージナルな位置にあるのです。

――**加藤**　それは外国人には見えにくい点ですね。

ブルデュー　その点で、コレージュはアカデミー・フランセーズとは違うのです。ですから重要なのは、私の科学的位置＝立場が聖別された理由のひとつは科学者の間の連帯のお蔭であるということです。私の選任は科学者たちの支持を得たからでした。物理学者、数学者、生物学者たち理系の学者が科学の連帯の立場から支持してくれたのです。これは大切なことです。ある時点で、科学的理性は政治的理性に対する自律性を獲得します。しかしこの自律性は時代によって可変的です。いまの時点で私が立候補したら選任されるかどうか分かりません。

加藤　ところでフランスの人文社会系の学問の界にもある種の変化が見られるように思います。たとえば創立二〇〇年を祝ったエコル・ノルマルですが、私が留学していた頃はまだ、ギリシア語・ラテン語の素養を土台にしたフランス文学のアグレガシオン、つまり人文的教養が尊しとされていましたが、最近では社会科学が有力になって、哲学の王位を脅かしている、かなり様変わりしているように感じます。

ブルデュー　たしかに大きな変化がありました。しかし深層構造においては驚くべき恒常性があることを見逃してはいけません。スイスの若い研究者がフランスの学術研究を取り仕切る機関である諮問委員会《コミテ・コンスュルタティフ》の変化を研究しているのですが、私が『ホモ・アカデククス』で記述した三〇年前の実態と変わっていないと言っていました。変化がないとは言いません。しかし、いろいろな学問のあいだの関係といった、ある深さのレベルを見ると変わらぬ恒常性が観察されるのです。たとえばデュルケムの名高い『フランス教育史』ですが、これを読むと中世から今日までのフランスの教育システムの構造的恒常性に驚かされます。中世以来普遍の構造があるのです。

加藤　たしかに普遍の構造というものがあるとは思うのですが、量的な変化が質的な変化を導くという側面を考える必要があると思います。フランスでも日本でも六〇年代に大学生の数が飛躍的に増大しました。それが、高等教育の制度、また内容にどんな影響を及ぼしたかという問題です。

　ところで、フランス語で知識人という場合、この言葉がどんな人たちを指しているのか大体見当がつきます。たとえば発行部数五〇万部以下の『ル・モンド』紙を読んでいる人は知識人だと言えるでしょう。ところが日本では、この知識人という言葉はあまり意味がなくなってしまっています。大学生あるいは大学卒業生の数があまりにも多くなっているので、一体だれが知識人で、だれが知識人でないかということが、もう見てとれなくなってしまっています。それから、世間では一般に知識人というとき、言ってみれば、輸入業者みたいなものだとみなされているのです。外国、つまり欧米でおこなわれた研究の結果を輸入する人たちだという見方です。人文科学と社会科学の分野では特にそうです。自然科学とか科学技術の研究の方ではたしかにちょっと違うと思います。こちらはもっと生産的で創造的なのでしょうが、人文・社会科学の方ではわれわれは外国製品の輸入業者とみなされているわけです。

芸術行為と自律性・国際性

ブルデュー　まずディスタンクシオン、つまり卓越性ないし区別がなくなってしまっているということですが、これは非常に一般的な現象であると思います。『芸術の規則』に書きましたが、ボードレールやフロベールの時代には「芸術家」と「ブルジョア」の対立ははっきりしていました。ブルジョアの大半は無教養で、文学や芸術にまったく無知な連中でした。ところが今日では先進国の産業界、経済界の幹部、経営幹部や技術幹部は高い水準の教養を身につけています。日本のある大企業の工場を視察したとき、広報担当の幹部がいろいろな社会科学者の名前を挙げていて感心しましたが、専門的文化生産者、つまり社会についての専門的言説を生産することを仕事とする者たちが次第にほかの職業の人々との競争を強いられるようになってきているのです。自分自身の職業分野について、ほとんど学者並みの知識を持っている人々との競争です。これが第一の非常に重要な問題で、これは知識人についての見方を完全に変えてしまいます。

ですから、私の目には無責任と見える知識人たち、正確に言うと、ポストモダニズムを標榜する人々が登場して、どんなことでも言わなければならない、あるいはどんなことでも言うことができるかのように振舞っているのはそのためです。彼らは他に仕方がないからそうしているのです。彼らは、自分たちが経済世界あるいは現実世界から排除されていることを発見したがために、欲望とか全体性の根拠とか、普遍的言説の可能性などについて、言いたい放題のことを言っているのです。

今日でも依然として文化的生産者に固有のものがあります。文化的生産者であるということは、フルタイムで文化的生産に従事することを仕事にしているということです。しかも無償の文化生産であって、生産のため、生産の正当化のためでない、あるいは生産性向上のためでないということです。いま触れた広報担当幹部の学識の場合はまさに彼の会社の生産性向上のためのもので、企業の機能を理解するためのものではありません。もし私がこの企業を調査研究するとしたら、私は彼を、そして彼の言説を客体化するでしょう。それができるのは私が社会の外側にいるからではありません、社会に対して自律性を保っているからです。

その際、もうひとつ重要なのはこの自律性が国際性に支えられているということです。私と同じ仕事をしている人たちが世界中にいます。社会科学の分野で書かれたものにはナショナリズムに、いや、ナショナリズムどころか帝国主義に汚染されているものもあります。それでも彼らは他国の同業者の書いたものを読まないわけにはいきません。彼らは、私がパリで発言するとき、ニューヨークやシカゴ、あるいはサンディエゴにおいて、私の話に耳を傾け、私が言っていることを根拠にローカルなものに固執する人々を批判するのです。学問の世界においては、こうした実際的なインターナショナリズムは非常に重要なものです。したがって、知識人とは、外国の思想や研究の成果を輸入する人々にほかならないというようなことを言われたところで、別に何の不都合もないのではないでしょうか。

加藤　いや、それはそうですが、「輸入業者」だと言うときには、独自の言説を生産しないという批判的ニュアンスが含まれているのです。

ブルデュー　もちろんです。一言付け加えますと、ある若い女性研究者が進めている国際文学についての興味深い研究がありますが、それによると芸術上の大革命というのは、ジョイスがそのよい例ですが、すべて国際的な革命だということです。芸術ではナショナルな革命はありえない、哲学であった唯一ナショナルな革命はハイデガーのそれです。こんどの『リベール』にアルノ・シュミットについての論文が載りますが、この、いささか反ドイツ的な作家はまさに、ジョイスやフォークナーなど外国の作家を読み込んでいたからこそ、他のドイツ作家と違うことが言えた国際的な文学者です。

メディアと知識人

加藤 おっしゃることに同感ですし、力づけられるものがあります。ところで、知識人についてもう一つ問題があります。『芸術の規則』であなたが作家とか芸術家の社会に対する位置を「娼婦」のそれと比較しているのを読んで、おもしろく思いました。私もいつも、現代において知識人は権力者、支配層との関係で「ゲイシャ」の位置に堕したと言っているものですから。特にマスコミに対する依存関係、隷属関係がますます大きくなってきていると思います。

ブルデュー それは非常に大きな問題です。あなたが言われたように、知識人が言説生産者の大群の中に埋没してしまっている、区別がなくなってしまっているのは、古いマルクス主義用語を使って言えば、生産手段の所有権を失ってしまっているということです。知識人の生産手段はペンと紙だとも言えるわけですが、それだけでなく、作家や哲学者、社会学者にとって生産は流通権力、普及権力とかかわります。読者を得ようとすれば、新聞、雑誌などマスメディアを通さなければなりません。マスメディアはそれ自身の論理を持っており、ほとんどの場合、科学的、文学的、あるいは芸術的な生産の持つ論理と相容れないものです。メディアはこれらの領域の生産に外部からさまざまな制約を課してくるわけです。テレビ出演を例にとってみましょう。私は初めてベルナール・ピヴォが司会する書評番組に出演したときのことを覚えています。フェルナン・ブローデルと一緒だったのですが、ピヴォが私たちに言ったのは、あなた方は社会科学高等研究院にいるのではなく、五〇〇万の視聴者に向かって話すのですから、分かりやすく話してくださいということでした。

加藤 それはわれわれも申し上げたことですけれども……。

ブルデュー マスメディアからすれば、知識人は二つのカテゴリーに分けられます。テレビ受けする人と、そうでない人です。そして、テレビに出演して受けのよい人の大半は言うことが何もない人です。言うべきことが何もなければ、非常に簡単に、そして素早く語ることができます。多少なりとも複雑なメッセージを伝えたいとなると、うまくいきません。つまり、問題の一つは時間なのです。テレビ業界の人々は私たちに時間を与えてはくれません。たとえ時間があってもです。国立科学研究機構のゴールド・メダルを受賞したときのことですが、テレビ・インタビューで経済危機について二分間で話してほしいと言われたことがあります。プラトンがすでに言っています。哲学者とは時間のたっぷりあるものたちだ、と。また、アゴラに集う者たちは時計に逆らう者たちだ、と。

このようにメディアは時間という制約を課すのですが、ほかにもまだ幾つかの制約があります。例えば視聴率という制約です。フランスにおいてそれは絶対的な力を持つようになっています。もしある番組が二〇〇万人の視聴者を得ることがなければ、その番組は打ち切りになるでしょう。ですから、重大な問題は、テレビが視聴率によって支配されていると同時に他の表現手段を支配する、ということです。『ル・モンド』のような相対的に大きな自律性を持つ日刊紙もテレビ番組欄を増やしています。週刊誌『ヌーヴェル・オプセルヴァトゥール』も本誌と同じくらい厚いテレビ番組付録を出しています。テレビの論理がほかのすべてのメディアに押し付けられることになります。その結果、視聴率から自由なはずの人々が視聴率に従うことになり、少しずつ哲学界の全体（テレビ局御用達の哲学者をとおして）、また科学界の全体（HIV汚染血液事件の例にみられるように）、さらには政治界の全体がメディアによって支配されていることになるのです。

閉ざされた環境のなかでしかできないことがあります。たとえば数学は開け広げの場でおこなわれるものではありません。数学者仲間のあいだでおこなわれることです。文学も同様です。こうした小さなグループの中でなされるべきことがいまでは一般大衆の前でなさなくてはならなくなっているのです。あたかも一般大衆の判断が民主主義的な判断であるかのように、数が多いということと民主主義が同じであるかのようにみなされています。しかし、こうした混同は全くばかげたことです。象牙の塔の中でも非常に民主主義的なものをつくり出すことができますし、同様に、多くの人々のために反動的なものをつくり出すこともできます。テレビが絶えずつくり出しているのは、保守的な人々であり、保守的な凡庸さ、保守的な月並みさ、保守的な決まり文句なのです。テレビとは一体何でしょうか。それは重大な問題に関して決まり文句ばかりを口にする人々のいる場所なのです。

加藤　しかしそれは、科学的な知の生産者としてメディアとのあらゆる関係を断ち切らなければならないということではないですね。というのも、あなたはここでカメラの前で話すこと、そしてインタビューを引き受けておられるわけですから。メディアの持つ、そうした両義性にどのように対処すればいいのでしょうか。

ブルデュー　文化生産者は団結する必要があると思います。それによって、メディアに対してそれほど不利でない力関係を持つことができるのです。メディアにはマスメディアの論理があって、高い視聴率を必要としています。メディアに課せられている市場の論理が芸術生産にまで押し付けられることになると、芸術生産は破壊されてしまいます。芸術生産を守らなければなりません。それを守るということは、単に知識人の利益を守るということではなく、すべての人々の利益を守るということです。というのも、真理の擁護は万人の利益につながるからです。ただし、支配層にとってはそうではないでしょう。彼らにとっては、真理は隠されたままになっていた方が都合のよいことが多いからです。しかし私は、真理は生産されなければならないし、そして広く伝達されなければならないと思います。真理の生産者たちは真理を普及させる手段を確保するために連帯して闘わなければならないのです。ただし、私の言っていることが、ジャーナリストに対する攻撃を意味するものだととってはいけません。ジャーナリズムの世界にも、同じ志のもとに闘っている人々がいます。ただし、それは多くの場合、メディアの中で弱い立場にある人々ですが。

加藤　それは若い人々や女性であることが多いですね。

ブルデュー　そのとおりです。メディアの内部にあって闘っている人々は少なくありません。成果も挙げています。しかし彼らはしばしば孤立し、押さえ込まれています。そうした事態を打開する唯一の方法は人々が連帯することです。

加藤　ジャーナリズムの世界において女性の数は次第に増加しています。日本でもそうなのですけれども、フランスの方がより顕著であるように思われます。ジャーナリストの女性、あるいは一般的に言って、女性が現在の社会の中で果たし得る役割について、特にどのようにお考えですか。

ブルデュー　いま私は男性支配について、男性支配の効果、可能条件、変化などについて本を書いているのですが、女性が権力のある地位にアクセスするのは、メディアや文学、出版などの象徴生産の分野においてです。言い換えれば支配的な地位につくことがあるが、その地位は支配された地位である、ということです。というのも、象徴生産は常に経済生産に対して被支配的な位置にあるからです。

それはそれとして、女性は自由の担い手になりうると思います。女性が批判的自由を持っているのは、女性が男性に比べて権力闘争のゲームにさほど巻き込まれていないからであり、女性は支配される位置にあるからです。

超領域の人間学

加藤　あなたがこれまでおこなってこられた研究の対象の多様さには驚嘆するほかありません。それぞれの人が自分なりのブルデュー像を持っています。ブルデューは本質的には社会学者なのに日本では大思想家扱いをしていると批判する人たちもいます。しかし、あなたの仕事は社会学という一専門の中に閉じ込めておくことができないと私は思います。そこで私はいつも、超領域の人間学《アントロポロジー》とか一般人間学と呼ぶ方がふさわしいと考えているのですが、どうお考えでしょうか。

ブルデュー　社会学について人々が持っている表象は現実に対して遅れをとっていると思います。哲学と社会学、哲学と社会科学を対立させて考えています。確かに私は人間学という概念の方を好んでいます。というのも、人間学という概念は、民族学や歴史学など、社会科学のすべての専門分野を包括する概念であるからです。私は、これは一つの進歩だと思います。というのは社会科学があまりに早く専門化しすぎたと考えているからです。それも民族学や歴史学などに専門化しただけでなく、教育史とか教育社会学とかにまで細分化してしまっています。本来は、専門化する以前に、社会科学は総体としてその対象を構築すべきであったと思います。これが第一の点です。

第二に、科学と哲学の対立があります。つまり科学主義《シャンティスム》と同一視された科学と、科学、あるいは社会一般についての自由な省察と見なされた哲学とを対立させる考え方がいまだに根強く残っています。私が努力しているのは、科学主義的でない科学、科学の批判を内含する科学をつくることです。科学は定義からして批判的なものです。批判的であることは科学的でないことだと言う人がいますが、それは間違いです。科学は必然的に批判的なものです。私はしばしばガストン・バシュラールの「隠れたものについての科学しかない」« Il n'y a de science que du caché. »という言葉を引用します。彼がそこで言おうとしているのは、自然科学とはいつも最初は批判的な段階から始まるものであって、それは型にはまった考え、先入観、常識、自明性などを破壊するものであるということです。バシュラールは「最初の真理とは最初の誤謬である」« Les vérités premières sont des erreurs premières. »とも言っています。つまり、自明的なことはほとんど常に誤りだということです。自明性は社会の真実を隠すのです。真理を探求するとは、自明性を破壊すること、ありきたりの問題設定の仕方を破壊することです。例えばジャーナリストの質問が陳腐なものであるときは、私は問題を新たに立て直します。ありきたりの考え方とは違ったやり方で対象を設定することは必然的に一つの批判になるのです。批判的でない科学は存在しません。権力と折り合いのよい者はあまり科学的でない人間です。彼らは権力が聞きたいと思うこと、権力を喜ばせることしか言いません。

次に、そうした批判的な科学は、自分自身に対しても批判的でなければなりません。私は常に反省性の原理を実践しようと努力しています。『ホモ・アカデミクス』は大学界の研究であるだけでなく、私自身についての研究です。あの本には二つの対象があります。見かけの上では一九六七年におけるフランスの大学について研究しているということになりますが、しかし、本当の対象は何かといえば、大学人である私が大学を研究するとは一体どういうことなのかの研究なのです。研究者たちはどのような社会的な条件のもとで研究しているのかの研究です。歴史学者はたとえばビザンツ帝国を研究し、地理学者はたとえば日本を研究するわけですが、そうした研究者たちそのものを研究しなければなりません。そして、それは研究の限界を理解するためなのです。デカルトは「知性の限界を定義する」と言いました。カントは別の言い方で「思考の限界を批判的に認識する」と言いました。批判的社会学、批判的人間学が第一になすべき仕事は、自分の領域に固有の方法を自分自身に対して適応することです。それは自分の限界を知るためです。

そしてまた、それは哲学的野心でもあるのです。社会学は哲学とは違う手段で、より厳密な、より強力な手段で哲学的野心を実現するのです。ですから社会学はある種の形の哲学を衰退させるはずのものです。すべての哲学とは言っていません。統計学など、歴史的に、また集団的に蓄積されてきた近代的な科学的手段を使って社会学が立派になしうることをなしえない、ある種の哲学です。伝統的な哲学の野心の一部はいまや信頼に値しません。

加藤　あなたがおっしゃった二つの原則、反省性と批判、それらは社会学者だけが守らなければならない原則というわけではなくて、むしろ文化生産あるいは象徴生産の世界において仕事をしている人々にとって有効でもあると思います。しかし、批判はニヒリズムを意味するというわけではない、ということですね。

ブルデュー　まさにそのとおり。反省性の原則は、今日、社会科学の領域において実践されています。たとえばアメリカでポストモダンと言われている者たちです。「モダン」とは何かを歴史的、科学的に定義することができないのですから、「ポストモダン」を定義するのは不可能ですが、それはともかく、彼らは自分自身にナルシス的に目を向けること、自分の科学的実践に目を向けることを反省性と言っています。これは自己目的化した反省性です。テクストとは何か、書くとは何かを知るために反省する、といったたぐいの反省性です。私にとっての反省性とは対象に向けられた反省性のことです。つまり、私が知りたいのは自分の認識の手段の限界です。しかも、それはよりよく認識するためであって、科学そのものを否定してしまうためではありません。科学の社会学を例にしましょう。科学社会学にはすぐれた伝統がありますが、私が寄与しえたことがあるとすれば、そこに初めて界《シャン》という概念を持ち込んだことです。科学の世界も文学の世界などと同様、それぞれが戦略をもち、闘いや競争が繰り広げられる界であることを示したことです。科学者たちはそこで真理のために闘うのですが、真理のための闘いとは、同時に、権力を獲得するための政治的な闘いでもあるのです。偉くなるため、一番になるため、ノーベル賞をとるため、などといった目的のための闘いでもあるのです。ですから、科学的な闘いにも社会的な争点がかかわっているのです。このことから、ニヒリストやポストモダンの人々は、科学などない、すべては相対的だ、科学的闘争はすべて社会的闘争なのだか

らと結論づけます。しかし、それは間違いです。それは全く特殊なタイプの社会的闘いであって、非常に特殊な規則に従っています。生物学を例にとるなら、二重らせんに関する有名な本の中でワトソンはぞっとするような話を語っています。学問の世界で、真理は盗用され、剽窃があり、学者たちはお互いに多くの陰謀をめぐらせているというのです。ただしかし、こうした科学的闘争で勝利をおさめるには、理性や合理性という武器に拠らなければなりません。ライバルの数学者を葬り去ろうとすれば、一つの定理をつくり出す必要があります。敵を剣によって葬ることはできません。それでは数学的な殺人にならないのです。社会学にしても事情は同じです。本当に敵対者に対して勝利をおさめるためには、彼を論破しなければならないのです。

*

加藤　きょう私たちはかなり長い時間をかけて、知識人の行動、教育の問題、メディアの問題について話しました。また、あなたが実践なさっている一般人間学の反省性と批判についてお話をうかがいました。これらを踏まえて、結論的に、あなたのお仕事を今後どのように予想することができるでしょうか？

ブルデュー　現在、一種のペシミズムが多くの分野に行き渡っているように思います。科学研究においても、共同体の将来の展望についても、それが言えます。こうしたペシミズムは、私にはむしろ好ましいことのように思えます。イデオロギーの終焉は一九六〇年代以来、予告され続けてきましたが、ソビエト的な体制が崩壊してからは、一層現実味を帯びてきました。私はこれを積極的に評価します。社会の自己制御はまさに社会学の主要な目標のひとつですが、知識人や思想家が社会に関してつくり出し、広めてきた幻想は社会の自己制御への障害でした。知識人は集団的に魅入られた世界像をつくりあげてきました。たとえそれが悲観的な未来像であっても幻想という点では同様でした。マルクス主義も魔術的影響を及ぼした一つの幻想でした。

　こうした幻想が終焉した結果、新しいタイプのもっと地道な行動が生まれてくる可能性があります。デカルトは、人間は科学によって自然の主人にならなくてはならない、と言っています。社会科学は科学として社会の制御をその野心としています。社会学者、人間学者はすべての市民の代理者《デレゲ》です。すべての者を支配している社会的メカニズムを統御する手段をすべての者に与えることを仕事とする者たちです。たとえば『社会科学研究紀要』のジャーナリズム研究特集はジャーナリストに対する攻撃ではありません。ジャーナリストが彼らを支配する、そして彼らをとおして他の人々を支配するメカニズムを統御できるようにするのを支援する研究です。

科学者集団は新しい法則や認識を発見していくでしょう。しかしそれだけでは不十分です。少なくともジャーナリスト、学者、研究者など、文化資本に恵まれた人々が、それぞれの狭い専門性に閉じこもるのではなく、その枠を乗り越えて、自己認識を深めるために努力しなければならないでしょう。私は最近、ジャーナリストと研究者がともにジャーナリズムのあり方を研究するグループをつくりました。これはささやかですが、実効性のあるものを積み重ねていく試みです。私は今日、社会科学が進歩する条件がそろっていると思います。科学者が既成の制度や枠組みにとらわれているのは大変危険です。彼らの研究は、例えば遺伝子研究や原子力研究の場合、人類の破滅につながる可能性さえあるわけです。だからこそ彼らは自分の問題を簡単に政治に委ねてしまうのではなくて、みずから集団的な自己認識を深める作業を始める必要があるのです。

もちろん、政党や労働組合の役割は否定しませんが、もっと自由な組織の形をつくり出すべきです。自由な集会やクラブ、グループなどをつくり、みずからを省み、個人同士の連帯を深め、グループ自体を変化させていくのです。ジャーナリストもそうなら、教員もそうです。政党とか組合とは別のところで集団的に教育の問題をみずから考える場をつくらなければなりません。政府が一方的に改革を打ち出すのを待つのではなく、みずから集団として問題を制御する努力をしなければなりません。特権を与えられた人々がイニシアチブをとるべきです。奇妙に聞こえるかもしれませんが、これは上から始める革命なのです。特権的なグループはその特権、すなわちその文化資本や相対的な自由を利用して、自己認識を始めるべきなのです。忙しい合間を縫って、人々を結集するのは大変困難ですが、こうした努力の中から全く新しいタイプの政治的運動があらわれることになるでしょう。

加藤　どうもありがとうございました。そろそろ私たちの対談を終わりにする時間かと思います。どうもお疲れさまでした。

加藤晴久 訳

アルジェリア情景（ブルデュー蔵）

現代フランス思想と私——フーコーからブローデルまで

ピエール・ブルデュー

（聞き手・加藤晴久）

加藤晴久　はじめにインタビューの目的ないし意図を述べたいと思います。あなたはもともとは哲学を専攻してアグレガシオン（教授資格）までを取得されたわけですし、ブルデュー社会学を理解するためには、その哲学的な背景というか根っこというか、とにかくその哲学的土台を知ることが大切なことは、すべての論者が指摘するところです。『構造と実践』というタイトルで翻訳されているインタビュー集の第I部は「道程」という題になっていて、その冒頭の「哲学のフィールドワーク」では、エコル・ノルマルの学生時代から民族学を経て社会学の道を選択するに到るまでのご自身の思想形成を具体的に語っておられます。これはまた、ご自身の理論形成との関わりにおいて描かれた現代フランス思想の見取り図といった面もあって、たいへん刺激的かつ啓発的なテクストでもあると思います。

ただ、やっぱりむずかしい。たしかに『構造と実践』の「はしがき」のなかであなたは、インタビューの効用は、専門家の立場からするとあまりに通俗的であったり取り上げるに値しないような質問にも答える機会になることにあると述べておられますが、それでも「哲学のフィールドワーク」は、現象学ないし実存主義、マルクス主義、構造主義など戦後フランスの思想界の主要な潮流についてかなりの知識がないと理解しにくいと思います。ブルデュー理論というのは自分が置かれている環境に対する自分の反応を理論的に深め昇華した成果ということが言われているわけですが、抽象化され概念化されて語られると、いったい何を、あるいは誰を念頭において言っているのか、フランスの思想状況の現実のどの辺を参照しているのか、外国人にはなかなか分からないことが多いのです。そこで私としては、あなたがいろいろな形で直接付き合いのあった思想家について、もっとざっくばらんに、もっと卑近に、フランス語では terre à terre と言うのでしょうか、もう、ほとんどゴシップ的に語っていただいたらおもしろいのではないか、というのが不謹慎なら、日本の読者が「哲学のフィールドワーク」を理解するのに役に立つのではないか、と考えたわけです。気分とか反感や共感といったものは知的な選択においてしばしば大きな役割を果たすものだが、それらを意識的で明示化された命題に変えることが重要だと述べておられるのですが、実はその気分とか反感・共感などを生のままに出していただいたほうが私たちからするとありがたいということです。もちろん、ブルデュー理論の背景になっているのはフランスの思想家だけではなくて、というよりむしろ、ヘーゲルからマルクス、ヴェーバーやカッシーラー、ウイトゲンシュタインなどの方が重要と言えるわけですけれど、ここでは「フランス思想界の大物を切る」とでもいった、できるだけ気楽な形でのインタビューにしたいと思います。

ピエール・ブルデュー　「哲学のフィールドワーク」はたしかに「知的自叙伝」的なものですが、そのなかで、たとえばエコル・ノルマルの学生時代について語ったことはあまり重要な意味を持ってはいないと言っていることにも気をつけてください。

――**加藤**　そうですね。他人の仕事との戦略的な関係によって自分の仕事の方向付けをおこなってきたわけではなくて、研究そのものがもたらす喜びに導かれてきたのが真相だ、と述べておられますね。それでも、ブルデュー社会学が同時代の哲学との深い関わりのなかで作られてきたことは間違いないことです。それからブルデュー社会学が知識人界、哲学界の構図、配置図の分析にも有効なことは、あなた自身の仕事はもちろんですが、ボスケッティやピント、ファビアニらブルデュー学派の仕事でも証明されています。

ブルデュー あなたが私の「知的道程」に強い関心をお持ちなら、それに関連したテクストを後で送ることにしましょう。

エコル・ノルマルと哲学

加藤 では、今お断わりしたように今回はくだけた形で、「哲学のフィールドワーク」のイントロダクションぐらいの感じでお願いしたいと思います。

あなたがエコル・ノルマルに入学されたのは一九五〇年で、ジャック・デリダやミシェル・セールの一年前ですね。当時のエコル・ノルマルの思想的な雰囲気というのはどんなものだったのでしょうか？

当時は現象学的な実存主義の隆盛期だったわけですが、あなたはそうした流行に反発してむしろ科学哲学や科学史に強い関心を寄せたとのことですが……

ブルデュー たしかに私がエコル・ノルマルの学生だった五〇年代はじめは、現象学派の哲学者、特に実存主義者の全盛期でした。サルトルの影がフランスの思想界を覆っていたわけです。もちろん私だけではありませんが一部の者たちがそうした、現象学が型崩れしたような実存主義に対して反発したのです。サルトルに対する解毒剤とでも言うべき存在がメルロー＝ポンティだったわけで、メルロー＝ポンティは私たちにとってもっと厳密でもっと深い哲学者と思われました。とくに私たちの関心を引いたのは彼が自然科学や人間科学ともっと近いところで仕事をしていたからです。彼は児童心理学やゲシュタルト心理学の講義をしていましたし、彼の著作は生物科学に深く依拠していました。私たちにとってはだから、体験《ヴェキュ》とか主観性《シュブジェクティフ》とか、内観の弛緩した形態の支配に対抗する方法のひとつが、メルロー＝ポンティのもっと厳密な現象学、それとフッサール自身を拠りどころにすることだったわけです。フッサールは当時まだそんなに翻訳されていませんでしたから、ドイツ語で読まざるを得なかったのですが、大変な作業でした。それがひとつ。もうひとつの拠りどころはフランス哲学の伝統である科学史・科学哲学、それと哲学史でした。ゲルーとかヴュイユマンとかコイレといった哲学史家です。それから私は数学をかなりやりました。修士論文《ディプローム》ではライプニッツをテーマにしました。これはたいへん有益でした。ライプニッツというのは非常に近代的《モダン》な思想家で、数学ではトポロジーや積分学、物理学では力学、また論理学など、近代科学の発展の源に位置した重要な人物です。彼の哲学も力学的で、ハビトゥスという私の概念はある意味では非常にライプニッツ的な概念だと思っています。

加藤　ディプロームというのはエコルの二年目に書く論文でしたね。具体的にはライプニッツの何を取り上げたのですか？

ブルデュー　デカルトを批判したライプニッツのテクストを翻訳したのです。これは彼がデカルトを読んで書いたノートなのですが、こういう断片的な、完全な形をなしていないことも多いテクストを理解するためには、コンテクストのなかに置きなおしてみなければなりませんから、著作全体を参照する必要があります。こうした作業と、哲学史の勉強はとにかく有益でした。

当時、私は現象学と生物学を同時にやることを考えていました。「感情生活の現象学」といったものを考えていたのです。情動とか感情の研究です。そのためには医学、とくに心身医学《プシコソマティク》を深める必要があります。私の指導教授だったカンギレームが、自分もかつて教えたトゥルーズの高等学校のグランド・ゼコル受験準備課程の教師のポストを用意してくれたので、アグレガシオンの後、そこで哲学を教えると同時に医学の勉強を続けるはずだったのです。実際はムーランの高校で一年教えたあと、兵役に出ました。そしてアルジェリアの研究を始めたわけです。これはいわば政治的な義務感からという面もあるので、当時アルジェリアは重大な問題だったわけですが、知識人の多くはアルジェリアを何も知らずに、あるいは皮相な知識で語っていると私は思いました。そこで私は経験的に研究しようと考えたのです。ただ、そのときは専門家になるつもりはなかったのです。

加藤　すみません、その前にちょっと。いま何人かの哲学者の名を引かれましたし、指導を受けた哲学の教授たちの名も出てきたわけですが、学生時代に特に大きな影響を受けた哲学者というのはいましたか？　たとえばヘーゲルとかマルクスとか……。

ブルデュー　哲学を専攻する者のなかでは私は読書派というか乱読派というか、よく読む者のひとりでした。若いときの多読が有益なのは、後になって必要になったときに何がどこにあるか見当がつくということです。ただ、学生時代の読み方と研究者になってからの読み方とは違います。研究との関わりだと、この点に関してはカントに何かあったなということで読み返すというやり方ですが、学生のときはなんといっても学校的《スコレール》な読み方です。アリストテレスだカントだヘーゲルだといった古典的な哲学者のものは読みました。また、あまりひとが読まなかったフッサールなども読みました。私の最初の人類学研究は現象学的と言ってよいものです。アルジェリア農民の時間にたいする態度を扱った論文はいわば時間知覚の現象学でした。

　マルクシストだとかアンチ・マルクシストだとかいったこととは無関係の次元で、マルクスも読みました。だから共産党にいた連中よりはマルクス主義者であったと思います。

「自由擁護委員会」

加藤　当時、エコルの学生には党員が多かったようですね。すぐやめてしまった者たちが多かったようですが。

ブルデュー　ええ。文科理科あわせて約六〇人の私の学年は半分ぐらいがそうだったと思います。

加藤　そうした状況にはもちろん理由があるはずですが、あなたご自身はどう対応されたのですか？　全員が寄宿生活を送っているという独特な環境では、ある種の緊張した雰囲気があったと推測するのですが……。

ブルデュー　奇妙なことに、共産党に入党したのはもっともブルジョワ的な連中だったのです。たとえば、これはその後も党に残った男ですが、クローデルの専門家でした。シックで敬虔なカトリックでしたが、突然、入党したのです。一晩で「回心」して、熱烈な活動家になりました。こんな奇妙な例が多々ありました。エコルの細胞のリーダーは歴史家のル＝ロワ＝ラデュリでしたが、こういった連中がスターリン主義の支配をエコル全体に及ぼしていたのです。

加藤　その後反共で鳴らしたアニー・クリーゲルなどもコチコチのスターリニストだったといいますね。

ブルデュー　そう。彼女はエコルとは関係ありませんが。とにかく重要なことは、われわれはソ連における現実のスターリン主義を知ることはなかったけれども、スターリン主義が何かは体験したということです。もし条件が満たされたら、そうした連中がどんな挙に出たか想像がつくようでした。日曜になれば彼らがわれわれの部屋にやってきて機関紙の『ユマニテ』の購読を勧める。拒否すると、ファシストだ反動だとレッテルを貼るといった恐怖支配です。ル＝ロワ＝ラデュリが回想録のなかで語っているようなことです。

加藤　『パリ・モンペリエ』ですね。歴史家としての力量も疑いたくなるような、皮相な本という印象を受けましたが……。

ブルデュー　もちろん彼はすべてを語っていません。われわれはそうした雰囲気のなかで「自由擁護委員会」を作って対抗したんです。最近そのことをル＝ロワ＝ラデュリに言いました。「君はいま俺のことをおめでたいマルクス主義者などと言っているが、君がスターリン主義者だったころ、俺はスターリン主義から自由を護るために委員会を作ったんだぞ」と。驚くべきことに、この委員会のアッピールにすぐに一〇〇人位が署名しました。エコルは小さいですから、一〇〇人というのは大変な数なのです。エコルのなかで共産党以外のものが組織されたというのはこれが初めてでした。これは意味深いことだったのです。というのも当時の共産党のプロパガンダは、最大の細胞はビヤンクールのルノー自動車工場の細胞とエコル・ノルマルの細胞、だから党は人民と知識人を掌握している、というものだったからです。署名集めをした翌朝の『ユマニテ』には、唾棄すべきプチブル社民主義者を非難する記事が載り、ル＝ロワ＝ラデュリが細胞会議でわれわれを弾劾しました。シェ・ピロンでですよ。あなたも知っているでしょう。

加藤　あのゲリュサック通りの角のカフェですね。私が通ったのは一〇年後のことですけれど。私は歳が下なので経験していませんが、一九五〇年前後の日本の大学や旧制高校の雰囲気もかなり似たものだったのではないかと思います。だからむしろ、その点に、つまり共通性に一種の感動を覚えます。それであなた自身は政治的なアンガジュマンというのは体

――験しなかったのですか？

ブルデュー　正確な意味ではありません。しかし、政治には常にこだわっていたのです。例えば、私は三年でアグレガシオンに受かりましたから、もう一年エコルに居られたわけですが、愚かにもそうせずに教職に就いてしまいました。これなどはブルジョワ的な境遇を安閑として享受していてはいけないという政治的義務感からだったのです。ただ、そうした自分の関心が特定の政党によって代表されるということはなかった、共産党の連中はあまりにも滑稽であったので、拒絶反応しかなかった、ということです。

民族学・社会学への道程

――**加藤**　アルジェリアの話に戻りますが、アルジェリアは方向転換というか、それこそ一種の「回心」であったと思いますが、五五年にはすでに民族解放戦線は武装蜂起していましたね。兵役には一兵卒として行かれたのですか？

ブルデュー　そうです。一年間教職に就いて猶予期間が切れたのです。それで兵役に出ました。

――**加藤**　兵役期間はどの位でしたか？

ブルデュー　正規には一年半でした。実際にはもっといましたが。

――**加藤**　一兵卒としてですか⁉

ブルデュー　そうです。士官教練を拒否したので空軍に配属されたのですが、上官侮辱のかどでアルジェリアに送られたのです。いわば懲罰措置として配属されたところですから、読み書きができない兵士ばかりのような部隊で、厳しい条件のなかで暮らしました。最後の六ヵ月間はアルジェの事務部門に配置換えになりました。

――**加藤**　哲学を棄てて民族学の研究を始めるにいたった経過は？

ブルデュー　哲学を棄てたというのは違います。哲学を止めるつもりはまったくありませんでした。アルジェでは時間とか、感情意識の時間的構造とかについて書き始めていたのです。同時にアルジェリアに関する研究書を書くことを思い立ったというのが真相です。最初の本はクセジュ文庫の一冊でしたから、六〇〇ページ分の原稿を一二八ページに圧縮しなければならなかったということもあって、私としてはアルジェリアに留まって、伝統的社会の構造についてさらに別の本を書こうと考えたのです。そこで大学の助手のポストに就きました。その時の同僚にエコル・ノルマルでサルトルやメルロー＝ポンティ、アロンと同窓だった女性がいて、私の書いているものを学位論文にするよう勧めてくれました。そこでアロンに手紙を書いて指導教官になってくれるよう頼みました。その後、五八年の軍のクーデタでドゴールが政権につき、六〇年には現地軍の反乱があるというふうにアルジェリアの状況が緊迫化してくるなかで、アロンがいつも監視の対象になっていた私の身を心配して、ソルボンヌの助手として呼び戻してくれたというわけです。

ファノンとアルジェリア

加藤　私は六一年にエコル・ノルマルに留学しましたから、その辺からはそれなりの実感をもって振り返ることができるのですが、六二年に、アルジェリア戦争との関わりでフランツ・ファノンを読んで目を開かれる思いでした。その後ファノンの本を訳しもしました。ところがあなたがファノンについてきわめてきびしい批判をもっておられるのを知って意外に思いました。ファノンは間違っているし危険だとまで言っておられますね。

ブルデュー　当時の私の仕事はファノンに対する批判の上に成り立っているとさえ言えると思います。そのことは注の形ではっきりと述べてあるはずです。ファノンは、間違ったことを言っているわけではないが、現実についての偏った、ゆがんだ見方をしていると思います。きわめて特殊な見方を普遍化しているということです。当時の黒人学生知識人はサルトルを神格化していたのですが、ファノンはアルジェリアに関してサルトル的な、左翼急進主義《ゴーシスト》的な投影《プロジェクシオン》をおこなっていたのです。それはしかし何ひとつ現実に対応していないのです。彼がアルジェリアの女性について言っていること、革命への中国の道だとか、農民こそ革命的階級だとかいった類の主張はいずれも幻覚なのです。当時の私の仕事はこうしたゴーシズムの小児病的形態に対する怒りから書かれたものです。フランスの左翼知識人もその点で同じでしたが、小児病的ゴーシストはアルジェリアを語っているつもりでいながら、実は自分自身を語っているにすぎないのです。これは間違っているだけでなくて有害です。この点、先程の『世界』の座談会で話題になったイリイチと共通しています。ウルトラ・ラディカルな言説によって人々を煙《ミスティフィエ》にまくけれども実はきわめて保守的なのです。アルジェリア人の知識人にもアルジェリアの現実についてまったく無知の、自国の現実と完全に断絶してしまっている者が多かったのです。五九年から六〇年にかけておこなった調査で、アルジェリア人の学生を使いましたが、ブルジョワジー出身の彼らは私よりずっとアルジェリアの住民と遠い存在でした。彼らは現地人を汚がったりこわがったりする一方で、神秘的な民衆主義的《ポピュリスト》言辞を吐くわけです。ファノンが危険だというのはそういう意味です。アルジェリアに関する私の仕事に対するファノンの関係は、学校制度に関する私の仕事に対するイリイチの関係と同じ構造だと言えるでしょう。要するにいつでも、左側から追い抜いていこうとする者がいるということです。

——**加藤**　アルジェリアの独立戦争に対してはどんな態度をとられたのですか？

ブルデュー　もちろん支持しました。独立は不可避だし正当な要求だという考えでしたから。ただ、私はいつでも現実的《レアリスト》な、そして複雑な戦略をとることにしています。空想主義的《ユトピスト》な戦略は即時的な利益をもたらします。ゴーシストであることは体裁がいいわけです。それに対し、現実主義的なことをやるには、誤解される危険を甘受しなければなりません。うわべを繕うことを退けなければなりません。たとえば私は五九年にアルジェで「アルジェリア文化」についての講演をしました。当時は「統合」が建前でしたし、教員の多くは「フランスのアルジェリア」派でしたから、これはリスクを伴った企画でした。ところがこの講演に、ストライキ中で授業をボイコットしていたアルジェリア人の学生が五〇〇人も押しかけてきて、拍手喝采という騒ぎになったのです。「アルジェリア文化は存在するか」といったテーマは生ぬるい、アカデミズムだと言うこともできます。「独立万歳！」といった方がカッコいい。パリでそう言うことは簡単です。しかし私はアルジェでそのテーマで講演をして、その後もアルジェに留まりました。そしてアルジェリア人の自己意識の深まりに寄与したと思っています。こういう立場は地味ですし、場合によってはうさんくさく見られるものです。あいつはいったい何をやっているのだ、というわけです。

よき理解者アロン

加藤　レーモン・アロンの名が出てきました。ちょっとゴシップ的になりますが、社会思想史の講義で必ず紹介されますから、戦後日本の学生はマックス・ヴェーバーの名前はマルクスと同じくらい、みんなよく知っているのです。ところが留学して驚いたのは、日本で西欧の代表的な社会科学者として習ったヴェーバーをフランス人の学生がほとんど知らないのです。エコル・ノルマルの食堂で、ある学生が、それはヴェーバーを敷き写しにして学位論文を書いたアロンがヴェーバーの翻訳が出ることを阻止しているからだ、と「説明」してくれたのを今でもよく覚えています。

ブルデュー　それはまさに食堂でよく交わされる類のゴシップです（笑い）。そんなことはありません。翻訳がなかなかはかどらなかっただけの話です。

加藤　レーモン・アロンは日本では奇妙な紹介のされ方をしました。学生の頃、彼の名を知ったのですが、著者はたしかシモーヌ・ド・ボーヴォワールだったと思いますが『現代フランスの右翼思想』という本をつうじてなのです。当時、アロンはまったく訳されていなかったと思います。ですからわれわれはアロンをまったく読まずして、ボーヴォワールをつうじて「右翼」思想家とレッテルを貼り、読むに値せずときめつけてしまったように思うのです。アロンというひとはトックヴィルと同じような位置にあるように思えるのですが。アメリカでもそうなのでしょうが、日本でもアメリカ研究の人たちなどはトックヴィルをよく読んでいるし引用もするのに、フランスではあまり話題になることがない。アロンは八三年に亡くなる前あたりから急にもてはやされるようになりましたが、これはやはりフランス社会全体の成熟化あるいは保守化と関係しているかもしれないと思います。

ところで、いま私が触れたように、フランスでも保守的な、右寄りの学者とされているアロンとの出会い、これはやはりちょっと説明してもらいたいところです。

ブルデュー　それは比較的簡単なことだったのです。私はこれまでずっと、今になってアロンを担ぎまわっているけれども、それまではさんざん批判していた者たちに対して、彼を弁護してきました。しかし私はアロンの限界ははじめから見ていました。さて、アロンとの関係ですが、どうして始まったかというと……。

――**加藤**　社会学者としてのアロンをどう評価しておられますか？

ブルデュー　ちょっと待ってください。すべて関連があることですから。アルジェにいた頃の私にとってアロンはどんな存在だったかというと、まずはアグレガシオンの受験準備のために読まなければならない著者のひとりということ。それから、フランスに新カント派的な歴史観を導入した人、マックス・ヴェーバーの方法論的著作を新カント派的に翻訳しなおした人ということです。アロンはブランシュヴィクの学生でしたから、両大戦間のカント派の伝統を受け継いで、それを歴史に適用したのです。サルトル、メルロー＝ポンティ、アロンは鼎立していたわけですが、アロンは右寄り、『フィガロ』の評論家だということで、私はまさにそれ故に批判的だったわけです。さっき言ったようにアルジェ大学の同僚に勧められて会ってみると、非常にオープンでリベラルな人柄の人でした。当時、社会学者といえば、ステゼルかギュルヴィッチのいずれかで、選択の余地がなかったのです。ギュルヴィッチは権威的な左寄りの老学者、ステゼルはアメリカ社会学の直輸入で視野が狭い、というわけでこの二人にはつけない。私だけではなく、雑誌『社会主義か野蛮か』を出していたルフォール、あるいはジャン＝ピエール・ファイユら、哲学から始めて社会学への道を選んだ者にとってアロンにつくというのは、身を落とす《デロジェ》羽目にならない唯一の方法だったのです。エコル・ノルマルでは当時はまだ、社会学をやるのは不名誉なことと見做されていましたから。人類学はそれほどではありません。レヴィ＝ストロースが人類学の名誉回復をやりのけていました。それどころか人類学は支配的な科学の地位を得ていました。すべての哲学者が人類学に踏み込まなければならないような気になっていましたから、哲学から転向して不名誉ということはありませんでした。私もレヴィ＝ストロースにつくことはできたのです。

　いずれにせよアロンに呼び戻してもらってパリに帰ったのです。ソルボンヌの中庭に行くと、ちょうどアルジェの軍部の反乱に抗議する集会をやっていましたが、私の目にはまったく滑稽なものに映りました。第一次大戦が終わって復員してきた兵士たちが持ったのと同じ印象だと思います。そんな中でアロンにはじめて会ったわけですが、彼の最初の言葉が「あなたは哲学のアグレジェなんだから、デュルケムについて講義ができますな」でした。私はそれまでデュルケムを読んだことがなくて、こちらは哲学が専門ですから、デュルケムなどつまらないと思っていたのですね。読んですぐ考えを改めましたが。要するにこんな経過でアロンと親しくなりました。私のためにはよい理解者で、実に多くの恩恵に浴しましたが、奇妙なことに知的にも政治的にも完全な不一致の上に成り立つ親密な関係なのです。そのことはアロンも私も隠蔽することはありませんでした。ヴェーバー解釈でも一致しませんでした。彼はそれほどヴェーバーを知っていません。ですから彼とはお互いに納得した付き合い方が確立していたので、彼からすれば、自分はノルマリアン、君もノルマリアン、考えが合わなくてもかまわん、自分はリベラルだ、という感じでした。それでも知的なレベルで豊かな討論はしました。

師レヴィ＝ストロースへの批判

加藤　すべて話がうまくつながっていくように思います。すでに今、そちらに話をつなげたいのですが。レヴィ＝ストロースの名を挙げられましたから、そちらに話をつなげたいのですが。レヴィ＝ストロースとは昔から仕事の関係で親しい間柄ということは周知のことですが、その一方で、理論的にも方法論的にも批判を持っておられるようです。その辺を私のような素人にも分かるように触れていただけるとありがたいのですが。

ブルデュー　レヴィ＝ストロースを識ったのは六〇年代はじめです。アルジェリアの民族学的研究を見せて、助言を求めたのが最初でした。ベルベル族の住居について私は厖大な資料を集めて、パンチカードに入れて分類しておいたのですが、分析にあたって資料が厖大なので手を付けかねていたのです。レヴィ＝ストロースは「実践感覚」のある人ですから、辞書の形で資料をアルファベット順に整理するよう助言してくれたのです。人間的なレベルで言うと、レヴィ＝ストロースを深く尊敬していました。それまで誰も分析できないでいた儀礼とか神話といった素材の分析を可能にした人物でしたから。それからまた社会科学に整合性を与えた人物です。レヴィ＝ストロースの大きな貢献はフランスの社会科学をデュルケム派の水準にまで再び高めたことにあると思います。デュルケム派はすぐれた学派であったのですが、変質してしまいました。通俗マルクス主義がはびこったのと同じで、通俗デュルケム主義がはびこっていたわけです。社会的拘束だ何だといったお題目が繰り返されるだけで、本質的なインスピレーションは失われてしまっていました。たとえば『社会学的方法の諸規則』のようなテクストの注解ばかりが横行して、「分類の原始的諸形態」といった重要なテクストは無視されていました。レヴィ＝ストロースはデュルケム主義を目覚めさせ再創造した人です。同時に彼は言語学のそれに匹敵するような権威とか地位を人類学に与えた人です。私は意図せずに哲学から社会科学に移行したわけですが、この方向転換でレヴィ＝ストロースに負うところは非常に大きいものがあります。自分は人類学をやっているのだ、哲学は止めるのだと自ら認めるようになったのは彼のお蔭です。

さて不一致点ですが、これは非常に早くからのことです。簡単に説明するというのは難しいのですが、たとえば親族関係の問題です。レヴィ＝ストロースによると結婚は無意識的な規則に従う、いずれの社会も優先的な婚姻の様式を持っている、たとえばベルベル族にあっては父親の兄弟の娘である平行イトコの女性か、母親の兄弟の娘である交叉イトコの女性である、ということです。規則か無意識的なモデルかに従うということです。つまり、人々が意識していない何ものか、この規則性を社会学者あるいは民族学者は見つけだしモデル化するのだということです。私は非常に早くから、事実はそうではないこと、ベルベル族の場合、平行イトコと言うが、実際は平行イトコとの結婚の割合は非常に低いこと、結婚は規則や無意識的モデルに規制されているのではないこと、規則やモデルは戦略によって規制性を乱されていることに気づきました。私は一九七二年に「再生産システムにおける婚姻戦略」という論文を書きましたが、これはパラダイムの転換だったと思います。これ以後、特に歴史家は婚姻戦略の概念を用いるようになりました。結婚は無意識的な規則に従うのではなく、意識的にせよ無意識的にせよ、計算が働くということです。

儀礼の問題でも同じです。レヴィ＝ストロースは儀礼システムについて一連の理論を持っているわけですが、基本的には無意識的な幾何学という考え方です。それに対し私は、それは違う、儀礼というのは体操《ジムナスティク》である、実践的な身体運動であると言っているのです。

結論的に言うと、私はレヴィ＝ストロースの哲学に根底的に対立する考え方をしていたのだと思います。そしてこの対立は、本質的なレベルでの政治的対立に関連していると思うのです。つまり、研究調査の対象となる人々との関係の持ち方の対立です。彼らは無意識的な行為者で、民族学者はその彼らを観察し彼らのメカニズムを解きあかすのだというモデルを私は受け入れることができなかった、私は彼らともっと近かった、ということです。要するに人類学的な根拠が違うと言えると思います。

発生論的構造主義

加藤　構造主義という語によってカバーされた領域は大きく言って二つありますね。人類学と言語学です。構造主義の理論を読んでいて違和感を感じる者は多かったと思うのですが、何かおかしい、どこか違うと感じながらも、それを理論的なレベルでまとめることができない苛立ち、焦りですね。フランスで支配的だ、流行だ、となれば、よけい批判しにくいのが、日本のような思想の「田舎」では普通だと思います。そんな時期に『話すということ』(一九八二)を読んで、胸のつかえがおりたというか、大きな解放感を感じました。これで構造の桎梏から解き放たれたという思いですね。そこで、構造主義の理論にはどのように関わってこられたか、話していただけますか？　「哲学のフィールドワーク」では自分の立場は「発生論的構造主義」structuralisme génétique だと言っておられるわけですが……。

ブルデュー　それは簡単に要約できるような話ではありません。とにかく長い対決の歴史と言ってよいようなものでしたから。構造主義モデルには私は違和感を持っていました。しかし私は神話の体系の構造研究を否定したりはしません。神話体系はそれ自体の内に整合的な構造を持っていますから。ただ私は早くから、言語や神話のような象徴体系の中だけではなく、社会関係の中にも構造を探すべきだと考えていました。ですから私の最初の理論的な運動というのは、象徴体系の中の構造を研究する象徴的構造主義があると同時に、社会世界にも構造主義があると主張したことでした。人類学者にもそう言う者はいます。しかし社会学ではそうした主張がなされたことはありませんでした。その点では、私はレヴィ＝ストロースに多くを負っています。私がやったのは、社会世界を構造的に記述しようと試みたことです。つまり相互作用《アンテラクシオン》ではない客観的な関係をとらえること、直接的な相互作用に還元できない、目に見えない客観的諸関係をとらえることです。お互いに会ったこともない人間どうしでも、ある構造の中で結ばれていることがある、ということです。たとえば経営者と労働者は一度も出会ったことがなくとも、客観的な関係に置かれており、彼らの行動を理解するには、その客観的関係を知らなければならないというようなことです。

一九六八年に書いた「構造主義と社会学的認識の理論」という論文で私は構造的に考えるとはどういうことかを示そうとしました。これはカッシーラーなどからヒントを得ているのですが、私が主張したのはこういうことです。社会世界の認識がむずかしいのは、いつも実体論的に研究するから、いつも個人だとか集団だとかいった範疇を用いるからだ。そうではなくて社会世界は関係論的に研究しなければならない。関係論的に研究するというのは対象をある仕方で構成することだ、それが構造主義だ、といったようなことです。

しかし同時に、私は構造主義哲学とはハビトゥス概念などで対決する立場をとりました。

ヴェーバーの比較研究

加藤　カッシーラーの名が出たので、やはりマックス・ヴェーバーのことにも触れておいた方がよいかと思います。あなたはヴェーバーをよく読んでおられるし、コレージュ・ド・フランスの講義でもしょっちゅう言及されますから、「ヴェーバーとブルデュー」は「デュルケムとブルデュー」と同じくらい大きな研究テーマだと思うのですが、ヴェーバーに対するブルデューの立場というのをコメントしてください。

ブルデュー　ヴェーバー問題も私の一見奇妙な立場をよく示す問題なのです。フランスではヴェーバーは断罪《コンダネ》されていたのです。右翼の社会学者だと見做されていたのと、フランスに紹介したのがアロンだということで、とくにマルクス主義者によって、読まないうちから、アプリオリに断罪されていました。いわばタブーになっていました。共産党の雑誌に頼まれて、たしかシモンと『パンセ』の編集長と座談会をやったのですが、ヴェーバーが話題になりました。私が「ヴェーバーを抜きにしては仕事はできない」と自分の評価を述べると、シモンは「その通り」と賛成していたのですが、活字になったときはすべてカットされていました。彼らにとってはヴェーバーを評価するなどというのはスキャンダルだったのです。タブー視されていた上、まだ翻訳もなかった時期です。そんななかでヴェーバーを読んで感嘆しました。私の発見したヴェーバーはアロンのヴェーバーとは全然別人と言ってもよいくらいでした。アロンが読んだのはヴェーバーの著作のごく一部、認識論にかんするテクストだけです。倫理的中立性がどうしたとか、社会学的対象の構成がどうとかいった哲学教師向けのテクストです。私が読んだのは中国に関する比較歴史学的研究とか教育システムの比較研究の仕事とかです。目を開かれる思いでした。私はそういう意味ではきわめて「日本的」なのかもしれません。私は経済の分野で日本がしたことを社会科学の分野でやってきたように思います。科学を生産しようとする。その際、必要な道具は随所から採用するわけです。統計学の手法が有用なら、これを採用する。現象学の手法が有用なら、これも採用する、というやり方です。普通は交ぜません。統計学を使えば現象学などは無関係、現象学を使えばマルクス主義など聞きたくもない、マルクス主義を使えばヴェーバーなんかはごめんだ、ヴェーバーを使えばデュルケムは無視、というのが普通です。私はそんなことはない、研究の対象が複雑なのだから、すべての道具は有用だという立場です。いろいろな手法を組合せて使います。

――**加藤**　例のブリコラージュですね。

ブルデュー　何でもかでも手当たり次第というのではなく、もちろん理論的に練り上げたうえでの話です。こうしたやり方は私のハビトゥスに深く結び付いていると思います。

いずれにせよ、長い間、私はフランスではヴェーバーをちゃんと読んだ唯一の人間だったと思います。アロンとは永年の付き合いですから、彼がヴェーバーをそれほど読んでいなかったし、部分的にしか知らなかったことは分かっています。

ルイ・アルチュセールとの交友

加藤　日仏会館の講演の後のカクテル・パーティーで、東大で私たちの先生であったモーリス・パンゲ氏と旧知であるのを知りました。お互いに君《テュ》を使って挨拶しておられる場面に立ち会って、年齢や学年は違ってもノルマリアンの間の結び付きの強さというものを感じました。私の友人にはアルチュセール派が多いのですが、あなたとアルチュセールの関係についても聞かせてください。パンゲ氏がアルチュセールと親しいことは私も知っているのですが、あなたもよくご存じだったのでしょう？

ブルデュー　共産党の全盛期だった五〇年前後、逆説的なことですが、エコルではマルクス主義者であることはむしろ恥ずべきことだったのです。党員になるのはよく出来る学生ではなかった。よく出来る連中はフッサールを読んでいたのです。コミュニストの学生はアグレガシオンの準備でもあまり成績がよくないのでアルチュセールが個人的に面倒を見たりしていたのです。彼は十八世紀の唯物論哲学者たちという題目で、エルヴェシウスとかドルバックとかについての講義を始めたのですが、途中で中止してしまったりしていました。ですからマルクス主義者は駄目だとか、何も仕事がないとか、授業もろくにやらないとか、評判が悪かったのです。私はフッサール派でしたが、そうした評価には与しませんでした。公平でないと思っていました。その後、社会学をやるようになってから、彼と親しく付き合うようになりました。彼の夫人にあたる女性が社会学者だったからです。そんな関係でエコル・ノルマルでも授業を担当するようになりましたし、一緒に共同ゼミナールをやったこともあります。私はマルクス主義が知的な討論の場から排除されるのは正常でないと考えていましたから。私は哲学教師をしていた一年間のあいだも、三ヵ月間は、マルクスの話をして、親から抗議をされたこともあるくらいです。アルチュセールの功績は、マルクスをデカルトやカントのように普通の哲学者として扱ったこと、マルクスの非物神化をおこなったこと、スターリン主義、思想的テロリズムのもとになった神秘主義的なマルクス観を打破したことにあります。

一緒にやった共同ゼミナールは、彼が『資本論を読む』のグループをつくる一つのヒントになったのではないかと思います。アルチュセールの世代にとっては、いや私の世代にとっても、共同研究なるものは存在しなかったのです。哲学者というのは孤高のなかで仕事をするものだ、というわけです。社会学を始めてから私は常にチームで仕事を進めていましたから、それが彼のヒントになったと思います。『マルクスのために』（一九六五）の後も病院に見舞いに行ったり、かなり親しかったのですが、当時の知的テロリズムの雰囲気、ドグマティズムの支配には疑問を感じていました。にもかかわらず、長い間、共通の敵を相手にしていたことも事実です。私は社会学で、トゥレーヌ式の、霊感に導かれたかのような社会学、あれも変る、これも変る、大いにけっこう式の社会学に対立していましたし、アルチュセールは歴史的必然性とか構造とかのセンスを持ち合わせていましたから。

ただ、その後、構造主義的マルクス主義なるものがもてはやされるようになると、彼自身は決して人を攻撃したりすることはなく、彼の弟子たちが……いや、彼も一度、ある序文のなかで「いわゆる〈社会〉科学なるもの」という言い方をしたのです。これはちょっと許せないと思いました。そうしたことで何度か議論したことを覚えています。結局、アルチュセールには親しみを持っているけれども、アルチュセール主義には批判的といってよいと思います。

フーコーの反逆

加藤　現代フランスの思想家のなかでミシェル・フーコーは日本で一番よく知られている人ですし、また影響の大きい人ですが、日本では彼の仕事そのものよりは何かサルトル的な意味でのアンガジェした知識人といった側面が若い層の「人気」のもとになっているような気がするのです。「哲学のフィールドワーク」のなかであなたは、自分はフーコーとは学校的には一世代違う、自分は彼の講義に出た方だと言っておられます。たしかにフーコーは五一年にアグレガシオンに合格してすぐ、アルチュセールの引きで、エコル・ノルマルで心理学を教え始めていますね。そういう形でフーコーと知り合われて、また、彼の晩年はコレージュ・ド・フランスの同僚として付き合われたわけですが、フーコーの仕事についてどんな評価をしておられるか……。

ブルデュー　フーコーの生涯にはいくつかの時期を見て取ることができます。ディディエ・エリボンのフーコーの伝記が最近でましたが、あれはなかなかよく調べて書いてありますから、先程からだいぶ問題になった五〇年代はじめのエコル・ノルマルを中心とする思想状況についても参考になるはずです。

加藤　実におもしろく読みました。あなたご自身もインフォーマントとしてずいぶん情報を提供なさったようですね。

ブルデュー　フーコーという人は、はじめはむしろ古典的な「ホモ・アカデミクス」だったのです。それが六八年以降、七〇年代、刑務所の生活条件の改善などをめぐる運動に積極的に関わるようになったわけです。エリボンにも言ったのですが、私はこの種の行動には批判的でした。見せ物的《スペクタキュレール》で、悪い意味でいかにも知識人的で、子供っぽいと思ったのです。こうした印象は理論的相違にも関連しているはずです。フーコーにおいては規律《ディシプリヌ》の概念は、抑圧《レプレシオン》の哲学、社会世界イコール抑圧・拘束という哲学が背景になっているのですが、この哲学は言ってみれば青少年的なものなんです。反抗の哲学です。その意味でフーコーは青少年向きの哲学者です。彼の役割は、半世紀前のアンドレ・ジッドの『地の糧』のナタナエルの、あの有名な「家族よ、ぼくはお前を憎む」と同じなのです。フーコーは同性愛者として家族制度、より一般的には抑圧諸制度と対決する境遇にあったわけです。ですから六八年の、精神分析に影響された反抑圧のスローガンのすべてに敏感に反応したのです。私の場合はどちらかと言うと、より政治的な制度に対する反逆でした。学校とか、要するに社会世界ですね。ですから彼はいろいろなゴーシスト・グループと近かったのですが、私は労働運動のような、より伝統的な闘争形態に親近感をもっていたわけです。それに当時フーコーがサルトルやグリュクスマンらと盛んにやっていたデモは、どうも目立ちたがりの知識人的露出症の匂いがして、ついていけませんでした。にもかかわらず、別のコンテクストでは一緒に行動したこともあるのです。八一年のポーランドの連帯支援のときなどです。結局、フーコーと私とではハビトゥスの不一致があったと思います。

　私としての批判は、彼は半分だけ社会科学に転向した人間なので、一方の足は哲学に、もう一方は社会科学に置いていたという点です。これは知名性の戦略からすると巧妙な方法なのですね。全面的に社会科学に踏み込んでしまうと、哲学が持つ威信《プレスティージュ》を享受できなくなってしまいますから。フーコーはだから哲学と社会科学の間で二股戦略を取って、歴史家の役割と哲学者の役割を時に応じて演じ分けたのです。だからどちらも徹底しなかった。これは五〇年前後に学生だった彼の世代の哲学者に共通した特徴です。もう以前のような仕方で哲学することは不可能になったので、それぞれがそれぞれの仕方で方向転換をはかったわけですが、多くの場合、フーコーもその例ですが、この転換が中途半端に終わりました。

知的・哲学的な次元ではむしろ非常に近かったと言ってよいので、彼の死後、イタリアの雑誌『インディチェ』に頼まれてフーコーの知的肖像を書きましたが、そのとき科学哲学や科学史への関心とかカンギレームとの関係とか、彼との間に多くの共通点があることに気が付きました。ただ、倫理的基底がかなり違っていたように思います。

ヴァンセンヌの哲学者たち

――**加藤**　フーコーの著作には『狂気の歴史』や『性の歴史』のように史料を渉猟して書き上げた精密な歴史書と『知の考古学』のような体系的な認識論を展開したものとがあるのですが、私の印象では、どうもフーコーの本領は歴史にあるので、『知の考古学』は『言葉と物』以降、雑誌『カイエ・プール・ラナリーズ』などの若い仲間たちから知的な突き上げを受けながら、無理して理論体系を作り上げようとした面があるような気がしてしかたがないのですが……。

ブルデュー　フーコーの認識論については日仏会館のセミナーでも少し触れましたが、論点ごとに詳しく取り上げる必要があると思います。たしかに『知の考古学』では自分の理論の基礎を体系的に、またドグマティックに展開していますが、後にあの本を否認しているはずです。フーコーには悪い意味で哲学者的なところがあって、ハイデガーと同じように何度も考えを変えながら、自分では不変だと言う、また、唯一のイメージに閉じ込められるのを避けるために、自分の書いたものについてあらゆる解釈を受け入れる、という面があります。いずれにせよ、ドゥルーズにせよフーコーにせよ、ヴァンセンヌの大学に行った哲学者たちは、哲学的にはまったく

無教養なゴーシストの学生たちとの出会いから強い影響を受けた人々です。マックス・ヴェーバーは、偉大な予言というものは、偉大な学者、偉大な神学者と民衆との出会いから生まれると言っています。神学者は普通はもっぱら他の神学者を相手にしているのですが、ある種の危機的状況のなかで街に出て、民衆に語り始めるわけです。六八年のあとの事態はこれと似たところがあります。「象牙の塔」にこもっていた哲学者が突然、哲学的、理論的な素養はほとんどない、しかし非常に強い政治的倫理的要求を持った学生たちに出会ってショックを受けたわけです。それまでは何も知らなかった社会学的政治的問題と突然直面することになったのです。彼らが学んだ伝統的な哲学はそうした問題はほとんど扱いません。「権力」などという言葉はほとんど出てきません。ヘーゲルをつうじて多少は政治が問題になりますが、すべて新カント派的な雰囲気のなかのことです。認識論とか倫理学とかが中心で政治哲学はほとんどありません。政治哲学を講じていたのはアロンぐらいですが、彼はマージナルでした。こうして突然、政治問題の前に投げ出された彼らが展開した政治哲学は実に素朴なものでした。社会科学に無知なのだから仕方ありません。フランソワ・シャトレーの『政治思想史』がいい例です。ドゥルーズの哲学とかクラストルの理論だとかを取り上げていますが、お粗末なものです。フーコーの「知イコール権力」のテーゼにしても、問題はそれほど単純ではないにもかかわらず、社会科学とは関係ないところで、まずそれだけがひとり歩きします。

要するに「界《シャン》」の概念がフーコーには欠けています。科学界がある、科学界固有の利害がある、科学界内部に闘争がある、といった視点が完全に欠けています。ソルボンヌの権力をゴーシスト的な立場から糾弾するに留まっています。東京大学の講演の後で質問した学生が言っていたことと似ています。教師は権力を持っている、学生やプロレタリアを抑圧しているとして、階級的な対立関係を持ち込み、マンダリン的教授連を糾弾するという、素朴な図式です。事実はもっと複雑なのです。哲学者は社会科学者に比べると概念化の作業を怠けています。

そうした留保を付けた上で、フーコーのテクストには強烈な批判力、反制度的な破壊力があることは認めます。政治的というよりはさきほど指摘したようにジッドの系列につながる青少年の反家族的な反逆とエステティックな反逆の入り交じったものです。

感性の人、バルト

加藤　レヴィ＝ストロース、アルチュセール、フーコーときたら、当然、ロラン・バルトについてもお聞きしないわけにはいきません。バルトもコレージュの教授になりましたが、あなたが任命される一年前に亡くなっていますね。しかし高等研究学院《オートゼチュード》では同僚だったと思います。バルトという人は『セミオロジー』や『モードの体系』のように理論的体系化を試みた書物を書く一方で、繊細な感性を持ったエッセイストでもあったわけですが、彼の仕事の総体をどう評価されていますか？

ブルデュー　ちょっと意地の悪いバルト像を描いてみますと、バルトという人は「二〇世紀のテオフィル・ゴーティエ」とでも言うべき人です。ゴーティエは皆から「善人テオ」と親しまれて、誰とでも仲がよかった人です。同時に界《シャン》の力を完全に表現している人です。要するに波間に浮かぶコルク栓みたいな人なのです。バルトもそうで、感性豊かで頭のよい、すばらしい人間ですが、絶えず位置を変えた人です。非常に才能のある、フランス的な耽美派《エステット》です。繊細で洗練された読み手です。ただ、理論はまったく駄目な人です。一時期、ヤコブソンとかトルーベツコイとかを敷き写しにして理論家たろうと無理をしましたが、『モードの体系』は完全な失敗作です。自分でもそう認めていました。理論的には何もありません。モードについて三ページ書かせればすぐれた直感を働かせたテクストを書きます。彼の最良のテクストはですから、『サド・フーリエ・ロヨラ』の小冊子だと思います。彼の文学的直感、感性が発揮されています。結局彼も一時期、私が「＝ロジー効果」effet “-logie” と呼ぶものに取り憑かれたのです。-logie は「科学」science ですが、「グラマトロジー」だ「アルケオロジー」だというものが流行しました。バルトも「科学」ごっこをしたのです。無理をしたのです。本心は乗り気ではなかったと思います。彼の本領は他のところにありました。例えば音楽です。彼に音楽を語らせたら右に出る者はいませんでした。一度、ラジオで彼の音楽番組を聞きましたが、実にすばらしいものでした。繰り返しになりますが、彼は感受性の人で、理論の人ではありません。

哲学と社会学

加藤　今回の初来日に際して、ブルデューの専門は社会学なのに、現代フランスの思想家として紹介しすぎたと、一部の人たちから、特に社会学者から批判されました。

ブルデュー　宮島〔喬〕氏でしょう？　分かりますよ（笑い）。

加藤　いや、彼もそのひとりですが、彼だけということではなくて……。この問題は実は紹介の仕方という単純な問題ではなくて、ブルデュー社会学の核心に関わる問題なのだと思います。ここで少し方向を変えて、改めてブルデューにおける哲学と社会学の関係についてのお考えをうかがいたいのですが。

ブルデュー　この問題には理論的側面と社会的側面があり、しかも両者が絡み合っているのです。私はもともとは哲学専攻でしたから、一応、どんな哲学者にも対抗できる哲学的素養があります。それが哲学者側から厄介がられるもとになっているのです。哲学者は一般に社会科学を蔑視しています。これは伝統とも言えるもので、十九世紀後半以降、ヨーロッパの哲学生産のかなりの部分は反社会科学的です。フッサールにしても、ハイデガーにしても、カッシーラーにしても（ウイトゲンシュタインは例外で、社会科学を尊重した稀な哲学者でしたが）、社会科学とは敵対的な、競争的な関係にあった哲学者です。哲学者は社会科学を脅威と感じるのです。この脅威はオーギュスト・コントが体現していたわけで、彼の作った学問の体系図の頂点には社会学が位置しています。社会学と哲学は王座を争っている、支配的地位を争っている学問なのです。とにかく哲学者からすれば、そういうことです。

社会学の仕事を始めたとき、私はアカデミックな哲学に対決する形で自己を構成しました。私からすると哲学は冗舌で空疎、尊大で思い上がっていると思われたし、私は、いかなる現実的な根拠もないのに、権力意志にもとづいて哲学がリーダーシップを主張することに異議を唱えたわけです。そこで長いあいだ、哲学への一切のレフェランスを拒否してきました。しかし、私の本はすべて、それぞれが哲学的な問題に対する私としての積極的な回答です。例えば写真に関する『中間芸術』（一九六五）は現実《レアリテ》の問題、現実の社会的構成の問題に対する回答ですし、美術館に関する『美術愛好』（一九六六）は教養人の産出の社会的条件の問題でしたし、『ディスタンクシオン』（一九七九）は言うまでもなくカント的な問題、判断力、趣味の判断力の問題です。ですから私は常に哲学的な問題を扱っていたのです。ただ、私はその問題をまず科学的に構成し、それにポッパーが言うように反証の基準に耐えうるような回答を与えようとしてきたのです。その意味では私の考える社会学は他の手段で遂行された哲学、別のフィールドで別のやり方で遂行された哲学であると言ってもいいと思います。いわば哲学的意図《アンビシオン》の再定義であると言えると思います。哲学だと言える、しかし、哲学の専門家には実践できないようなやり方で遂行されている哲学だ、ということです。

その一方で、ブルデューは反哲学的だと言うこともできますし、そう言われることもあります。私は、これまでなされたことのない「哲学の社会学」をやっています。哲学は常に他の諸科学を考察の対象にしようとするのに、自分が考察の対象になることは嫌います。すべてを考えると称している哲学者が己れ自身を考えようとしないのです。私は哲学的思考の社会的基礎について一連の論文を書きましたが、これが攻撃と受け取られたのです。しかし、いまある形での哲学の攻撃ではあっても、実は哲学の擁護なのです。もし哲学が己れのプログラムのなかに、こうした根底的な問いかけを組み入れることができたら、哲学はもっと強固なものになるはずです。哲学はいつも、デカルトやフッサール式の根底的《ラディカル》な懐疑、根底的な問いかけを得意としているのに、哲学者の産出の社会的条件、哲学思想の普及の社会的条件などの検討を拒否するのか、ということです。この間からあなたと話している、日本における西欧哲学の受容の問題、これなどはまさに哲学者がおおいに考えるべき問題なのです。日本に来る西欧の哲学者は自分のメッセージがどのように受け取られたかに関心を持つべきです。プラトンはそうした問題に敏感でした。

私は哲学者だけでなく、社会学者も攻撃します。知的生産者はすべて、不可避なことを徳と繕う傾向があるのです。自分がなれないものになってはいかん、というわけです。経験科学ができない哲学者は、「そんなものくだらん」と言うし、ものごとを深く考えることのできない、教養のない社会学者は「そんなものは哲学だ、だから科学的でない」と言う。私は根本的な人間学的《アントロポロジック》省察は人間諸科学《シアンス・ユメーヌ》の一部をなしていると思います。哲学を排除しているつもりの連中に限ってべったり哲学をやっているものです。そうとは知らずに哲学にはまりこんで、認識論的前提を持ち込んでしまう。経験的社会学で支配的なアングロ・サクソンの実証主義は哲学に浸透されています。行動、主体、意識、目的性などの理論です。これらの実に素朴な哲学が彼らの前提になっているのです。結局、敵はある意味で共犯者なのです。実証主義者は哲学者を軽蔑し、哲学者は実証主義者を軽蔑して、それぞれがが自分の殻に閉じ籠っているけれど、実はそれがそれぞれの領土を守るやり方なのです。私はいつも壁を打ち壊せと言っているのです。私が哲学者に突っ掛かる。しかしそれは哲学者に私に突っ掛かってくる権利を持たせることになるのです。ただし、本気で真剣にやってもらわないと困りますが。雑誌『論理学研究』が「社会学者の帝国」なる特集を組んでランシエールらが私の仕事を取り上げましたが、参考になるような批判は何ひとつありませんでした。

加藤　思想家ブルデューの側面を強調しすぎたという批判に私は、いいや、デュルケムの前例がある、と答えました。デュルケムも哲学から始めて学問としての社会学を確立したわけですし、また、デュルケムを読むのは社会学者だけではないわけです。

ブルデュー　はっきりさせておいた方がよいと思うので付け加えますが、日仏会館と東京大学の講演は社会学者としての講演です。聴衆が多かったし、講演ではすべての論旨を詳しく展開できませんし、統計資料も示せません。しかし私が述べた結論は社会学者としての結論です。事実、経験に基づいた結論で、私は科学者として話したのです。私がやや自分の役割からはみ出したのは朝日スクエアの講演ですが、この場合でも常に実証的な、経験的なデータにもとづいて、自分の主張を裏付けていたはずです。これは正当なことです。ある場合には科学者には自分の専門の成果に依拠して規範的な命題を提起する権利がありますから。自然科学ではごく普通のことです。私が予言者的思想家として振る舞ったと言う者がいるとすればまったくの曲解です。

デュルケム学派の新しさ

加藤　もちろんです。ですから、これはそちらの問題ではなくて、受け入れ側のわれわれの問題なのです。ところで、デュルケムは日本でもよく知られた社会学者ですが、長いあいだ、どちらかと言うとその評価は下がり気味だったように思うのですが、あなたは講義のなかでもいつも高く評価しておられますね。

ブルデュー　さきほど冗談で「私は社会学の日本人だ」と言いましたが、デュルケムとの関わりについても同じことなのです。社会科学では、創始者の仕事をセクト主義的に、ドグマ的に読んでいるために、科学的に確立された成果をみすみす放置してしまうことが多いのです。社会学には、マルクス、デュルケム、ヴェーバー、三人の創始者がいるわけですが、彼らはそれぞれひとつの系統の創始者で、ヴェーバー派、マルクス派、デュルケム派といった知識人の大きな種族ができました。これらの集団のあいだには交流がなく、互いに攻撃しあい、遺産を運用しています。創始者の名前という象徴資本、テクストを所有していて、これを注解し、その注解から利益を得、いがみ合っているわけです。私はこの種の対立をまったく馬鹿げている、いかなる根拠もないと思っています。デュルケムがマルクスに対決する形で自己の理論を作り上げたことは確かです。彼の社会主義講義などでです。しかしデュルケムはある種のマルクス主義者が言うような意味でのアンチ・マルクス主義者ではなかったと思います。

デュルケムの後継者のマルセル・モースのような人も当時、社会党の機関紙だった『ユマニテ』に書いていたし、たしかトマという閣僚に頼まれてドイツとの国境問題の調査に出向いたりして、マルクス主義者だった時期は社会党の思想と近かったのです。

デュルケムの弟子のアルヴァクスもマルクス主義とデュルケム主義の総合を図った人です。彼はコレージュ・ド・フランスで今の私のポストを占めていた人ですが、四五年に六八歳でナチスに殺されました。最近、ナチスの犠牲者を取り上げた本のためにアルヴァクスについてのテクストを書いたのですが、その際、彼の著作を読み直して、自分と実に多くの点で問題関心が共通しているのに驚きました。われわれは、先人のなしたことの少し先に進むのだ、仕事を継承するのだ、というのが私の科学観です。アルヴァクスは消費に関する研究を始めています。思考範疇に関する研究を始めています。認識社会学の研究もしています。そうしたなかでデュルケムとヴェーバーを統合する努力をしています。デュルケム的な視点からですが、マルクス的な問題も提起しています。

ヴェーバーの場合も同じです。マルクス主義者とは経済的基盤に優位を認めるということであるなら、その意味では私はマルクス主義者だ、ということをヴェーバーは言っています。『プロテスタンティズムの倫理と資本主義の精神』で私は、マルクス主義の伝統のなかで上部構造と呼ばれているものの役割を示すことを試みたが、それはマルクスを補完《コンプレテ》するためだ、ということも言っています。マルクスはすべてを物的諸力で説明する、ヴェーバーは精神的諸力で説明する、というのは俗説です。私に言わせれば、ヴェーバーの宗教社会学はマルクスが宗教社会学をやったとすれば、きっとこうしたであろうというものです。言い換えればヴェーバーは宗教の分野に唯物論を導入したわけです。

マルクスのなかにも貴重なアイデアがたくさんあります。それらの潜在性が十分に活用されていません。

私のやったことは、対立点を見つけてあげつらう代わりに（これらの思想家の共通点ではなくて）彼らがお互いのうちに見て取らなかったすぐれた点を見つけて、より高次な段階での総合をおこなうことです。既得の成果を全体化する試みです。そのためには大変な努力と謙虚さが必要です。私はもちろん、例えばエスノメソドロジーなどでは、これら三人の先人とはまったく違うことも多くやっています。ただ私は、若い人によくあるように、なんとしても独自性《オリジナリテ》を追求するということはしません。あるインタビューで、こう言ったことがあります。知識人界では誰もが独自性を追求することに憂き身をやつすから、そうしないでいると独自になる、と。私は躊躇せずに認めます。ヴェーバーがなかったら、自分がした仕事の半分もできなかったろう、と。レヴィ＝ストロースやサルトルについても同じです。私は彼らを批判します。しかし彼らから多くのことを学んだことも事実です。

しかし、もう一度断っておきますが、折衷主義とは違います。認識論の知識を活用して、厳密に構成し、整合性を持たせた理論にもとづいている仕事です。そして「社会学の社会学」によって、自分の理論を常にコントロールしているのです。

デュルケムがマルクスを根拠づける

加藤　反省的(自省的)社会学《ソシオロジー・レフレクシーヴ》という言い方をしておられますね。しかしそれがある意味でブルデュー社会学を難解にしているのではないかとも思います。

ブルデュー　これは何派だと分類できないのでまごつくのでしょう。奴はマルクス主義者だ、デュルケム学派だ、ヴェーバー派だと三つのレッテルを、しかも同時に貼られたりします。同時にこの三人でもあれば、そのいずれでもない、これはむしろ名誉なことだと思っています。

総合ないし全体化というものの重要性を説明するために、統計的アプローチと現象学的アプローチを取り上げますが、普通はこれらを対立させます。今では分業化が進んでいますから、フッサールを読む者は統計資料を読めない。逆に統計資料を読む者はフッサールが読めません。しかし私の場合、たとえば『ディスタンクシオン』では、庶民の食事の現象学的な記述と統計資料が同時にあって、しかも両者が同じことを言っています。

またデュルケムにもどりますが、デュルケムはきわめて重要な人物です。私はますます、デュルケムこそがマルクスを根拠づける、と考えるようになっています。社会現象――経済現象も含めた社会現象――の土台は信念《クルワヤンス》ではないかということです。これは六八年に考えたことなのですが、ご存じのとおり、六八年に若い者たちが「メトロ・ブーロー・ドードー」〔通勤・仕事・睡眠のサイクルの繰り返しの単調な生活〕ということを言い出しました。働くなんて馬鹿馬鹿しいということです。働かないよりは働くほうがよいのではないか、という選択肢はなくなってしまった。それ以前は、労働者の息子、たとえば炭坑夫の息子は、父親を見て育っていますから、炭坑夫として働くのを嫌がらないばかりか、みずから欲してそうしました。十五歳でそうさせてくれと自ら望みました。「一人前の大人になるには地下にもぐらなければ。お金が稼げる。自由になれる。デートもできるようになる。一杯飲むこともできる」というわけです。突然、信念の危機が訪れます。「この生活はいったい何だ。親父は馬鹿者だ。炭坑で働くなんてごめんだ」となるわけです。だから、物的土台だけでなく、信念の土台もあるのではないか、という問いは非常にデュルケム的です。モースはこうした主観的基礎を記述しています。もちろん客観的条件も作用するので、弁証法的な関係が成り立つことになりますから、変化の要因がどちらなのかを問うのは愚かというものです。

ブローデルとアナール派第三世代

加藤　ここでまた少し話題を変えさせてください。さきほど問題になった「婚姻戦略」は『アナール』に載った論文なわけですが、そこに引っ掛けてアナール派のことをうかがいたいのです。フェルナン・ブローデルとも親しかったとおっしゃっていましたが……。

ブルデュー　私の方が今のアナール派の人たちよりずっと親しかったでしょうね。私は今のアナール派には批判的です。私は民族学主義と呼んでいるのですが、レヴィ=ストロースの民族学から社会世界についての皮相な認識を得て、それをあまり上手でないやり方で歴史に適用していると思います。

『アナール』も長い歴史を持っていますし、デュルケム学派やマルクス主義との関係もからんで問題は簡単ではありません。アナール学派は主にマルク・ブロックをつうじてデュルケム学派から派生したのです。同時にまた、デュルケム派と対立する形で形成されています。アナール派はデュルケム派のアカデミックでシックな一形態と言えるでしょう。デュルケム派の方は戦闘的な学派だったのです。このことが今では忘れられていますが、デュルケムはマルクス以上に攻撃の対象にされた人です。宗教を攻撃したからです。デュルケムは強烈な破壊力を発揮した人です。アナール派はエスタブリシュメントと対立しながら、常にその周辺に位置していました。ずっと組み込まれていましたし、彼らの思想はだからずっと鋭さに欠けていました。彼らの概念はずっと文学的です。ジョルジュ・デュビだけが例外でしょう。デュビはマルク・ブロックの伝統につながる人です。

加藤　ブローデルはアナール派のいわゆる第三世代に対しては批判的だったということを聞きますが……。

ブルデュー　アナール派の基礎には、マルクス主義の伝統とデュルケム派の伝統と地理学派の総合をはかる企図があったのです。ブローデルにとってはこれは大切なことで、彼は経済的決定論と地理的決定論（土地とか風土とかによる決定）と文化的決定論（民族とか文化的伝統とかによる決定）のいずれをも視野に入れておきたかったのです。ところが彼からすると、第三世代、とくにル=ロワ=ラデュリやル=ゴフらは、経済的要因の研究でラブルースがやったような、また人口学的要因の研究でショニュがやったようないわゆる「重い」決定の研究を捨てて、衣服だ何だという小さな現象の研究に集中したわけです。文化現象を自立化したのです。さっき言ったようにレヴィ＝ストロースと民族学の影響です。私はですから民族学主義と呼んでいるのです。こうした模倣をブローデルは批判していました。第三世代とルベルやノラたち第四世代のもう一つの問題はメディアとの関係、つまり商業主義、科学の商品化です。私はアナール学派の正統な伝統を継承しているのはデュビだと考えていますす。ブローデルと第三世代の関係について参考になるのはブリジット・マゾンの書いた『社会科学高等研究院の起源――アメリカのメセナの役割』です。私が序文を書きました。そこでブローデルについても述べてあります。

「サンス・コマン」

加藤　もうすぐ成田に着きますので終えなければなりませんが、最後にひとつ細かい質問をさせてください。細かいと言いましたが、実はブルデュー社会学を勉強するときに大切なポイントと関わっていることだと思うのです。それは、あなたはどの論文、どの本でも語や表現の多義性《ポリセミー》にひっかけて論を進めることが実に多いので、それを読み取れないと何が何だか分からない、つまり、哲学的素養が必要であるだけでなく、フランス語がよほどできないと太刀打ちできない、ということです。翻訳者としては、哲学や社会学の専攻の人より、フランス文学専攻の人の方がよい、少くとも両者が協力すべきだと私がいつも言っているのは、そのためです。ほんの一例ですが「サンス・コマン」という言葉です。あなたのテクストではこの言葉はだいたい、「常識」とか「コモン・センス」というよりは、「通念」とか「俗説」といった感じでマイナスの価値を付与されて使われていると思うのですが、ミニュイ書店からあなたが監修して出ている叢書の名称が「サンス・コマン」です。ここでは価値の逆転がおこなわれているわけですね。

ブルデュー　そうです。哲学の伝統のなかで普通の使い方では「サンス・コマン」はドクサです。普通の人間の素朴な見方です。科学はこの「サンス・コマン」に対決する形で形成されるわけです。あの叢書にこの名を付けたとき二つのことを考えていました。ひとつは、パリ風のスノビズムに対抗して、敢えて「サンス・コマン」と名乗るということでした。もうひとつは、専門的な経験のすべての基礎として普通の経験を復権することでした。すべての科学に共通の交点があるということです。ウィトゲンシュタインやオースティンが頭にありました。私が読んだのは、今のフランスのようにウィトゲンシュタインが流行する前ですが、彼は「サンス・コマン」は学者の世界に対して正しい場合がよくあると述べています。ですから命名の原点には、スノビズムを覆してやろうという意図、そして、社会学者というのは思い上がった知識人の世界に普通《コマン》の世界観を再び導入する人間なのだということを示す意図がありました。「サンス・コマン」は間違えることが多い、しかし、真理を含んでいる場合もある、また、よく検討するならば真理をもたらすものだ、ということです。

加藤　二日間にわたって、しかも慌ただしい環境にもかかわらず、質問に答えていただいてありがとうございました。「ボン・ボワヤージュ」と申し上げて終わりにしたいと思います。

加藤晴久 訳

中学時代のブルデュー（前二列目の肩に手を掛けられている白服）

アメリカという例外はない
——2001.9.11 事件とアメリカの責任——

ピエール・ブルデュー

ペシミスティックになってはいけないと戒めておられますが、最近の世界情勢を批判的な視点から観察した場合、オプティミスティックになれるでしょうか？　ニューヨークのテロ攻撃をどう分析されていますか？　われわれはすでに第三次世界戦争のさなかにいるのでしょうか？

ブルデュー　社会学は、ニューヨークのテロ事件のような、もっとも異常な行動をも、すくなくとも原理的に、理解することを可能にしてくれると思います。アメリカのもっとも視野の狭い愚昧な政治家の中にも、この事件が非常に強烈な象徴的意味を持っていることを理解しなかった者はひとりもいないでしょう。メディアも、それまでは、スター・ウォーズ計画式の軍事ユートピアの幻想にしか目を向けてこなかったし、ミサイル、ロケット、核戦争といったレベルでしかものを考えようとしなかったわけですが、アフガニスタンを機縁に、コスト削減と利潤の最大化という狭い意味で合理的な論理では解釈できない運動を理解するためには、地理学者や言語学者、民族学者、歴史学者、さらには社会学者に頼らなければならないということを、期せずして発見したのです(この点では、自分のベトナム政策の基礎になった合理的戦略理論の無効性を二〇年後にようやく理解したマクナマラ氏に似ています)。今や、アフガニスタンやパキスタンの飢えたる者たちが新聞の第一面を埋め、これまでは愚弄軽蔑の対象でしかなかったターバン姿のイスラム教徒の主張を全世界の人々が読んだり聞いたりしているのです。異常な出来事に効用があるとすれば、それは、すべては経済としか考えないような人々に、経済と金融の法則の限界を思い知らせたことにあると思います。社会学の(というよりもっと一般的に、経済学もそのひとつですが、社会科学の)効用、また、社会学のモデルの効用を思い知らせることにもなりました。社会学のモデルは形式化されていませんし、形式化することもできませんが、厳密かつ有用なものです。合理的に行動するために不可欠のものです。

━━グローバル化した世界で原理主義が拡大していく現象をどう考えますか? レジスタンスの一形態なのでしょうか?

ブルデュー イスラム原理主義は、今日の世界経済と国際政治を支配している論理、つまり英語で言う「ダブル・スタンダード」の論理のなかで、アラブ・イスラム国家と国民が置かれている状況に対する極端な(しかし理解可能な)反応です。直接的にせよ間接的にせよ、何らかの形で、「アラブ性」ないしイスラムにつながりのある人で、毎日、他の人々の行動や政策や言葉(「イスラム教は普通の宗教とは違う」式の、ハードないしソフトな、すべての形の人種差別主義)によって傷つけられた、侮辱されたと感じない人はひとりもいないと思います。イスラエル・パレスチナ問題ではこうした不正義と屈辱が日常的体験をなしているわけですが、それは(見せかけの解決策がいろいろ持ち出されはするものの)ダブル・スタンダードの論理がこの問題に凝縮しているからです。

私のもとには、アルジェリア、シリア、エジプト、イラン、レバノンなどの知識人から、いわゆる民主主義諸国の支援、民主主義諸国の知識人の支援を求める絶望的な訴えが絶えず寄せられてきます。彼らは、彼らが無知蒙昧主義《オブスキュランティスム》と見なすものの信奉者たちに対してそれぞれの国で進めているたたかいが――ダブル・スタンダード政策がますます幅を利かせていくがゆえに、そして、西欧の知識人が無関心で、ダブル・スタンダード政策を阻止するためにほとんど何もしないことによってそれを助長しているがゆえに――苦境に追い込まれ敗北を余儀なくされている、と考えているのです。

西欧諸国、特にアメリカの経済的・文化的帝国主義に対する抵抗が宗教的原理主義の形を取ったのは、この帝国主義にさらされた諸国が、動員可能で、かつ動員力のある他の文化的手段を持たないからです。支配と帝国主義に対する抵抗が、宗教的伝統、それももっとも伝統的、もっともアルカイックな伝統が提供する手段以外の表現手段を見いだしえなかったことを、遺憾に思うことはできます（多くのアラブ人、イスラム教徒がそう思っています）。しかし、植民地主義的、あるいは新植民地主義的支配が持続させた経済的・社会的構造のために、宗教的メッセージの近代化《アジョルナメント》が推進されなかったということを忘れてはなりません。また、西欧諸国とその秘密諜報機関は、世界の他の地域でもそうしているわけですが、すべての進歩的な政治的・文化的運動をそれらの萌芽のうちに踏みにじってきたということも忘れてはなりません。南アメリカ、アフリカ、アジアの飢えたる者たちの不運は、かつて、解放を求める人々と民族の利益の擁護を独占した（インターナショナリズムの名を借りた）帝国主義とのたたかいに、みずからの保守主義（単に宗教的であるだけでない保守主義）ゆえに支配勢力によって組み込まれてしまった人々あるいは民族[2]以外に、もはや自分たちの立場を擁護するために頼るべき勢力がないと、歴史の悲劇的かつ皮肉な巡り合わせで、彼らが考えるようになったことにあります。アフガニスタンとチェチェンに関してのブッシュとプーチンの同盟関係がまさにこの悲劇を象徴していると言えます。

今後の世界秩序の回復、維持についてはどう考えますか？

ブルデュー　メディアが飽きることなく繰り返して

いるわけですが、アメリカは「世界の憲兵」だという考えは受け容れられません。アフガニスタンだけでなく債務危機の問題も、パレスチナだけでなく貿易協定の問題も、イラクだけでなく資源の問題も、社会的な紛争を全体として処理する世界的な機関を創出し機能させなければなりません。アメリカは、長い間、覇権に慣れてものが見えなくなってしまっているわけですが、アメリカ自身の利益のためにも、いまやアメリカ自身がはまりこんでしまっている新しい形の恐怖の均衡という恐ろしい論理から抜け出すためには、たとえ最強国であろうと、アメリカも他の国と同等の国なのだと自己認識し、世界のすべての国から成る法廷で他の国と対等な席につく以外に方法はないことを、アメリカはいつか（可能な限り早く）理解するべきです。

アメリカという例外はありません。自国を、法の何たるかを示す任務を託された裁判官、あるいは、その法を執行させる任務を託された憲兵であると考えることをやめ、他のすべての国々と同じように判事であると同時に訴訟の当事者であること、つまり、他国にその責任を明らかにすることを求めると同時に、相互性の原則からして、みずからの責任（特にその対外政策の責任）をも明らかにする義務を負うことを受け容れない限り、アメリカは、世界で、いやアメリカ本土でさえ、平和を享受することができないでしょう。私は一部の国の首脳のように「権力のお裾分け」に与らせてくれるようアメリカに求めているのではありません。いま争点になっているような問題について、アメリカのような相手に対して（南の諸国との通商交渉においてアメリカはますます仮借ない獰猛さをあらわにしています）、感情（たとえ、人と人とのあいだの、国と国とのあいだの正義と民主的公正という、よく引き合いに出される感情であっても）に訴えるのは愚かなことです。覇者の恣意的な絶対権力の論理、古人の言い方によれば「われ百獣の王なればQuia nominor leo」の論理はもはや、もっとも弱い者でも、絶望に追いやられたときには、最後の最後に追いつめられたときには、自分の持つすべての武器を無制限に使用することがありうる世界では、通用しないことを確認するべきなのです。

自分の力には制限をもうけることなしに、もっとも弱い者のもっとも弱い力に制限を課すことを要求するのは虫がよすぎるというものです。

加藤晴久 訳

Pierre Bourdieu
Interview *O Globo* (novembre 2001).

訳注

（1）「飢えたる者」の原語は les damnés de la terre だが、これは例の革命歌「インターナショナル」のフランス語歌詞の出だし "Debout les damnés de la terre!"「立て、飢えたる者よ！」のそれである。もちろんブルデューはそのことを意識して使っている。実は「飢えたる者」という日本語訳は les damnés の意味とややずれがある。この語の本義は「（神によって）地獄に落とされた者」「永劫の罰を科せられた者」。それから転じて「呪われた者」「見捨てられた者」。インターの歌詞はだから、「全世界の虐げられた者」というニュアンス。

（2）ことさらに回りくどい表現をしているが、ここでブルデューが言っている「解放を求める人々と民族の利益の擁護を独占した（インターナショナリズムの名を借りた）帝国主義とのたたかいに、みずからの保守主義（単に宗教的であるだけでない保守主義）ゆえに支配勢力によって組み込まれてしまった人々あるいは民族」の部分で、「帝国主義」とはソ連、「支配勢力」とはアメリカ、「組み込まれてしまった人々あるいは民族」とは、一九七九年～八九年、侵略者ソ連とたたかったタリバーンを含むアフガンのムジャヒディンあるいはアラブ諸国からの義勇兵、さらにアルカイダ勢力のことである。

[訳者付記]　二〇〇一年十一月はじめ、ブラジルの *O Globo* 誌によるインタビューを起こしたテクストがピエール・ブルデューからメールで送られてきた。九〇年代にブルデューがヨーロッパ各地で展開したグローバリゼーション批判と、テレビの画一思考効果への批判の言説は『メディア批判』と『市場独裁主義批判』に収められている。インタビューはこの二書をふまえつつ、社会科学と社会参加《アンガージュマン》、集団的知識人、グローバル化と国家、ブルデューが提唱し推進しているヨーロッパ規模の抵抗運動の組織化などをめぐって進行しているのだが、九月十一日事件に直接言及している部分がある。ブルデューの了解を得た上で、その部分を訳出した。

ブルデュー理論の地平 II

［ブルデュー論文選］

PIERRE BOURDIEU 1930–2002

リセ（高校）時代　ラグビーチームのブルデュー（前列右端）

界《シャン》とは何か——政治界について

政治「界《シャン》」という語を用いるのはなぜでしょうか？　政治「界」という語を用いることは政治の理解にどんな寄与をなしうるのでしょうか？　政治の世界を理解しようとするときに私たちがよく直感に頼って、ごく自然に使う概念があります。政治の「闘技場《アレーナ》」、政治「ゲーム」、政治「闘争」などです。「界」もこれらに類する語を政治の現実に張り付けようとしているだけなのでしょうか？

政治「界」という概念にはいくつかの利点があります。この概念は政治あるいは政治ゲームという現実を厳密に構成することを可能にしてくれます。また、構成されたこの現実を、宗教「界」、芸術「界」といった他の現実と比較することを可能にしてくれます。周知のように、比較とは社会科学において構成および分析のもっとも有効な道具の一つです。「社会学とは比較研究である」とデュルケムが言っています。何人もの偉大な歴史家がこの命題を受け継いで比較研究をすぐれた認識手段とすることに努めました。さらにまた、「界」概念には否定的な効力もあると私は考えています。否定的な効力があるということはよい概念の特性です。よい概念は問題を構成することを可能にしてくれるだけでなく、ニセの問題を排除してくれるからこそ価値があるのです。私が「界」概念を有用だと考えるのは以上の三つの理由からです。

順を追って、教育的配慮をしながら、話を進めていくようにしたいと思います。政治界という語を使うのは、政治界とはミクロコスモス（これはレイモン・バール氏[1]の言葉です）なのだと言うことと同じです。つまり、大社会世界の内部で相対的に自律的な小社会世界であるということです。この小社会世界のなかには、大社会世界の中にあるのと同じ多くの属性・関係・作用・過程を見出すことができます。しかしそれらの過程、現象は特別な形を取るのです。自律《オートノミー》という概念に含まれているのはこのことです。つまり、界とは社会的マクロコスモスの内部の自律的なミクロコスモスなのです。

「自律的《オートノム》」とは語源的に「自分固有の法、ノモスを持つ」「自分の機能の原理と規則を自分の内に持っている」ということを意味します。隣のミクロコスモスでは通用しない、それ固有の評価基準が作用する世界です。普通の社会世界の法則とは異なる、それ固有の法則に従う世界です。政治の世界に入る者は宗教に入信する者と同じように、変身、回心を遂げなければなりません。そして、この変身ないし回心は――彼はそうと自覚してはいませんが――暗黙の内に彼に強制されるのです。だからこそ侵犯は挫折ないし追放という制裁を受けるのです。したがってこれは特有の法、評価の（場合によっては）追放の原理である法です。一例を挙げると、スキャンダルです。政治の世界に入る者は暗黙の内に、政治家としての品位に反するある種の行為を自分に禁ずる誓いを立てるのです。これに対する侵犯がスキャンダルです。

政治のプロとノン・プロ

政治界というミクロコスモスは世界の他の部分から切り離されています。宗教界と同じく政治界はプロとノン・プロの間の断絶の上に成り立っています。宗教界には一般信徒と聖職者が存在します。政治界はいつも存在するというわけではありません（ここではこの命題をただ提起するにとどめて論証はしません）。政治界の生成過程、政治界の誕生の社会史というものがあります。私たちには自明的と思われること（たとえば多数決ですが）も実は非常に長い歴史的創造過程の所産なのです。はるか以前から存在していたと思われるものも実は最近創始されたものであることがしばしばあります。たとえば投票所で選挙人が用紙に記入する囲いですが、あれは十九世紀に始まったもので、特定の歴史的状況に結び付いています。こうした問題についてすぐれた歴史的研究がいくつもあります。

プロとノン・プロの間の（目に見えないことが多い）境界の根拠は何でしょうか？　政治社会学の分野では、ネオ・マキアベリスト派と分類される二十世紀初頭の社会学者たちがいます。ドイツの社会主義政党を研究したミヒエルス〔一八七六―一九三六〕やイタリアのそれを研究したモスカ〔一八五八―一九四一〕などです。この人たちは、政治組織の鉄則というものがあるという考えを展開しました。つまり、政治組織には――これには民主的政党や労組も含まれます――少数の権力者《オリガルシー》の掌中に権力を集中する傾向があるという考えです。かなりペシミスティックな歴史観です。なにしろ、被支配層を解放するとされている勢力を表現するとされている政党の内部にさえも常に支配層と被支配層が存在するというのですから。こうした悲観的な見方に対抗するためには、政治的ミクロコスモスにアクセスする手段の（統計的に観察可能な）分布を検討してみることです。これは、投票権の行使、あるいは投票性向の統計的な分析をつうじて、あるいは世論調査で政治的意見を問う質問に対する回答性向の統計的分布の分析をとおして、かなりよく知られていることなのですが、こうした性向、適性、能力はきわめて不平等に分布しています。生まれつきによる不平等ではありません(一方に政治的な諸権利、市民としての権利を行使する性向を授かった人たちがいて、他方に生まれつきその性向を持たない人たちがいるということはありません)。政治にアクセスするための社会的諸条件があるがゆえの不平等です。たとえば、男女両性間の分業の現状においては、女性は男性に比べて政治的設問への回答性向がはるかに弱いことが知られています。同様に、教育水準の低い人々は高い人々よりもこの性向が弱く、貧しい人々もやはりそうです。ですから(これはついでに指摘するのですが、きわめて重要なことです)近代のデモクラシー、とくにいつも模範として提示されるアメリカの民主制は隠れた制限選挙制のメカニズムの上に成り立っているのです。投票しない市民が五〇%以上もいるということは民主制にとって数々の問題を提起します。この五〇%が無意味に分布しているのではなく、経済的・文化的にもっとも貧困な階層に特に多いとなれば尚更です。政治界へのアクセス能力の不平等を確認しておくことはさまざまな政治的不平等を生来のものと見なす見方を排除するために重要です(ごく自然に自然的な差異として扱われる差異の根元に歴史を置き直すのは、常に社会学の大切な任務のひとつです)。要するに、政治界というミクロコスモスにアクセスする可能性の社会的諸条件が存在するのです。たとえば自由な時間です。この自由な時間という政治資本の最初の蓄積ができるのは、経済的剰余を備えた人々です。そのお蔭で生産活動の束縛を解かれ、代弁者の立場に就くことができるようになるわけです。自由な時間の他に、教育というもう一つの要因があります。

このことを指摘したのは、政治界の機能様式の社会的諸条件を想起してもらうためでした。政治界というのは、アクセスの条件を満たした一部の人々が他の人々は排除されている特殊なゲームを演ずる場である、ということです。政治の世界は排除の上に、剥奪の上に成り立っているということを知っておくことは大切です。政治界が形成されていくにつれて、自律化するにつれて、それはますます職業化します。プロたちがノン・プロを一種の憐れみをもって見る傾向が強まります。これが単なる思弁でないことを分かってもらうために、ひとつだけ例を挙げましょう。政治に口を出そうとするノン・プロに対して無責任という非難を浴びせる政治家がいます。ノン・プロが政治家の神聖なサークルに闖入してくるのが我慢ならず、警告を発するのです。聖職者が一般信徒に彼らの非正統性を思い起こさせるのと同じです。宗教改革の時代に、女性がミサを司ること、終油を施すことを欲したことから問題が持ち上がりました。聖職者たちはマックス・ヴェーバーが「救済財の正統的操作の独占権」（実に言い得て妙な表現です）と呼ぶものを擁護し、宗教の非合法な実践を告発したのです。一市民を政治的に無責任だと言うことは、非合法に政治をやっていると非難することです。このような無責任な者たち（私もその一人です）のよい点は、政治の世界の暗黙の前提、つまりノン・プロはそこから排除されているということをあからさまにすることです。コリュシュ[2]の大統領選立候補はこうした無責任な行為とされました。実はコリュシュは本当に立候補したのではなく、立候補するぞという構えを見せたのです。そのことによって誰でも候補者になれるのだということを理解させようとしたのです。政治家だけが政治を語ることができる、というのが政治界の根本的な前提なわけですが、この前提に異議を差しはさもうとするラディカルな野蛮に対して政治家たちもメディアも立場の違いを乗り越えてこぞって非難を浴びせました。政治家だけが政治を語る能力=権限《コンペタンス》（これは技術的であると同時に法的な意味で重要な語です）を持っている。政治を語ることは彼らに所属する。政治は彼らに所属する。これが政治界の存在の中に書き込まれている暗黙の命題です。

　コリュシュに浴びせられた異口同音の非難、界を挙げての弾劾に言及したのは、界への所属は界の中で進行する闘争に付きもののさまざまな対立を超越したひとつの通念に基づいているのだということを示すためです。ある政策について意見不一致であるためには不一致の基盤について一致していなければなりません。ある社会学の命題について意見不一致であるためには不一致の基盤について一致していなければなりません。「幾何学者でない者は（幾何学のルールを受け容れない者は）何人《なんぴと》もここ〔幾何学の王国〕に入るべからず」。不一致を可能にする基盤について、つまり、政治は重要である、政治家だけが政治をやることができる、政治家だけが政治をやる能力＝権限を持っている、という点について予め一致がなければなりません。ここで公準《ポステュラ》という語を使うとすでに現実を歪めてしまうことになります。公準は何かを言う権利を明示的に要求しますが、界の場合は暗黙のテーゼです。界をめぐる大きな問題のひとつは公理化《アクシオマティザシオン》の問題、つまり界の土台になっている根本的同語反復《トートロジー》を明示的にする努力です。これは数学界のような高度に専門化した界（数学者とは、界として存在するという事実の基盤にある暗黙の了解を最小限化した人たちです）についても当てはまります。宗教界、文学界等、大半の界は全員が受け容れている暗黙の前提――「芸術は芸術だ」「政治は政治だ」といった類の――の上に成り立っています。ノン・プロもそのことにうすうす感づいている面があります。つまりノン・プロは政治的権利の委任に対してある不信感を抱いています。政治というゲームに参画する者たちは意見の不一致以前に根本的なところで馴れ合っていると感じ取っているからです。つまり、界に所属していることからして彼ら政治家は界を存続させることに利害関係を持っている、ということです。かれら政治家は自分たちの利益を市民の利益の表現と見せかけようとしている、市民は自分の利益を代表してもらうために政治家に権利を委任しているのだと思わせようとしている、ということです。

界の自律性と閉鎖

こうした、政治家に対する根拠がないわけでない根源的な不信はすぐに、プージャド主義(3)であるとかポピュリスムであるとか時代によって言い方は変わりますが、非難されます。「界」という概念の利点のひとつは、政治界というゲームの中にいる人々が取る行動のいくつかはその起源を政治界の中に持っているという事実を理解させてくれることとです。「私はあなたのために働きます」《Je roule pour vous》（これは八一年の選挙ポスターで使われたスローガンですが、他の陣営はこれを「彼はあなたをだます」《Il vous roule !》ともじって揶揄したものでした）と言うことは「私は、あなたがそうであれと私に言う、そういう人間にほかなりません」と言うのと同じことです。「私はあなたの代弁者です」、「私には自分を表現することに利益はありません」「私には、あなたが私だったら、自分の考えを言う立場にあったら、言うであろうこと以外に言うことは何もないのです」と言うのと同じことです。その反対に、政治界というものがあると主張することは、政治界の中にいる者は彼に投票した者たちとの直接的関係によってではなく、界の他のメンバーとの関係によって決定されることを言ったりおこなったりすることがある、ということを指摘することです。政治家が何か——たとえば治安や非行についての意見——を言うのは、国民一般の期待に応える、あるいは彼に投票した、彼を受任者として指名した人々の期待に応えるためでもなく、界の他のメンバーが言うこと言わないこと、することしないことを参照しつつ、自分を差異化するため、あるいは逆に、自分が獲得する代表性の外観を脅かしかねない位置を占有するためです。言い換えれば、相対的に自律した界という概念によって、政治的行動の原理の問題が提起されてくるということです。政治家がおこなうことを理解するためには、誰が彼に投票したか、彼の選挙基盤は何か、彼の社会的出自は何かを調べる必要があるのはもちろんですが、同時に、彼が政治界というミクロコスモスの中で占める位置を調べなければなりません。彼の行動の大半を説明するのはこの位置なのです。そのことが一目瞭然なケースもあります。すでに歴史的になっている例を挙げるとすれば、たとえば社会党内の派閥争い[4]やシラク対バラデュール抗争[5]です。これらは明らかに、立場選択《プリーズ・ド・ポジシオン》は位置の空間《エスパス・ド・ポジシオン》である政治界において占める位置《ポジシオン》に原理的に依存することを示すケースです。

政治界は自律的であるということ、政治界には固有の論理があり、この論理が界に参画している者たちの立場選択を決めるということは、委任者の利害に自動的に還元することはできない界に特有の政治的利害があるということを含意しています。同じ党に属する者たちとの関係で、あるいは他の党の者たちとの対立の中で定義される利害です。界として機能するために閉鎖効果が発生します。この観察可能な効果は次のような過程の結果です。つまり、政治空間は自律化するにつれて、固有の論理によって進むようになる、界に内在的な利害に従って機能するようになる、そしてノン・プロとの断絶が深まる、という過程です。

自律性の増大、したがって断絶の増大に向けての進化の要因の一つは、界は特殊的な能力の、つまり界固有のゲームの勘《センス》の生産と発揮の場であるということです。たとえばフランスで印象派以後の芸術界に参画するための暗黙の資格はいくつかの事柄を自明的なこと、当たり前のこととして知っていることです。これを知らなかった者、「税官吏」ルソーは「素朴な」画家とされます。画家であるとはどういうことかを知らない者、いわば画家＝物 peintre-objet です。アポリネールやピカソら、彼の「友人」たちは彼をからかい半分にしていました。画家として扱いはしましたが、悪戯、冗談、皮肉めかした扱いでした。九柱戯〔ボーリングに似た遊戯〕には暗黙の前提、ルールがあるわけですが、それを知らずに参加した者と同じで、厄介者扱いです。政治も同じタイプのゲームで、暗黙のルールがあります。たとえば県議会レベルでの若い政治家の社会化過程について進行中の面白い研究があります。県議会というのは村落政治から外に出る重要な段階です。底辺の地域政治家は村や町で「自然」のままでいることができます。周りの市民たちをよく知り、彼らから「よく見られる」ことが大切なのですから、初歩的な政治能力で足ります。県議会レベルになると政党所属が役割を発揮するようになります。先輩が新人を社会化するのです。自然反応的な政策（これは政治界で通用する意味での政策とは言えません）で粗雑な対応をしないように教え込みます。善意は悪しき政治をおこなわせるのみです。型にはまった言語、コツ、力関係、政敵との付き合い方などを学ばなければなりません。こうした特種的な教養は実践的な仕方でマスターしなければならないものです。単にアカデミックな教養ではないのです。部分的には今日では特にパリ政治学院などで習得される教養ですが、同時にまた、現場で、対決をつうじて習得される教養です。こうした教養のもっとも学問的な形態は憲法学です。憲法学について最低限の教養がなければ、一連の議論から排除されてしまう場合があります。より根本的に言えば、政治界において正常に、つまり政治的に、行動することを可能にしてくれる、いわゆる「政治家的政治」に参入することを可能にしてくれる知識とテクニックを学習しなければならないわけです。こうした政治ゲームの勘《センス》のお蔭で妥協を交渉することができるようになるのです。普通なら口に出すことを黙っていたり、それとなく仲間を守ったり、ジャーナリストとうまく接したりすることができるようになるのです。

こうしたことすべてが政治界の閉鎖を助長し、空回りする傾向を強めます。それ固有の論理に委ねておくと、政治界は遂には界化が非常に進んだ芸術界——詩のように、あるいは前衛絵画のように（展覧会初日にパーティに行くと、絵を見に来てくれるのはもはや同業者ばかりと画家たちは言っています）もはや読者・愛好家のいない界——のように機能するようになるでしょう。閉鎖性は界の自律性を的確に示す指標です。界の内でももっとも自律的な数学界においては顧客は競争相手である数学者だけです（ついでですが、数学が進歩するのはまさにそのためです。顧客すなわち競争相手である場合、きびしい監視のもとに置かれることになりますから、証明を念入りに仕上げなければなりません）。

言うまでもないことですが、政治界はこのような極限に達することはできません。政治ゲームに参加している者たちは彼らの間だけでゲームをしていることはできません。自分たちが代わりになって意見を述べている者たちを考慮しなければなりません。多かれ少なかれ虚構なわけではありますが、この人々に定期的に報告をしなければなりません。界内部のゲームはそこに限界を見出すことになります。政治界にもっとも近いのは宗教界です。

ここでも界内部で進行することのかなりの部分は内部関係の効果です。界の概念は用いていませんが、マックス・ヴェーバーがこの点を見事に記述しています。祭司・預言者・呪術師の関係は宗教界で進行する事柄の多くを決定する要因であるとしています。祭司は預言者を破門し、預言者は祭司の啓示を脱日常化する……。彼らの間で多くの事柄が起こりますが、それは一般信者の審判のもとにおいてです。一般信者は預言者に従うことも従わないこともできます。教会に足を向けないことも頻繁に通うこともできます。この意味で宗教界は、閉鎖傾向にもかかわらずノン・プロの審判に晒されている政治界によく似ています。

力の場としての界

界は力の界です。力関係を変えるための闘争の界です。政治界や宗教界、その他どんな界においても、参加者の行動は当該時点における界の状況を示す力関係の構造の中での彼らの位置によって決定されます。ここでひとつの問題が出てきます。力とはどう定義されるのか？ 力は何から成っているのか？ どうして力関係を変えることができるのか？ もうひとつ重要な問題があります。政治界の境界はどのようなものか？

政治界は自律的な界である、社会世界の中の分離されたミクロコスモスであると言いました。政治の世界で起こったこの二十年来のもっとも重要な変化のひとつは、これまでは政治界の傍観者とみずからを見なしていた、あるいはそう見なされていた者たちが界の行為者になったことです。ジャーナリスト、特にテレビ・ジャーナリスト、それに世論調査の専門家です。今日、政治界を記述しようとする場合、この行為者カテゴリーを含めなければなりません。もちろんこの界で効果を発生させているからです。ある機関や行為者が界に入る入らないを判断する基準を聞かれることがよくあります。答えは簡単です。ある行為者がある界の中にいるかどうかは、彼が界の現状を変えるかどうか（あるいは彼を排除したら界の様相が変わるかどうか）で分かります。たとえば国民戦線[6]はいまや政治界の行為者になっていますが、それは、他のすべての政治的代弁者——政党であれ個人であれ——が、国民戦線そのものに対してではなくとも、少なくともこの党が政治界に持ち込もうとしてきた諸問題に対して配慮せざるをえないような状況を少しずつ作り出すことに成功したからです。国民戦線の界への参入によって、富裕層と貧困層の対立にフランス人と外国人の対立が取って代わりました。この対立は政治界の影響の下、人々の政治意識の中できわめて重要なものになっています。残念ながら今やどの政党も政治界に持ち込まれたフランス人／外国人というこの対立、分け方の原理を無視するわけにはいかなくなっています。

一般的な命題として言えば、どんな界においても、界の境界、界への所属と非所属が問題となります。たとえば社会学者の界では、誰が社会学者で誰がそうでないかが問題になります。また、誰が社会学者で誰がそうでないか(数学者の界であれば、誰が数学者で誰がそうでないか)を言う権利を誰が持っているのかが問題になります。

界が自律的であればあるほど、自律性を確立していればいるほど、界の究極的な根拠の問題は隠蔽され忘れられます。しかし境界を問い直す科学革命、クーンの言う「パラダイムの変換」が起こりえます。界への新参入者が界への所属原理を変革する結果、これまで界に所属していた者が所属しなくなり、所属していなかった者が所属するようになる事態です。印象派革命（マネがおこなった革命）を歴史的例として挙げることができます。この革命は見方・分け方の原理の革命です。可視的世界を表象する仕方の正統性を決める原理の革命です。規範《ノモス》の所有者、基本的法の所有者が突如として失格し、異端者が是認され正統化されるわけです。

すでに見たように政治界には特別な面があります。つまり完全に自律化することはできないということです。政治界はたえずその顧客層、ノン・プロの目に晒されています。ノン・プロがプロ、界の成員の間の闘争において勝敗を決するわけです。何故かといえば、政治が詩と違うのは、政治界が詩の界と違うのは、ノモス（nomos は「分割する」を意味する némo から派生した語で、ふつう「法」la loi と訳します。しかし、より正確には、それぞれの界に特徴的な「見方・分け方の根本原理」le principe de vision et de division fondamental と私が呼ぶものに相当します）をめぐる象徴・政治闘争は見方・分け方の「正しい」原理を誰が言明し認めさせるかを主たる争点としているからです。政治界において、もし私が主要な分け方は富裕層と貧困層の区分だと言えば、ある種の社会構造が現出します。フランス人と外国人の区分だと言えば、まったく別の構造が現出します。つまり、分け方の原理は無色透明ではないのです。分け方の原理は集団の、したがって社会的勢力の構成要因なのです。政治は観念をめぐる、特殊なタイプの観念、すなわち観念＝力 idées-forces、動員力として機能することによって力を与える観念をめぐる闘争です。私の提唱する分け方の原理が万人によって認められれば、私のノモスが普遍的ノモスになれば、万人が私のように世界を見るようになれば、私は私の見方を分け持つ人々の一大勢力を背後に従えることになるでしょう。「万国の労働者、団結せよ！」は国を越えて富裕層と貧困層を対立させる国際的な分け方の原理の方が国と国を対立させる分け方の原理よりも重要であることを述べた政治的宣言です。

政治闘争は政治責任者間の闘争です。しかし、この闘争において互いに敵対する者たちは、政治財の正統な独占的操作権をめぐって競争関係にあるわけですが、国家に対する権力を争点として持っている点では共通しています（国家はある程度までは政治闘争を収束させることになります。国家の真理は少なくとも建て前上は超政治的真理であるからです）。

政治資本

社会世界の見方・分け方の正統な原理の独占をめざす闘争では不平等な権力を持つ者たちが対決します。それぞれの界において、ある種のタイプの権力が効力を発揮します。数学者の界の場合は数学資本です。これまでの業績、独創（自分の名を冠した定理を作ったとかの）のお蔭で、国会や株式市場では効力を持たないけれども、数学者の間では強い力を持つ特種な資本を獲得する人々がいるわけです。それぞれ特種な資本が界に結び付いており、その資本はそれが通用する界の境界と同じ価値・効力の境界を持っています。ある種の資本をその境界の外に押し付けようとするのはパスカルの言う意味での「圧政」です。たとえば政治家が文学界に直接働きかけようとすることは珍しくありません。アカデミーを作ったりするのですが、自律的な界にはそれ固有の基本的な法があること、界に働きかけることができるのは界が認知する勢力、界のノモスに適合する勢力だけであることを理解していないのです。アカデミー・フランセーズの会員であるよりは、ミニュイ社から本を出す方が高く評価されるのが文学界のノモスです。共和国大統領は文学の分野での卓越性の証書を授与することはできません（もっとも歴代の大統領、何人かの故大統領は、いずれも文学に口を差し挟もうとしましたが）。

政治界の象徴闘争においては、敵対する者たちが持つ武器、資本、象徴権力は不平等です。政治的権力には文学的権力と似ているという特徴があります。双方ともに、知名度に結び付いた、つまり、知られ認められている、名士《ノターブル》であるという事実に結び付いた評判資本《キャピタル・レピュタシオネル》です。そこからテレビが重要な役割を持つことになります。テレビはこれまでなかったものを政治界に導入しました。かつて学校の講堂での演説会をつうじてのみ知られていた政治家と、党内でそれなりの有力者であるためにテレビに出演する、それゆえに広く顔を知られている政治家とは、いまや何の共通点もありません。政治資本はですから、評判資本、どう見られているかという問題と結び付いた象徴資本です。

政治界が歴史的に成立してくるにつれて、政治的役割や任務、政治的分業が制度化してくるにつれて、とりわけ政党が発達するにつれて、ある重要な現象が現れてきました。政治家の政治資本は第一義的に彼の党の政治的重み、そして党内におけるその政治家の重みに左右されるようになったのです。党による信認 investiture というのはきわめて重要な概念です。今日では、党はいわば銀行、政治資本の銀行で、党首はその銀行の頭取（これまでの、そして将来の大統領がいずれも前党首であるのは偶然ではありません）です。官僚制化された、官僚的な、党官僚集団によって官僚的に保証された政治資本へのアクセスを掌握する頭取なのです。

政治界が官僚制化するにつれて入界権というものが発生してきます。そしてこの権利を授与するのは政党（そしてグランド・ゼコル、特にＥＮＡ〔国立行政学院〕）ということになります。政党の内にあってもっともこちこちの保守派は政党にもっとも大きく依存している者です。宗教界の言葉で言うと献身者oblatsです。「オブラ」とは貧しい家族が教会に献じた息子です。彼らは教会にすべてを負っているがためにすべてを教会に与えました。彼らにすべてを与えた教会にすべてを与えたのです。「オブラ」以上に忠実な者はいません。教会を離れればすべてを失うからです。共産党はこのモデルに大いに依拠してきました。党官僚は彼らの一切の正統性、一切の権力を党の信認から得ているがゆえに、完全な保証のある者たちなのです。党から信認を剥奪されれば彼らはゼロです。だからこそ除名は悲劇になるのです。除名は破門と同じです（宗教とのアナロジーはうまく機能します）。

先ほど触れた、政治界に特種的な政治的利益と政党への所属との結び付きは次第に強くなります。同時にこの利害と、政党の再生産との、および政党が保証する再生産との結びつきが強くなります。政治家がおこなう行動の大きな部分はもっぱら、党機関を再生産することと、彼らの再生産を保証する党機関を再生産することによって政治家を再生産することを目的とした行動です。

ここでも教会とのアナロジーは有効です。不快に思う向きがあるかもしれませんが、私にとってはこれはひとつの発見でした。教会の行動には私によく理解できないものがありました。特に、教会は、多くのことを放棄しているのに、教育に関わること、とりわけカトリック私立学校への国の補助金の存続になぜあれほど執拗にこだわるのかが理解できませんでした。いまここで皆さんに説明しているモデルのお蔭でそれが分かりました。つまり、信者や党員をつなぎ止めておくためには、彼らに存在理由（とくにポスト）を与えることができる機関を存続させなければならないのです。教会の勢力を測定しようとするときに——それは政党の場合も同じですが——ひとはすぐに教会の財産の方を見ます。お気付きかと思いますが、数年前からいつも全財産を開け広げに公表しています。もうあまり見せるものがないのが実情かもしれませんが、いずれにせよ教会の真の（あるいは主な）財産は教会が抑えているポストだからです。今日、カトリック教会の影響力を測定するためには、かつてブーラール師がやったように、ミサに行く人行かない人を数えても駄目です（ついでに言いますが、それでも師はそれに相当することをやろうともしなかった文部省よりははるかに近代的でした）。復活祭にミサに行く人の数で教会の影響力を測定するのは単純すぎます。もっと緻密な方法は教会がなくなったら自分の仕事と存在理由がなくなってしまう人々の数を数えることです。何らかの理由で「クリスチャン」と形容することができるものを数え上げることです。プールがクリスチャンということはありませんが、そのプールが助成金を貰っているキリスト教の施設に付属するものであれば、プールはクリスチャンに仕事を提供できますし、それで信徒を一人キリスト教に引きつけておくことができます。政党についても同じです。政治的行動の大きな部分は党機関メンバーの政治的存在を保証する党機関を再生産する目的が動機になっています。

政治界は社会世界の見方・分け方原理を正統なものと認めさせることを争点とするゲームとして記述できると言いました。白人と黒人がいます。しかし混血もいます。混血の人々は同じように重要となる可能性があります。白人と黒人の対立についての対応の比較社会学的研究をおこなうと、ブラジル、アメリカ、フランスでは状況がまったく異なることがすぐに分かります。こうした境界、二分法を移動させることが政治闘争の争点になることもあります。政治闘争は知的な争点、見方・分け方の原理を持っているのです。ギリシア人の言い方に倣えば、カテゴリーであり、分類原理です。階級闘争と言われるものは実は分類闘争なのです。分類原理を変えることは単に知的行為をすることではなく、政治的行為をすることでもあるのです。分類原理が階級を作る、動員することができる階級を作るのであるからです。宗教戦争の時代、カテゴリーを認めさせることによって軍を動員することができました。政治ゲームの争点は他の仕方で見る・信ずるようにさせる力を独占することです。宗教界とのアナロジーがこんなにも有効なのはそのためです。正統《オルトドクシー》と異端《エレジー》の闘争なのです。正統とは真っ直ぐな右の見方です。逆に異端者は、選ばない者に対して――すべて当然、今のままの世界がよい、何も言うべきこと、不満はない、このまま続いていけばよいと思っている者に対して――選ぶ者です。異端者にとっては「このままではいかん」のです。政治界の争点は常に二次元です。まず観念のための闘争です。しかし、観念は観念＝力になってはじめて完全な意味で政治的になるわけなので、権力のための闘争でもあるのです。

知識人の役割

政治に付きもののある種の曖昧さがあります。そこから政治家になることなしに政治に参入するという知識人にとって難しい問題が出てきます。介入すればすぐに無責任のレッテルを貼られます。「真である観念に内在的な力というものはない」というスピノザの言葉を私はいつも引用します。分業による専門化のお蔭で、経済学者であれ社会学者であれ歴史学者であれ、知識人・研究者は多少他の人々よりは社会世界の真実にアクセスすることができます。彼らは観念＝力のゲームの場である政治界に参入しようと考えることがあります。しかし、どうすれば界と政治ゲームに入らずに観念に力を持たせることができるでしょうか？　これは知識人の問題を提起する真剣なやり方であると私は考えています。抽象的な問題ではありません。見方・分け方の問題について、つまり、知を生産するために彼らが生涯をかけて集団として研究している社会世界の状況について、研究者が発言することは大切であると思います。この問題について関心を持つ人は少ないかもしれませんが、大切な問題であると思います。しかしそれだけではありません。力を持つ者たちが真理の物真似を演じようとしているゲームにおいては、つまり、自分らが認めさせようとしている通念や見方・分け方の原理に（特に経済の問題で）真理のラベルを貼り、科学的保証の外見をまとわせようとしているゲームにおいては、真である観念に多少の政治的力を持たせようとする試みは非常な困難と危険を伴います。かつて「神はわれわれと共にある」と叫びつつ戦争をした者たちがいたように、力を持つ者たちは「科学はわれわれと共にある」「ノーベル賞学者がわれわれを支持している」と繰り返します。そして彼らは善良な民たちに求めるのです。能力のある人々に任せておけ、もっとよく知っている人々、能力と真理の名において政治的善と利を決める権利の独占を主張する人々に任せておけ、と。

科学の名において（しかし実は経済権力が許すあらゆる手段を用いて）発動されるこのような強権に対しては、われわれには科学の名において反対する権利（そしておそらくは義務）があります。われわれが頼りにできるのはあるがままの社会世界についての知識が与えてくれる武器だけです。力が武器でもあれば同時にまた争点でもある――しかしながら力を行使するためには真理を重視しているようなふりをしなければならない――政治ゲームの構成要因である二股行動についての知識が与えてくれる武器だけです。科学が――とりわけ政治ゲームに関する科学が――政治的力を多少なりとも持っているのは、少なくとも批判的、否定的力を持っているのは、政治界というミクロコスモスの論理そのものの中に科学の効用に対する賛辞が否応なしに書き込まれているからこそなのです。

加藤晴久 訳

Pierre Bourdieu, « Propos sur le champ politique »

訳注

（1）レイモン・バール Raymond Barre（一九二四―　）経済学者。元首相（一九七六―八一）。ブルデューが講演をおこなった時、リヨン市の現職市長。

（2）コリュシュ Coluche［本名 Michel Colucci］（一九四四―八六）コミック・タレント。スケッチの中で社会通念を辛辣に批判した。八五年、貧困者を支援する Les Restaurants du cœur「心のレストラン」運動を立ち上げた。八一年の大統領選挙に立候補する構えを見せたとき、ブルデューも支持を表明して話題になった。オートバイ事故で死亡。

（3）一九五〇年代後半に勢いを得た Robert Poujade を指導者とする運動。小商店主や手工業者の利益擁護を目的とし、反議会主義、ナショナリズム、反欧州統合を掲げた。

（4）一九九〇年三月一五―一八日、レンヌ市で開催された社会党の党大会で激しい主導権争いがおこなわれた。大会決議案をめぐる三派の勢力分布は次のとおり。ジョスパン派二八・九五％、ファビウス派二八・八四％、ロカール派二四・二％。

（5）九三年四月、二年後の大統領選の準備に専念する意向のジャック・シラクの代理格で第二次保革共存政権の首相になったはずのエドワール・バラデュールは九五年五月の大統領選にシラクに対抗して立候補し、保守勢力が二分した。結局、シラクが社会党候補ジョスパンに勝利した。

（6）国民戦線 le Front National はジャン＝マリ・ルペン（一九二八―　）を党首として七二年に設立された極右政党。外国人排斥、民族主義、反欧州統合を標榜。九九年一月、ルペン派とメグレ派に分裂。

国家とは何か——官僚界《シャン》の生成と構造

国家について思考しようとすることは、国家の思考をみずからに引き受け、国家によってつくられ保証された思考カテゴリーを国家にあてはめること、したがって国家に関するもっとも基本的な真理を誤認する危険をおかすことである。[1] こう言うといかにも抽象的で断定的に響くかもしれないが、論証が一巡したあとふたたびこの出発点に戻っていただけば、より自然に納得してもらえるだろう。われわれが世界のあらゆる事象に自発的にあてはめる思考カテゴリーを（とくに学校によって）つくり上げ押しつけることこそ、国家の主要な力の一つであり、われわれは国家から与えられた思考カテゴリーを国家そのものに自発的にあてはめていることを理解するからである。

以上の分析をより直観的な形で示すため、またわれわれが国家について思考しているつもりで逆に国家によって思考させられている危険を感じとっていただくため、トーマス・ベルンハルトの『古《いにしえ》の先生』の一節を引用したい。「学校とは国家の学校であり、そこで青少年は国家の被造物に、つまり国家の手先に改造される。私が学校に入ったとき、私は国家に入ったのであり、国家は人間を破壊するから、私は人間破壊の施設に入ったことになる。（……）国家は私を力ずくで中に引き入れ、他のみんなと同じように、私を国家に従順な存在に仕立て、私を国家化された人間、規則化され登録され調教され免状を与えられた人間、他のみんなと同じようにゆがんで打ちひしがれた人間にした。われわれの周りには国家化された人間、一生国家に奉仕し、一生反‐自然《コントル・ナチュール》に仕える国家の使用人しかいない。[2]」

　トーマス・ベルンハルトのきわめて特殊なレトリック、誇張した呪詛のレトリックは、国家と国家（について）の思考にある種の誇張法的懐疑をあてはめようとする私の意図にぴったりだ。国家に関しては、いくら疑っても疑いすぎることはない。しかし文学的な誇張は、みずからの誇張のなかで現実味を失い失速してしまう危険がある。それでも、トーマス・ベルンハルトの言葉はまともに受けとめるべきだ。国家について考えるとき今なお、国家について考えた（ヘーゲルやデュルケムのような）人々が拠り所になるが、国家について考える可能性を切り開くためには、分析すべき現実のなかだけでなく、分析者の思考そのもののなかに刻み込まれたあらゆる前提と予断を疑ってかからねばならない。

　われわれの思考の奥深く入り込んだ国家の思考と縁を切ることがどれほど必要で難しいかを示すため、最近、湾岸戦争たけなわのとき〔一九九一年初め〕起こった、綴字法という一見取るに足りないテーマをめぐる論争を分析する必要がある。法律によって、つまり国家によって正しいものとして指定された正書法は、論理学的にも言語学的にも十分な根拠をもたない社会的人工物であり、国家が多くの他の分野でおこなうのと同様、規範化とコード化作業の産物である。歴史のある時点で、国家ないし国家の代表者の誰かが、（すでに一世紀前に同じことがあったように）綴字法を改革しようとして、かつて国家が政令で定めたことを政令で変更したとき、ごく普通の意味でのエクリチュール（文字）に関わる人々だけでなく、作家がこの言葉に込めようとする意味でのエクリチュール（書くこと）に関わる人々の多くから、ただちに義憤にみちた反対が起こった。

驚くべきことに、綴字法の正統性を擁護した人たちはすべて、現行の綴りの自然さを理由に改革に反対した。精神構造と客観的構造のあいだの一致、正しい綴りの習得によって頭脳のなかに社会的に書き込まれた精神形態と、正しく綴られた言葉が指し示す物の現実のあいだには完全な一致があり、そこから生まれる内在的で美的な満足感をあげて改革に反対したのである。綴字法を所有し綴字法にとりつかれている人々にとって、nénuphar（睡蓮）のまったく恣意的な *ph* が睡蓮の花と不可分であることはかくも自明であり、彼らはまったくの善意から、綴りは自然であり綴りの自然さを理由に、国家の恣意的な介入の産物である綴字法の恣意性を見直そうとした国家の新たな介入を批判しえたのである。

国家の選択の結果が現実と人々の精神のなかにかくも完全に刷り込まれ、はじめに排除された可能性（たとえば自家暖房と同じような自家発電システム）がまったく考えられなくなってしまった例はいくらでもあげることができる。たとえば学校のカリキュラム、とくに教科間の時間配分を少しでも変えようとする試みは、きまって途方もない抵抗に遭うが、それは単に強いギルド的な利害（とくに当該教科を担当する教師たちの利害）が既成の学校秩序と結びついているからだけではない。文化的事象、とくに文化的事象と結びついた社会的分業《ディヴィジョン》と位階秩序《ヒエラルキー》が、国家の行動によって現実のなかに打ち立てられ、国家がその分業や位階秩序を事物と人々の精神に制度化することによって、文化的恣意性《アルビトレール》に自然さ《ナチュレル》の外見を与えるからでもある。

根源的懐疑

したがって、国家について考えた人々を通して今なお考えられている国家について本格的に考える可能性を切り開くためには、考察の対象になる現実だけでなく分析者の思考そのもののなかに書き込まれた前提を疑ってかかる、根源的懐疑からはじめなければならない。

国家の支配が顕著に感じられるのは、象徴的生産の領域においてである。公的行政機関とその代理人《アジャン》たちは、社会科学がそのまま社会学的問題として引き受けることで追認することが多い「社会問題」を生む源である（その証拠には、国や時代によって差はあるが、貧困、移民、学業不振などの国家的問題を学問的装いのもとに扱った研究の量をはかるだけで十分だろう）。

しかし、役人的思考の持ち主の思考が公的なものの公的表象によって隅々まで貫かれていることをもっともよく示すのは、おそらく国家の表象がふりまく誘惑である。ヘーゲルは官僚制を普遍的利益の直観と意志をもった「普遍的集団」としたし、この点では用心深かったデュルケムも、官僚制を「一般利益」の実現を任務とする合理的手段であり、「考察《レフレクシオン》の機関」であるとした。

国家問題の特別な難しさは、国家について考えると称して国家について書かれた著作のほとんどが、多かれ少なかれ直接的かつ有効な形で国家の構築に、したがって国家の存在そのものに加担している点にある。このことはとりわけ法律家の著作において顕著であり、法律書の意味は、とくにその構築と基礎固めの段階（十六、十七世紀）では、そこに国家認識への理論的貢献のみならず、国家の特殊なヴィジョンを押しつけようとする政治的戦略を見抜いてはじめて明らかになる。法律書が押しつける国家のヴィジョンは、建設中の官僚制の世界で法律をつくる者たちの特殊な立場に結びついた利益と価値に合致するヴィジョンである（この点はケンブリッジ学派のような最良の歴史研究でもしばしば見落されている点である）。

社会科学そのものがその起源から、国家の現実の一部をなす国家の表象を構築すべく努めてきた。中立性や無私無欲など官僚制について提起される問題はすべて、そうした問題を提起する社会学についても提起される。しかし社会学については、国家に対するその自律性が問題になるわけだから、問題の困難度は一段と高まる。だからこそ、社会科学の社会史によって、社会的世界への無意識的癒着をすべて明るみに出す必要がある。社会科学の問題系、理論、方法論、概念などは歴史の産物だが、社会科学は社会的世界を歴史に負っているからである。そこで明らかになるのは、とりわけ、（君主の顧問官たちの政治哲学とは異なる）近代的な意味での社会科学が、社会闘争や社会主義と結びついていることである。結びつくと言っても、社会科学は社会運動やその理論的延長の直接的表現なのではなく、社会運動が明示する問題や、社会運動の存在が浮き彫りにする問題への応答なのである。社会科学を最初に擁護したのは、博愛家や改革者など支配階級の一部の啓蒙的前衛たちであり、彼らは（政治学を補完する）「社会経済学」に「社会問題」の解決、とくに問題を抱えた個人や集団が提起する問題の解決を期待したのである。

社会科学の発展を比較してみると、国と時代によって社会科学の状態は多様だが、その多様性を説明するモデルには、二つの基本的要因を考慮に入れるべきであることが分かる。一つは、国家官僚制の内部で支配的な哲学（リベラリズムやケインズ主義など）の如何によって、社会的世界の認識に対する社会的需要がどんな形をとるか、という要因である。国家からの強い需要は、経済的諸力（や支配者の直接的要求）から相対的に独立した、しかし国家〔的問題〕に強く依存した社会科学の発展に有利な条件となる。もう一つは、支配的な政治経済的諸力に対する教育制度と学問界《シャン》の自律性がどの程度のものか、という要因である。教育と学問の自律性はおそらく、社会運動と社会による権力批判がよく発達していることと、〔デュルケム派のように〕社会運動に対して専門家が強い独立性をもっていることの両方を前提にしている。

歴史が示すように、社会的需要の圧力からの独立こそ社会科学が科学として発展する条件だが、この独立性を高めることができるのは国家に依拠してでしかない。そうして独立性を高めても、社会科学は、国家が保障する（相対的）自由を国家に抗して用いる準備ができていなければ、国家に対する独立性を失う危険がある。

国家の生成と資本の集中化過程

分析の結果を先取りして、私はマックス・ヴェーバーの有名な定義（「国家とは一定の領土内で物理的暴力を合法的に行使する独占権を成功裡に要求する人間の共同体である」）をもじってこう言おう。「国家とは一定の領土内でそこに住む住民全体の上に物理的および象徴的暴力を合法的に行使する独占権を成功裡に要求するX（未知数）である」。国家が象徴的暴力を行使できるのは、国家が特殊な構造と機構の形で客観性のなかに具現するのと同時に、「主観性」のなかに、あるいは精神構造や知覚と思考のカテゴリーの形で頭脳のなかに身体化されるからである。制度化された制度〔としての国家〕は、社会構造とそれに合致した精神構造のなかに現実化するゆえ、それが長期にわたる一連の制度化《アンスチテュシオン》行為の産物であることを忘れさせ、自然さの外見をまとって現われる。

したがって、国家の生成《ゲネシス》〔発生＝成立、以下同じ〕を再構築することほど強力な断絶の手段は、おそらく他にない。最初のはじまりの葛藤や対立をよみがえらせ、同時に、斥けられた可能性を明るみに出すことで、国家の生成の再構築は、事柄が別様でもありえた可能性をさらけ出し、この実践的なユートピアを通して、あまたの可能性のなかから現実化されたただ一つの可能性を疑問に付す。本質論的分析の誘惑を断ち、しかし不変の定数を抽出する意図はあきらめずに、私はわれわれが国家と呼ぶものが制度化された《アンスチテュエ》過程の歴史的論理を体系的に明らかにするために、国家出現のモデルを提案しようと思う。困難な、ほとんど実現不能な企てである。理論的構築の厳密さと整合性を追求し、しかもそれを、歴史学研究によって蓄積されたほとんど無限のデータの尊重と和解させなければならないからである。

この企ての難しさを理解してもらうため、自分の専門の枠内に留まっているために、その難しさをわずかしか語っていないある歴史家の例を引くことにする。「歴史学の領域のなかでもっともなおざりにされてきたのは境界領域である。一例として専門間の境界をあげるなら、統治の研究には統治の理論（すなわち政治哲学の歴史）の知識が必要であり、統治の実際の知識（すなわち国制史）と最終的には統治に関わる人間集団（したがって社会史）の知識が求められる。ところが、これら異なった専門のあいだを同じだけ容易に行き来できる歴史家は少ない。（……）他にも研究されて然るべき歴史の境界領域がある。たとえば近代初期の戦争技術である。この問題のしっかりした知識がなければ、ある戦いである国の政府がどれだけ兵站《ロジスティックス》上の努力を払ったかを計ることは難しい。しかるに、こうした技術的問題は伝統的な意味での軍事史家の視点からのみ研究されてはならない。軍事史家は国制史にも通じていなければならない。財政や税制の歴史でも未知の部分は多々残っており、ここでも研究者は古く狭い意味での財政史家であるだけでなく、国制史に明るく、最低限の経済学の知識も合わせもっていなければならない。残念ながら、歴史学の下位分野への細分化と専門家のなわばり意識、また歴史学のある側面に脚光があたると他の側面は流行遅れになるという感情は、境界領域の歴史研究に決して貢献してこなかった[3]」。

国家は、物理力あるいは強制手段の資本（軍隊、警察）、経済資本、文化資本あるいは情報資本、象徴資本など、さまざまな種類の資本の集中化《コンサントラシオン》過程の帰結である。各種資本の集中化はそれ自体で国家を一種のメタ資本の所有者として構成し、他の種類の資本とその所有者に対する優位を国家に与える。さまざまな資本の集中化は（それに対応するさまざまな界《シャン》の構築を伴って）、国家に固有の、特殊な資本の出現を引き起こし、その固有の資本ゆえに国家はさまざまな界《シャン》やさまざまな個々の資本を支配し、とりわけさまざまな資本のあいだの交換レートに（同時にそれらの所有者のあいだの力関係にも）力をふるうことができる。したがって国家が構築されると、それに伴って、（さまざまな種類の）資本の所有者がなかんずく国家すなわち国家資本の支配をめぐって争うゲーム空間としての権力界が構築される。国家資本を支配すれば、さまざまな種類の資本やその資本の再生産（とくに学校制度による再生産）に力をふるうことができるからである。

こうした集中化過程の諸々の水準（武力、税制、法律など）は相互に依存しあっているが、説明と分析のためにはそれらを一つずつ検討していく必要がある。

（1）物理力資本

国家を単なる強制機関として捉えがちなマルクス主義からマックス・ヴェーバーの古典的定義まで、あるいはノルベルト・エリアスからチャールズ・ティリー〔*The Formation of Nation-States in Western Europe*, Prinston UP, 1975 の編者〕まで、大部分の国家の生成モデルが特権化してきたのは、物理力資本の集中化である。強制力（警察や軍隊）が国家に集中化されるということは、①秩序維持の任務をおびた機関が次第に通常の社会的世界から分離すること、②物理的暴力は、その目的のため特別の任務をおび、社会のなかではっきりと区別され、集中化され規律をもった特別の集団によってのみ実行されること、③職業的軍隊が少しずつ封建的軍隊にとって代わり、戦士としての機能を身分的に独占していた貴族を直接脅かすようになることの三つを意味する。(ノルベルト・エリアスについては、社会学の共通財産になっている観念や学説を誤って彼に帰す歴史家がいるが、ヴェーバーの分析のあらゆる帰結を引き出した功績をこそ認めなければならない。エリアスは、国家が次第に暴力の独占を確保できたのは、国内の競争相手から物理的暴力手段と暴力を行使する権利を奪い、「文明化」過程の重要な一要素を確固たるものにするのに貢献したからであることを証明した。)

新興国家は、異なる二つの領域でその物理力を発揮しなければならない。国外では、既存のあるいは潜在的な他の国家(競合する君主たち)との領土戦争において(戦争によって)力を示さねばならず、そのため強大な常備軍の創設が必要になる。国内では、対抗勢力(封建諸侯)と抵抗勢力(非抑圧階級)に対してである。武装兵力は次第に、一方で国際競争のための軍隊と、他方で国内秩序を維持するための警察力に分かれていく。(4)

(2) 経済資本

物理力資本の集中化は効率的な課税制度の確立によって可能になるが、税制の確立はこれまた経済空間の統一(国内市場の創設)を前提にする。王朝国家による租税徴収は臣民全員から直接取り立てるものであって、国王が封建諸侯に賦課し、諸侯は所領内の住民に賦課する封建的な徴収とは異なる。国家の課税、国税は十二世紀末に登場し、戦費支出の増大とともに発達した。はじめはその都度もち出された国土防衛の至上命令が、次第に「義務的」で「定期的」な性格の徴税を恒常的に正当化することになる。課税は「国王が定期的に期限を限定する以外は無期限に」、「あらゆる社会集団を対象に」直接間接におこなわれるようになった。

こうして徐々に、見返りなき徴税(強奪)と再分配にもとづくきわめて特殊な経済論理が成立する。見返りなき徴税と再分配は経済資本を象徴資本に転換させる原理としてはたらき、象徴資本はまず君主の人格の上に集中化される。(5)（納税者の抵抗を押し切っての）国税の制度化は、軍隊の発達と循環的因果関係にある。軍隊は支配下の領土を拡大し防衛する、したがって租税徴収を拡大し維持するだけでなく、力で税の支払いを強制するためにも軍隊は不可欠である。国税の制度化は、国家の代理人《アジャン》が抵抗する臣民を相手におこなった真の国内戦争の帰結だった。臣民《シュジェ》たちは自分が主として課税対象者であり納税者であることを発見することによって、自分が従属臣民《シュジェ》であることを認識する。納税に延滞が生じた場合には、王令で四段階の処罰を定めていた。差押え、身柄の拘束（投獄を含む）、連帯責任、兵士の宿営強制である。そこから、課税の正統性の問題が避けられない形で出てくる（ごく初期には税の徴収は一種の恐喝だったというノルベルト・エリアスの指摘は正しい）。国税を、王の人格を超越した受取人、すなわち国家という「虚構の身体」の必要に捧げる貢物と見なすまでには、まだだいぶ時間がかかるだろう。

脱税は今日なお課税の正統性が自明ではないことを示している。初期の段階では、武器をとった抵抗は王令への不服従ではなく、税制のなかに正しい父親たる君主を認めることを拒否し、税制から家族の権利を守る道徳的に正当な防衛と見なされたことが知られている。(6)「王室財務府《トレゾール・ロワイヤル》」とのあいだに交わされた正式の徴税請負契約から、末端で徴税を担当する下請け徴税人までのあいだには、一連の下請け契約が介在しており、たえず税の着服や権威詐称〔不正徴収〕への疑惑を生み、満足な報酬を受けなかった下級請負人は、その犠牲になった納税者だけでなく、上位の官職保有者からも腐敗の嫌疑をかけられた。(7)王権であれ国家であれ、権威を実現する代理人《アジャン》を越えた、下々の批判が届かない超越的審級を承認させるためには、おそらく国王と、国王のみならず大衆をもあざむく不正な執行人との分離が、現実的な根拠づけとなった。(8)

軍隊と軍隊を維持するために必要な財源の集中化は、承認と正統性の裏づけによる象徴資本の集中化なしにはありえない。私益に流用することなく徴税の任にあたる代理人《アジャン》の集団《コール》と、彼らがおこなう統治と管理の方法（会計、資料の作成保存、係争処理、手続き文書、文書の管理など）が正統的なものとして認識され承認される必要がある。末端の執達吏たちが「権力の人格、権力の尊厳と結びつけられて容易に同定され」、「執達吏がその仕着せを着、その紋章を身につけて、その命令をその名のもとに通達できる」ことが肝要である。同時に、一般納税者の目に「警護隊員の制服や哨舎（見張小屋）の盾型標識が見分け」られ、「徴税請負組合の護衛兵、嫌われ軽蔑される徴税請負人の手先と、騎馬警察隊《マレショーセ》の士官や隊員、王室裁判所《プレヴォテ》の騎兵、王家の色のカザーク制服ゆえ攻撃できないとされる近衛隊とが識別できる」ようでなければならない(9)。

多くの論者は一致して、公的徴税の正統性が次第に承認されたことを、一種のナショナリズム（国民意識）が発生したことに結びつけている。実際、租税徴収の一般化は、国土の統一、より正確には、現実においても表象においても一つの領土としての国家の建設に貢献したと考えられる。国土の統一は、国土防衛という同一の至上命令によって同一義務への服従が課され、その同一義務への服従によって統一された現実として国家が構築されたからである。また、このナショナルな意識は、課税をめぐる議論との関連で生まれた代議制機関（三部会や地方三部会）のメンバーのあいだでまず発達したと考えられる。確かに、これら代議制機関が課税に同意したのは、課税が君主の私的利益ではなく、国土防衛の至上命令をはじめとする国の利益を動機とすると考えたからである。国家は次第に一つの空間のなかに輪郭を刻み込んでいく。その空間はのちに形成されるナショナルな空間にはまだなっていないが、たとえば貨幣鋳造の独占権を伴う主権の管轄範囲として、また超越的な象徴的価値の支えとしてすでに姿を現わしていた（貨幣鋳造は封建領主の理想であり、国王が支配する領土では国王の貨幣しか使用されないのだから、貨幣鋳造はやがてフランス国王の理想となり、この野心はルイ十四世の治下ではじめて実現される）。

(3) 情報資本

統一税制の創設と結びついた経済資本の集中化は、情報資本（文化資本はその重要な一部をなす）の集中化と並行して進み、情報資本の集中化それ自身、文化市場の統一を伴って進む。こうして、ごく早い段階で公権力は所得状態の調査をおこなった（たとえばすでに一一九四年に「所領管理人《セルジャン》による評価」がおこなわれ、国王が兵を召集したとき国王直轄の八三の都市と僧院が供出した兵士と輸送隊の数が調査されたし、一二二一年には歳入歳出を計算した萌芽状態の予算が生まれている）。国家は情報を集中化し、処理して再分配する。国家はとくに理論的統一をおこなう。社会を総体としてとらえ、「全体」の視点に立つ国家は、とくに国勢調査をおこない統計や国民会計をつくることによって全体化し、空間を鳥瞰して地図という統一的表象をつくり、あるいは単に知識の蓄積手段としての文字で文書化することにより客観化し、文字教養のある知識層に有利な集中化と独占化を含む認識の統一化としてコード化をはかるなど、あらゆる操作の責任者となる。

「文化」は統一化する本性をもつ。国家は法律や言語〔や度量衡〕などすべてのコードを統一し、お役所的コミュニケーション形式（たとえば文書の書式、印刷物など）を標準化することで、文化市場の統一に寄与する。法律や役所の手続き、学校教育の構造、また英国や日本でとくに顕著な社交的儀式に書き込まれた分類システム（とくに年齢、性別による分類）を通して、国家は精神構造をつくり上げ、共通の見方《ヴィジョン》と分け方《ディヴィジョン》の原則や思考形態を押しつける。国家が押しつけるこの思考形態が文明化された思考に対してもつ関係は、デュルケムやモースが記述した原始的な分類形式が「未開の思考」に対してもつ関係と同じである。こうした操作によって国家は、一般に国民的同一性《ナショナル・アイデンティティ》（より伝統的には国民性《ナショナル・キャラクタ》）と呼ばれる鋳型を構築することに貢献する。[10]

こうして正統的な国民的《ナショナル》文化として構築された支配的文化を（その権限のおよぶ限り）普遍的に押しつけ教えこむことにより、学校制度はとくに歴史教育、とりわけ文学史教育を通して真の「市民宗教」〔ルソー『社会契約論』〕

の基礎を教え、より正確には自己の（国民的《ナショナル》）イメージの基本的前提を教えこむ。こうしてフィリップ・コリガンとデレク・セイヤーが示したように、イギリス人はきわめて広範に――ということは支配階級の境界を大きく越えて――、ブルジョア的かつ国民的《ナショナル》な、二重の意味で特殊な文化の崇拝者となる。その中心には、良識《リーズナブルネス》、適度《モデレーション》、実用重視《プラグマチズム》、観念論《イデオロギー》と奇矯《カーキネス》と過激《エキセントリシティ》への嫌悪など、（非イギリス人には）定義もできず真似ることもできない英国人性《イングリッシュネス》の神話がある。[11] きわめて古い伝統を（司法上の儀式や王室崇拝など）驚くべき連続性をもって継承するイギリスや、国民《ナショナル》文化の創造が国家の創造と直接結びついている日本では、文化の国民主義的《ナショナリスト》次元が目に見える形で認められる。それに対しフランスの場合は、文化の国民主義的《ナショナリスト》次元が普遍主義の外見をまとい、普遍主義の仮面をつけている。国民文化への併合を普遍性への昇格《プロモーション》と見なす傾向は、（とくに普遍的な「革命」という創世神話によって養われた）共和国的《レピュブリカン》伝統の、乱暴なまでに同化統合的なヴィジョンの元にあるのみならず、普遍主義の帝国主義と国際主義的ナショナリズムというきわめて倒錯した形態の基礎になっている。[12]

文化と言語の統一は、支配的な言語と支配的な文化を正統的なものとして押しつけ、それ以外の言語と文化を無価値で恥ずべきもの（田舎言葉《パトワ》）として斥ける二重の操作を伴う。ある特殊な言語や文化が普遍的な地位に達すると、他のすべては特殊性へと追いやられてしまう。その上、こうして制度化された要求水準の普遍化は、その要求を満たす手段へのアクセスが普遍化されていないために、一部の人々による普遍性の独占化を助け、それ以外の、いわば人間性を切断された人々の所有権剥奪を引き起こす。

（4）象徴資本

すべての資本は、権威が承認された象徴資本の集中化へと送り返される。象徴資本の集中化は、あらゆる国家生成の理論で無視されてきたが、他のすべての形の集中化の条件であり、少なくとも他の集中化が一定期間持続するとして、象徴資本の集中化は他のすべての資本の集中化に伴って起こる。象徴資本の定義は、それがいかなる性質の資本かを問わない。物理的、経済的、文化的、社会的などいかなる種類の資本であれ、それを認識し（知覚し）、識別し、それに価値を付与しうるような知覚カテゴリーをもった社会的行為者《アジャン》によって知覚されたとき、それは象徴資本となる。（一例をあげるなら、地中海社会における名誉は象徴資本の典型的な形態である。象徴資本としての名誉は、評判を通して、つまり他人が抱く表象を通してしか存在しない。ある行為や特性を名誉あるいは不名誉として知覚し評価するだけの一連の信念を共有する人々が、その限りで抱く表象が名誉を成り立たせるのである。）もっと正確に言おう。象徴資本の分配構造のなかには分け方《ディヴィジョン》と対立（強弱、大小、貧富、上下など）が刻み込まれており、その分け方と対立を内面化＝身体化することによって一定の知覚カテゴリーが生まれる。象徴資本とは、あらゆる種類の資本が、そうした知覚カテゴリーを通して知覚されたときにまとう形態のことである。したがって国家こそは、国家に固有な構造に合致した見方《ヴィジョン》と分け方《ディヴィジョン》の持続的原理を押しつけ教えこむ手段をもっているだけに、象徴権力の集中化と行使の特権的な場所である。

法律資本の特殊ケース

法律資本は象徴資本の客観化されコード化された形態であるが、その集中化の過程は、軍事資本の集中化の論理とも財政資本の集中化の論理とも異なる固有の論理に従う。十二、十三世紀のヨーロッパには複数の法体系が共存していた。一方に教会裁判権、キリスト教法廷があり、他方には世俗裁判権があって、国王や領主の裁判権だけでなく、都市《コミューン》、ギルド、商事裁判権があった。[13] 裁判領主（土地支配のみでなく裁判権をもつ領主）の裁判は、その封臣と領主所領の住民たちにしか及ばなかった（貴族の封臣と貴族以外の自由民、農奴は異なった規則の下におかれた）。もともと、国王裁判権は国王の領地にしか及ばず、その直臣と国王直轄領の住民のあいだの裁判についてしか決定できなかった。しかし、マルク・ブロックが指摘したように、国王裁判権は社会全体に少しずつ「浸透」する。[14] 明確な意図や計画があったわけではなく、その恩恵をこうむるはずの国王と法律家が協議したわけでもないが、裁判権集中化の動きはたえず同じ方向に向かい、法的装置が整備されていく。まず「フィリップ尊厳王の遺言書」（一一九〇年）に出てくるプレヴォ奉行、次に厳粛な会議を開きプレヴォを監督する王国最高位の地方行政官であるバイイの職が定められ、ついで聖王ルイ時代につくられる各種機関、「国務会議《コンセーユ・デタ》」、「会計法院《クール・デ・コント》」、裁判所（「王　会《クリア・レジス》」）、これが各地を巡回するのでなく一ヵ所に定着し、もっぱら法律家からなる「高等法院《パルルマン》」となって、上訴《アペル》手続きにより国王の手中に裁判権を集中する主要な手段になる。

国王裁判権は、それまで領主や教会の裁判所で裁かれていた刑事事件の大部分を徐々にその管轄下におく。王国の法律に抵触する「国王専決事件」は国王裁判長《バイイ》の管轄になる（贋金造りや王印偽造の大逆罪がそれにあたる）。しかも特筆すべきことは、法律家が王国のすべての裁判権を国王の下におく上訴理論を展開したことである。封建領主の裁判権は最終審だったが、裁判領主の判決が地方《ペイ》の慣習法に反する場合、敗訴した側が国王に付託できるようになったのである。この嘆　願《シュプリカシオン》と呼ばれた手続きが徐々に上訴になった。封建領主の法廷から裁判官は次第に姿を消し、職業的法律家、司法官に席を譲る。上訴は管轄権限の序列に従っておこなわれ、下級領主から上級領主へ、公爵や伯爵から、最後は国王に上訴した（段階を飛び越えることはできず、直接国王に訴えることはできなかった）。

こうして王権は、国王こそ共通利益を代表し万人に安全と正義を負うという正統化の理論を編み出した法律家の特殊利益（普遍への関心の典型例）に支えられ、封建領主の裁判権を制限する（同様に王権は教会の庇護権《アジール》など教会裁判権も制限する）。

法律資本の集中化過程は差異化過程を伴い、自律的な法律界《シャン》が構築されるにいたる。司法官団《コール》が組織され位階秩序《ヒエラルキー》が打ち立てられる。プレヴォ奉行は通常の事件を裁く通常の裁判官となり、巡回型だったバイイやセネシャルは一ヵ所に定着する常駐型になって、彼らの下に代理官《リュートナン》がおかれることが多くなる。代理官は罷免できない司法官職になり、バイイに代わって実質的に裁判長になり、バイイは名誉職化する。十四世紀には訴追を職務とする国王検察官《ミニステール・ピュブリック》が登場する。こうして国王は王の名において行動する正式の主席検事をもち、それが次第に官職化する。

集中化の過程を完成するのは一六七〇年の刑事王令で、これが教会と領主の裁判権を徐々に国王裁判権におきかえ、法律家が少しずつ獲得した地位を追認する。裁判権は犯罪が起こった場所の管轄とされ、領主裁判官に対する国王裁判官の優位が確立する。王令は国王専決事件を列挙し、教会と都市《コミューン》の特権を廃止し、上訴裁判官は必ず国王裁判官とされた。要するに、一定の裁判管区（領域）に委託される権限が、裁判官の人格を直接対象とする上席権や権威にとって代わる。

その後、国家の核となる法律‐行政構造の構築は、サラ・ハンリーが「家族‐国家協定《コンパクト》」と呼ぶ法律家集団《コール》の構築と並行して進む。みずからの再生産を厳密に管理しつつ形成される法律家集団が国家と結ぶ協定である。「家族‐国家協定は社会経済的権威の見事な家族モデルを提供し、それが同時に形成されつつあった政治権力の国家モデルに影響を与えた。(15)」

名誉一般から名誉の序列化へ

法律資本の集中化は、さまざまな形で進行する象徴資本の集中化という、より広範な過程の一側面である。この象徴資本こそ、国家権力の保有者がもつ特殊な権威、とりわけ任命権というきわめて謎めいた権力の基礎となる。こうしてたとえば、国王は貴族たち《ジャンティヨム》が追い求める名誉の流通全体を管理しようとする。王は聖職禄、騎士修道会の勲位、軍事的任務、宮廷の官職、なかんずく爵位授与権を一手に握ろうと努めた。こうして徐々に任命の中心的審級が形成される。

V・G・キエルナンによれば、アラゴンの貴族は、国王によってつくられた〔成り上がり〕貴族と区別して生まれによる貴族（ricosbombres de natura）を自称していたという。貴族同士のあいだで、また貴族と王権のあいだではもちろん、優越性《ディスタンクシオン》の差が重要な意味をもつ。貴族には二種類あり、第一は「生まれつきの《ナチュレル》」貴族で、世襲によって他の貴族と平民から公に認められた貴族であり、第二は国王によって授爵された法的な貴族である。二種類の貴族は長いあいだ共存した。

アルレット・ジュアンナが明らかにしたように(16)、爵位授与権が国王の手に集中化されるとともに、仲間の貴族やそれ以外から承認され、挑戦と勲功によって確立され維持された身分上の名誉に代わり、国家によって与えられた名誉が次第に重きをなす。後者は信用貨幣と同じように、国家が管理する市場の全域で価値をもつ。

国王はますます象徴資本（ロラン・ムーニエが「忠誠関係《フィデリテ》」と呼ぶもの(17)）を集中化し、褒賞としての官職や名誉という形で象徴資本を分配する国王の力は増大の一途をたどる。貴族の象徴資本（名誉、名声）は、社会的尊敬の上に築かれ、多かれ少なかれ意識的な社会的コンセンサスによって暗黙のうちに付与され、ほとんど官僚的な身分や地位として客観化される（王令《エディ》や裁決《アレ》の形をとるが、それはコンセンサスを追認したものにすぎない）。

その指標を、ルイ十四世とコルベールの命でおこなわれ一六六六年三月二二日の裁決《アレ》により、「真の貴族《ジャンティヨム》の名前、異名、住所、紋章を記載したカタログ」が制度化される。地方長官《アンタンダン》が貴族の称号をふるいにかける（王立騎士修道会の系譜学者や紋章裁判官も真の貴族をめぐって争い合う）。文化資本によって地位を得る法服貴族の登場で、国家による任命と、学歴にもとづく官職表《クルスス・オノルム》の論理にかなり接近する。

要するに、集団的な相互承認だけにもとづく拡散した象徴資本から、客観化された象徴資本へ、国家によってコード化され、委託され、保証され、官僚化された象徴資本への移行である。

象徴資本のコード化過程のきわめて正確な例を奢侈取締令に見ることができる。奢侈取締令は、貴族と平民のあいだと、とりわけ異なるランクの貴族のあいだでの（衣服をはじめ）象徴的顕示の分配を、厳密な上下関係をもって規定しようとする。[18] 国家が生地や金、銀、絹の飾りの使用を規則化し、そうすることで国家が貴族を平民の越権行為から守ると同時に、貴族層内部における序列《ヒエラルキー》の管理を拡大強化する。

大貴族の自律的な分配能力が後退し、爵位授与権だけではなく、任命権も国王によって独占されるようになる。それまで褒賞として与えられていた官職が能力を必要とする責任ある地位、官職表《クルスス・オノルム》に組み込まれた地位に変わり、その地位は官僚の職位《キャリア》を思わせるものになる。こうして徐々に「国家の高官を任命し罷免する権力」というこの上なく神秘的な形の権力が制度化《アンスチテュエ》される。こうして、ブラックストーンの言葉を借りれば、「名誉と官職と特権の泉」として構築された国家は、騎士《ナイト》や准男爵《バロネット》をつくり、新しい騎士団《ナイトフッド》の爵位を設け、儀式的な上席権を授け、有爵貴族《ピアー》や重要な公職につく人を任命して、名誉《オナー》を分配するのである。[19]

任命とは結局のところ、マルセル・モースが記述した呪術《マジー》の論理に近い論理に従った、きわめて神秘的な行為である。呪術師が呪術的世界のはたらきによって蓄積された信仰の資本をすべて動員するように、任命書に署名する共和国大統領、あるいは（疾病、障害などの）証明書に署名する医師は、官僚的世界を構成する承認の関係の網のなかで、それによって蓄積されたあらゆる象徴資本を動員する。証明書の有効性を誰が保証するのか？ 証明する権限を与える肩書きに署名した者だ。しかし今度は誰が署名した者を保証するのか？ われわれは果てしなく後退する連鎖に巻きこまれてしまい、どこかで「止らなければならない」。そして、神学者と同じやり方で、長い連鎖をなす公的聖別《コンセクラシオン》化行為の最後（か最初）の環を国家と呼ぶことにすることができる。[20] 国家こそは、象徴資本の中央銀行のようにはたらき、あらゆる権威ある行為、恣意的でありながら恣意的だとは気づかれない行為、オースティンが言う「合法的ペテン」行為を保証する。共和国大統領とは自分を共和国大統領だと思っている人間のことだ。ただし、自分がナポレオンだと思っている狂人とは違って、自分を大統領だと思うだけの根拠があると認められた人間である。

　任命や証明は、それを許された人間によって権威ある状況のもとでおこなわれるがゆえに象徴的な効力をもつ、公的な行為ないし言説に属する。それをおこなう者は、国家によって割り当てられた職務や任務である公職《オフィシウム・プブリクム》の保持者として、職務の資格《エクス・オフィシオ》で行動する「公職者」である。裁判官の判決、教授の評価、公的登録手続き、調書、戸籍上の身分証書、出生・婚姻・死亡証書、売渡し証書など法的効力をもつ証書は、公的任命の呪術によって、判事、公証人、執達吏、戸籍担当者など資格をもった代理人《アジャン》により、所定の形式に従っておこなわれ、公的帳簿に記載された公的宣言によって、社会的に保証された社会的同一性（市民、選挙民、納税者、親権者、所有者など）あるいは合法的な結合や集団（家族、結社、組合、政党など）を制定《アンスチテュエ》する。物でも人でも、ある存在が、その合法的な社会的定義において、本当は何なのか、何であることを許されているのか、何である権利をもっているのかを審判し、それが要求し、公言し、実行する権利がある（非合法的にではなく）社会的存在を、権威をもって明言することによって、国家はほとんど神にも似た、真に創造的な力を発揮する。そして、ヘーゲルをもじって「国家の審判こそが最後の審判だ」と言いうるためには、過去の記念顕彰《コメモラシオン》や学校教育による〔作家の〕正典《カノン》化などの聖別《コンセクラシオン》化を通して、国家が与える不滅の形式を考えるだけで十分であろう。[21]

国家精神と国家による精神の形成

　国家権力のもっとも特殊なありようを理解するためには、すなわち国家が行使する象徴的有効性の特殊な形態を理解するためには、かつて私がある論文で示唆したように[22]、伝統的に相容れないと考えられている知的伝統を同じ説明モデルのうちに統合しなければならない。社会関係を物理的力の関係としてとらえる社会的世界の物理主義的見方《ヴィジョン》と、社会関係を象徴的力の関係、意味の関係、コミュニケーションの関係として捉える記号学的ないし「サイバネティックス的」見方《ヴィジョン》との対立を、まず乗り越えなければならない。もっとも乱暴な力関係は同時に象徴的な関係でもあり、服従の行為は、認識構造や知覚の形態とカテゴリー、見方《ヴィジョン》と分け方《ディヴィジョン》の原理を稼動させる認識行為でもある。社会的行為者《アジャン》は社会的世界を認識構造（カッシーラーの「象徴形式」、デュルケムの分類形式、見方《ヴィジョン》と分け方《ディヴィジョン》の原理、分類体系――これらの表現は理論的伝統を異にするが同じことを言っている）を通して構築するのであり、その認識構造は世界のあらゆる事物に、とりわけ社会構造に適用される。

こうした認識構造や知覚カテゴリーなどの構造化する構造は歴史的に構成された形式であり、したがってソシュール的な意味で恣意的《アルビトレール》な形式であり、ライプニッツが言ったように約束事の《コンヴァンシオネル》、慣習による《エクス・インスチトゥート》形式であって、その社会的生成《ゲネシス》はあとづけることができる。「未開人」が世界に適用する「分類形式」は彼らが統合されている集団の構造の内面化＝身体化の産物だというデュルケムの仮説を一般化すれば、この認識構造は、国家の行動のなかにその原理を求めることができる。実際、差異化と分化が進んだ社会では、国家が一定の領土的管轄内で普遍的に、ノモス（nomos「法」は、分け、分割し、部分に切り分けるという意味の némo に由来）を押しつけ、共通の見方《ヴィジョン》と分け方《ディヴィジョン》の原理を、同一ないし近似した認識と評価の構造を、教えこむことができる。それゆえ、国家こそ「論理的順応主義《コンフォルミスム》」と「道徳的順応主義《コンフォルミスム》」（いずれもデュルケムの表現）の基礎になる。世界の意味に関する前反省的で直接的な黙契の基礎には国家があり、その前反省的な黙契が「共通の意味世界」としての世界経験の原理になるのである。（「共通の意味世界」としての世界経験を明るみに出した現象学も、日常生活の記述を目標とした〔ガーフィンケルらの〕エスノメソドロジーも、それを基礎づけ明らかにする手段をもっていない。彼らは自分が解明に努める社会的現実の構成原理が社会的にいかに構成されたかという問いを提起しておらず、社会的行為者が社会秩序に適用する構成原理の構成に国家がいかなる貢献を果たしたかについて問うていないからである。）

差異化と分化が進んでいない社会では、人々の精神（と身体）に共通の見方《ヴィジョン》と分け方《ディヴィジョン》の原理（その範例《パラダイム》は男性と女性の対立である）が制定されるのは、社会生活の空間的時間的組織化を通してであり、とりわけそれを通過した者と通過していない者のあいだに決定的な差を生み出す制定化の儀礼（rites d'institution）を通してである。それに対しわれわれの社会では、国家が社会的現実を構築する道具の生産と再生産に決定的な仕方で関与貢献している。さまざまな実践を組織する構造であり規制する審級として、国家はたえず、社会の成員全員に一義的に押しつける身体的精神的規律《ディシプリン》と拘束によって、持続的な性向《ディスポジション》を形成するはたらきをもつ。その上、国家は、性、年齢、「能力《コンペタンス》」などの違いによる基本的な分類原理を押しつけ教えこみ、国家が、家族形成の基礎にある儀式、聖別化の場である学校制度の機能を通しておこなわれる儀式など、あらゆる制定化の儀式の象徴的有効性の原理になる。学校という聖別《コンセクラシオン》化の場では、選ばれる者と排除される者のあいだに持続的でしばしば決定的な差が、かつて貴族の騎士叙任式《アドゥブルマン》が生み出した差と同じやり方で生み出される。

国家の構築は、そのすべての「臣民《シュジェ》」に内在する、ある種の共通の歴史的超越物の構築を伴う。国家はもろもろの実践に一定の枠組みを押しつけ、それを通して、知覚と思考の共通の形式とカテゴリー、知覚と判断力ないし記憶の社会的枠組み、精神構造、分類の国家的形式を植えつけ教えこむ。そうすることで、国家はハビトゥスを直接的に組織《オーケストレーション》化する条件を創り出す。ハビトゥスの組織《オーケストレーション》化そのものが、共有された一連の自明の理へのコンセンサスを基礎づけ、一連の自明の理が共通感覚《サンス・コマン》＝常識を構成する。社会的カレンダーの大きなリズム、とくに現代社会の「季節大移動」を決定する学校休暇の構造は、共通の客観的準拠枠と主観的分類《ディヴィジョン》原理の共通化を保証し、生きられた時間の個別性を越えて、「時間の内的経験」を、社会生活を可能にするのに十分なだけ調

和的なものにする。(23)

しかし、国家的秩序が強いる直接的服従を理解するためには、新カント派的伝統の主知主義と袂を分ち、認識の構造が意識の形式ではなく身体化された性向《ディスポジシオン》であって、国家の命令にわれわれが従うのは、力に機械的に服従するのでも、命令＝秩序に意識的に同意するのでもないことに気づかなければならない。社会的世界は規律の喚起に満ちているが、規律を喚起してうまく機能するのは、それに気づくだけの態勢があらかじめでき《プレディスポゼ》ており、意識や計算を迂回しなくても、深く埋めこまれた身体的性向を呼び覚ますことができる人にとってのみである。被支配者は、精神構造を産み出す社会秩序の構造をドクサ〔根拠のない思い込み〕として受け入れ、このドクサに盲従する。マルクス主義は意識の哲学の主知主義的伝統に閉じこもっていたために、このことを理解できない。マルクス主義が象徴的支配の効果を説明するためにもちだす「虚偽意識」の概念において、余計なのは「意識」であり、「イデオロギー」について語ることは、信仰というもっとも深い身体的性向の領域にあるものを、「意識化」という知的回心によって変更できる表象の領域に位置づけることである。既成秩序への服従は、集団の歴史（系統発生）と個人の歴史（個体発生）が身体のなかに刻み込んだ認識構造と、それが適用される世界の客観的構造が重なりあった結果起こる。国家が押しつける命令が自明の理として受け入れられるのは、それによって国家が知覚される認識構造が他ならぬ国家によって刻み込まれているからである（この展望のもとに「祖国のために死ぬ《プロ・パトリア・モルト》」という究極の犠牲を可能にする条件を分析しなおす必要がある）。

しかし、新カント派の伝統は、もう一つの別の点で、そのデュルケム的形態を含め乗り越えなければならない。つくられた作品《オプス・オペラトム》を特権化して、象徴生産、とくに神話生産の活発な次元、つまり制作の仕方《モドス・オペランディ》（チョムスキー流に言えば「生成文法」）の問題を無視してはいるが、レヴィ＝ストロース（あるいは『言葉と物』のフーコー）流の象徴的構造主義は、象徴的事象を体系として捉え、その整合性を明らかにしようとした功績がある。整合性こそは、（法律の場合に顕著だが、神話や宗教においても）象徴体系の有効性を支える主要原理の一つである。象徴秩序は構造化する構造の行為主体《アジャン》全員に課されることで成り立つが、構造化する構造が堅実で抵抗力を備えているのは、少なくとも外見上は整合的で体系的だからであり、それが社会的世界の客観構造と客観的に合致しているからである。（すべての点で明示的な契約と対立する）この直接的な暗黙の一致が、われわれをあらゆる無意識的絆で既成秩序に結びつけるドクサ的服従関係の基礎にある。正統性の承認は、マックス・ヴェーバーが考えるように、明晰な意識の自由な行為ではない。正統性の承認は、（学校の時間割がまったく恣意的な時間割であるように）生活時間のリズムを組織する構造のように、身体化され無意識になった構造と、客観的構造の直接的一致のなかに根を下ろしている。

この前反省的な一致が、支配者が驚くほど容易にその支配を押しつけられる理由を説明する。「人間の事象を哲学的な目で考察する者にとって、最大多数がごく少数の人間によって簡単に統治されるのを目の当たりにし、人々が自分の固有の感情や情念を捨ててまで指導者に従う黙契的服従を観察することほど、驚くべきことはない。この驚くべきことがいかなる方法で可能になったかと問うならば、力はいつも被支配者の側にあるのだから、支配者は世論以外に自分を支えるものを持たないことにわれわれは気づく。したがって、統治支配はただ世論の上に基礎をおくのであり、この格言はもっとも専制的で軍事的な政府から、もっとも自由で大衆的人気がある政府にまであてはまる。[24]」このヒュームの驚きは、あらゆる政治哲学の根本問題を浮き彫りにする。その根本問題とは、通常の生活では真に問題として提起されない、正統性《レジティミテ》の問題である。実際、問題なのは、肝心なところで既成秩序は問題にされないことであり、国家の正統性、国家が制定する《アンスチチュエ》秩序は問題として立てられないことである。国家は秩序ある社会的世界をつくり出すのに、必ずしも命令したり物理的に強制したりする必要はない。国家が、客観的構造と一致した認識構造を生産して身体化させ、ヒュームが問題にした信仰、既成秩序へのドクサ的服従を確実にすることができる限り、その必要はないのである。

以上を確認した上で、忘れてならないことは、この原初的な政治的信仰、このドクサこそが正統的教義であり、しばしば競合的なものの見方《ヴィジョン》との闘争の果てに確立された、正しい支配的なものの見方《ヴィジョン》であること。また、現象学者たちが語る「自然的態度」、すなわち共通感覚＝常識の世界の一次的経験は、それを可能にする知覚カテゴリーと同様、政治的に構築された関係であることである。今日、意識や選択の手前で自明の理として現われているものは、かつてはしばしば闘争の賭け金だったのであり、支配者と被支配者の対決の果てにはじめて制定されたものである。歴史的進化の最大の効果は、脇に斥けられた可能性を過去に、すなわち無意識に追いやることによって、歴史を廃棄することである。国家が管轄する範囲でゆきわたっているものの見方《ヴィジョン》と分類《ディヴィジョン》原理の基底として国家の生成を分析することで、国家による既成秩序のドクサ的支持と、一見自然に見えるこの支持のもっぱら政治的な基礎を同時に理解することができる。ドクサとは特殊な見方、支配者の見方でありながら、普遍的な見方として現われ、みずからを押しつけるものの見方のことだ。国家を支配することによって支配する者たち、国家をつくることで自分たちの特殊な見方を普遍的な見方として構成した者たちの見方である。

こうして、国家権力のもっぱら象徴的な次元を十全に理解する上で、われわれはマックス・ヴェーバーの貢献を利用することができる。ヴェーバーは宗教に関する著作において、特殊な行為者《アジャン》と彼らの特殊利益を導入することによって、象徴体系の理論に決定的貢献をもたらした。実際、ヴェーバーはマルクスと同様、象徴体系の機能ほどにはその構造に関心を向けなかったが（それに彼は象徴体系という呼び方をしていない）、象徴体系という特殊な産物の生産者（彼が研究した分野では宗教的行為者）や相互作用（葛藤、競合など）に注意を喚起したのは、彼の功績である。法律を理解するためには法律家の身体に関心をもつ必要があるというエンゲルスの文章を引き合いに出すことはできるが、概してマルクス主義者が、象徴体系の生産を担う特殊な行為者の存在を等閑視してきたのに対し、ヴェーバーは、宗教を理解するためには、カッシーラーやデュルケムのように宗教タイプの象徴形式を研究するだけでは十分でなく、宗教のメッセージや神話のコーパスの内在的構造を研究するのでも十分ではないとして、宗教的メッセージの生産者、彼らを動機づける特殊な利益、彼らが闘争で使用する戦略（たとえば破門）に迫ろうとした。そこで、こうした象徴体系の機能と構造と生成とを同時に理解する手段を得るためには、（ヴェーバーにはまったくなじみのない）構造主義的思考方法を象徴体系に、さらには一定の実践の領域（たとえば宗教的メッセージ）における象徴的立場決定の空間に適用するだけではなく、象徴体系を生産する行為者たちのシステムに、彼らが相互の競合関係のなかで占める立場の空間（たとえば私が宗教界《シャン》と呼ぶもの）に適用すれば十分だということになる。

国家についても同様である。国家がもつ効果の象徴的次元、とくに普遍性効果とでも呼びうるものを理解するためには、官僚制の小宇宙の特殊なはたらきを理解し、国家の代理人《アジャン》たちの世界の生成と構造を分析する必要がある。彼らは国家を制定《アンスチテュエ》し、とくに国家について遂行《パフォーマティヴ》的な言説を生産することで、国家貴族としてみずからを構成する。国家貴族たちの言説が〔オースティン的意味で〕遂行《パフォーマティヴ》的だと言うのは、国家とは何かを述べるように見せながら、国家のあるべき姿を述べ、支配の分業のなかで国家の言説の生産者がとるべき立場を述べ、ついに国家を存在せしめた言説だからである。なかでも法律界《シャン》の構造には注意を払う必要がある。法律上の知識と能力は、象徴資本として機能すべき特殊な形の文化資本だが、この資本の保有者たちの集団《コール》としての全体的利益と、主に王権に対してまだ十分自律的ではない法律界《シャン》におけるそれぞれの立場に応じて、個々の法曹がもつ特殊利益とを明るみに出す必要がある。普遍性ないし合理性の効果を理解するためにはまた、これらの代理人がなぜ彼らの特殊利益に普遍的な形をまとわせ、公共奉仕《セルヴィス・ピュブリック》や公共秩序を理論化することに利益を見出したのか、なぜ王室の理由《レゾン》、「王の家」に対して国家理性《レゾン・デタ》を分離させ、「公事《レス・プブリカ》」を発明し、国王であれその一時的化身にすぎない代理人たちを超越した審級として共和国《レピュブリック》を発明することに利益を見出したのかを理解しなければならない。これら代理人たちは、彼らの特殊な資本を利用して、彼らの特殊利益のために、自分たちの立場を正当化しつつ、法的虚構《フィクシオ・ユリス》として国家を構成する国家の言説を生産することになり、国家は次第に単なる法律家の虚構であることを止め、広い範囲で国家の機能とはたらきへの従属を強い、また国家原理の承認を押しつける力をもつ、自律的秩序になったのである。

普遍性の独占化と国家貴族

物理的および象徴的暴力の国家独占の構築は、この独占に付着する利得の独占をめぐる闘争界《シャン》の構築と切り離しえない。国家の出現と結びついた画一化と相対的普遍化は、その反面、国家が生産し獲得する普遍的資源の、一部の人間による独占を生み出す（ヴェーバーや彼に続いたエリアスは、国家資本の形成過程を無視し、国家資本の生産に貢献し、それを生産することでみずから国家貴族になった者たちによる国家資本の独占過程を無視した）。だがこの普遍性の独占は、普遍性への（少なくとも外見上の）従属と、無私無欲な正統的支配として提示される支配の普遍的表象の普遍的承認を代価に払って獲得される。官僚は中立性《ヌートラリテ》や公共善《ビアン・ピュブリック》への私益を離れた献身という価値に忠実である義務があるが、マルクスのように、官僚制がみずからに与えようとする公的イメージを逆転させ、公的資源の私的所有者として行動する普遍性の簒奪者として官僚を描く人々は、中立性や公共善への私益を越えた献身という価値が、どれほど現実的な効果をもつかが分からない。この公共善への献身は、象徴的な構築事業の長い道程が進み、普遍性と一般利益に奉仕する役務の場、という国家の公的表象が発明され支配的になるにつれ、いや増す力で国家官僚の上に押しつけられるのである。

普遍性の独占化は、とくに官僚界《シャン》そのものの内部でおこなわれた普遍化作業の結果である。政府委員会と呼ばれる風変わりな機関は、特殊利益を越えて普遍的提言をおこなうべく一般利益の任務をおびた委員からなるが、委員会のはたらきを分析すると分かるように、公的人物は彼らの特殊な視点を犠牲にして「社会的視点」に立つのではなく、公式性の修辞を用いて彼らの意見を正統的で普遍的な意見としてまとめるようたえず努力しなければならない。

普遍性は普遍的承認の対象となり、利己的な利益（とくに経済的利益）を犠牲にすることは、普遍的に正統的なものとして承認される（集団の判断は、個人の特殊で利己的な視点を捨て集団の視点に移行する努力のなかに、集団的価値の承認、あらゆる価値の基盤としての集団そのものの承認の表れを認め、ある *is* からあるべき *ought* への移行を承認するほかないからだ）。このことが含意するのは、あらゆる社会的空間がさまざまな度合いで、普遍化による物質的ないし象徴的利益を（「規則の遵守」をめざす戦略が追求する利益さえも）もたらしうることであり、また、官僚界《シャン》のように、もっとも執拗に普遍性への服従を要求する世界こそ、そのような利益の獲得にとくに有利であることとである。一般利益に献身する空間を創設するため、私利私欲の放棄義務を基本法則とする行政法が、さまざまな実践を評価する上での寛大さに疑いの目を向けるのは意味深い。「行政は手加減しない。」個人的な形で私人に便宜をはかる行政行動は疑わしく、法律違反の可能性があるのである。

普遍化がもたらす利益こそ、おそらく普遍性を進歩させた歴史的動因の一つである。普遍化することによって期待される利益が、普遍的価値（理性、美徳など）が少なくとも言葉の上で承認される空間を創設するのに有利にはたらくからである。そこでは、普遍的規則を守ることによる利益（少なくとも〔批判をまぬがれられるという〕否定的利益）を得るための普遍化の戦略と、公式に普遍性に捧げられた空間の構造とのあいだに、相互に強め合う循環的強化プロセスが成立する。社会学的観察は、行政法に書かれているような公的規範と、私利私欲の放棄義務に対するさまざまな違反を伴う実際の行政実践とのあいだに、落差があることを見逃してはいない。あらゆる

「公共奉仕の私的利用」（公共の財やサービスの横領流用、腐敗汚職や影響力の不正行使など）や、よりゆがんだ形では、あらゆる「特典供与」、行政上のお目こぼし、特例措置、職権の売買など、法律の不適用や法律違反によって利益を引き出す行為は、公的規範に対する違反である。しかし社会学的観察は、職務に規定された義務のため官僚に私的利益を犠牲にすることを求める規範（「公務員は完全に職務に献身せよ」）がもつ効果、あるいはより現実的には、官僚界《シャン》の逆説的論理が推奨する、私利私欲を捨てることによって得られる利益と、あらゆる形の「偽善的敬虔さ」の効果に盲目でいることもありえない。

三浦信孝 訳

Pierre Bourdieu,
« Esprits d'Etat : Genèse et structure du champ bureaucratique »,
in *Actes de la Recherche en Sciences Sociales*, 96/97, mars 1993.

注

（1）本稿は一九九一年六月二十九日にアムステルダムでおこなった講演のトランスクリプション（記録）に削除と修正をほどこしたものである。

（2）T. Bernard, *Maîtres anciens*（*Alte Meister Komödie*）, Paris, Gallimard, 1988, p. 34.

（3）Richard Bonney, « Guerre, fiscalité et actitivité d'Etat en France（1500-1660）: Quelques remarques préliminaires sur les possibilités de recherche », in Ph. Genet et M. Le Mené, éds., *Genèse de l'Etat moderne, Prélèvement et redestribution*, Paris, Ed. du CNRS, 1987, p. 193-201, p. cit. 193.

（4）国家なき社会においては（たとえば昔のカビリアやサガのアイスランド：cf. William Ian Miller, *Bloodtaking and Pacemaking*, Chicago, The University of Chicago, 1990）、暴力の行使を社会内部で明確に同定された特別の集団に委託した例はない。したがって個人的復讐（自分自身で裁く：*rekba* 復讐）や自衛の論理をまぬがれることはできず、そこから悲劇の問題が生まれる。父〔アガメムノン〕の仇を討つオレステスの行為は、そのもとになった犯人〔アイギストス〕の行為と同じレヴェルの罪ではないのか？　これは国家の正統性の承認によって忘れられ、いくつかの極限状況で時おり思い出される問題である。

（5）税収の「家産制的」（ないし「封建的」）使用では、君主が潜在的競争相手の承認を得るため、その重要部分を贈与や贈り物に使っていた（それによって徴税の正統性を承認させた）のに対し、税収の「官僚的」使用ではそれを「公共支出」として支出する。前者から後者への漸進的な移行は、王朝国家から「非人称的」国家への転換の基本的要素の一つであり、詳しく分析する必要があるだろう。

（6）Cf. J. Dubergé, *La psychologie sociale de l'impôt*, Paris, PUF, 1961 et G. Schmolders, *Psychologie des finances et de l'impôt*, Paris, PUF, 1973.

（7）Rodney H. Hilton, « Resistance to taxation and other state impositions in Medieval England », in *Genèse*, *op. cit.* p.169-177, spéct. p.173-174.

（8）王なり国家なりを、権力の具体的化身たる代理人と切り離す試みは、「隠れた王」の神話のなかにその到達点を見出す（cf. Y.-M. Bercé, *Le roi caché*, Fayard, 1991）.

（9）Y.-M. Bercé, *loc. cit.*, p.164.

（10）国民国家建設の基本的要素である文化の領域で、国家の統一化作用が展開されたのは、とりわけ学校によってであり、十九世紀を通して一般化された初等教育によってである。国民社会の創造は普遍的教育可能性の断言と対になって進んだ。すべての個人は法の前で平等であり、国家はすべての個人を、市民権を積極的に行使する文化的手段を備えた市民にする義務がある。

（11）Ph. Corrigan et D. Sayer, *The Great Arch, English State Formation as Cultural Revolution*, Oxford, Basil Blackwell, 1985, p. 103 *sq.*

（12）Cf. P. Bourdieu, « Deux impérialismes de l'universel »（「二つの普遍性の帝国主義」）, in *L'Amérique des Français* (sous la direction de C. Fauré et T. Bishop). Paris, Ed. François Bourin, 1992, p.149-155. 文化は愛国者的象徴と密接に結びついているため、文化の機能やはたらきに関する批判的問いは、裏切りや冒瀆として受け取られがちである。

（13）Cf. A. Esmein, *Histoire de la procédure criminelle en France et spécialement de la procédure inquisitoire depuis le XIIe siècle jusqu'à nos jours*, Paris, 1882, Réédit. Francfort, Verlag Sauer und Auvermann KG, 1969 et H. J. Berman, *Law and Revolution. The Formation of Western Legal Tradition*, Cambridge, Harvard University Press, 1983.

（14） M. Bloch, *Seigneurie française et manoir anglais*, Paris, A. Colin, 1967, p.85.

（15） S. Hanley, «Engendering the State : Family Formation and State Building», in Early Modern France, *French Historical Studies*, 16（1）, spring 1989, p.4-27.

（16） A. Jouanna, *Le Devoir de révolte, la noblesse française et la gestation de l'état moderne, 1559-1561,* Paris, Fayard, 1989.

（17） R. Mounier, *Les institutuins de la France sous la monarchie absolue*, I, Paris, PUF, 1980, p.94.

（18） Michèle Fogel, « Modèle d'état et modèle social de dépense : les lois somptuaires en France de 1485 à 1560 », in Ph. Genet et M. Le Mené, *Genèse, op. cit.*, p.227-235（spéct. p.232）.

（19） F. W. Maitland, *The Constitutional History of England*, Cambridge, Cambridge UP, 1948, p.429.

（20） 私は、カフカに寄せた論文「最後の審判＝審級」で、社会学的ヴィジョンと神学的ヴィジョンが外見上は対立するが、いかに収斂するかを示した（P. Bourdieu, « La dernière instance », in *Le siècle de Kafka*, Paris, Centre Georges Pompidou, 1984, p.268-270.）

（21） 公にする、万人に知らしめることを目的とする手続きという意味でのパブリケーションは、本来国家だけに帰属する合法的象徴的暴力の行使権（たとえば結婚の公示や法律の公布という形で実現される）が簒奪される危険をたえずはらんでいる。したがって国家は、書籍の印刷出版、演劇の上演、公衆を前にした説教、カリカチュアなどあらゆる形式のパブリケーションをたえず規制しようとする。

（22） P. Bourdieu, « Sur le pouvoir symbolique »（「象徴的権力について」）, *Annales*, 3, juin 1977, p. 405-441.

（23） もう一つの例は、いくつもの学問に分割された大学世界である。この分割は研究者の精神に学問ごとのハビトゥスとして刻み込まれており、異なる学問分野の代表者同士の関係をねじれさせ、表象と実践に制限と切断を生む。

（24） David Hume, « On the First Principles of Government », *Essays and Treatises on Seven Subjects*, 1758.

社会学と言語学

＊ジャック・ボーデュアンによるベルギー国営ラジオ放送の番組「人文科学マガジン」インタビュー

われわれが根源的明証性と二次的な明証性を脱構築するにあたって手を貸してくれた人、それが誰にもましてピエール・ブルデューなのだと思います。彼は社会学者として、また、コレージュ・ド・フランスの社会学講座教授として、社会的なものについての科学を力強く刷新してきました。六〇年代の初めから彼の仕事には人を夢中にさせるものがあった。まずアルジェリアをめぐるテキスト。それから『遺産相続者たち』、ジャン＝クロード・パスロンとの共著で、一九六四年に出たあの本です。あの本は学生運動の思想的論拠になり、多くの人の眼差しを変えました。ピエール・ブルデューはそれまで見えなかったものを見えるようにしてくれたのです。彼が見せてくれるまでは、あまりよく見えていなかったもの、といってもいいのですが。彼の仕事はその全体が一つの目覚めなのです。社会的仕切りなど存在しないとする幻想からの目覚め、そして、ひとつの蜂起と言ってもよいでしょう。とりわけ知識人たちに見られる社会的現実を否認する態度に対する蜂起です。そのようなものとして、彼の著作は諸制度を分析してきたのです。二、三、例をあげれば、『遺産相続者たち』がそうですし、『美術愛好』も『再生産』もそうです。その分析対象はとりわけ学校制度です。それというのも、特定の文化の優越性を刷りこみ、あるやり方で文化を消費する役目を担った制度だからです。それから、いまでも思い出すのは二冊の重要な著作、『ディスタンクシオン』と『実践感覚』が出版されたときの、あの熱気に満ちた意見や議論です。一九七九年末から一九八〇年の初めでした。もっとも、しばしばブルデューが言わんとしている内容の無理解や、歪曲された議論が目立つものでしたが。ブルデューは芸術や文化内に隠蔽されている差別化 distinction の社会関係をあきらかにしたのです。ピエール・ブルデューがもたらした研究成果がわれわれの知となったことのほかに、それによって導入された社会的なものについての科学における科学的態度の変化も強調しておかなければなりません。ブルデューの仕事において作動しているのは、眼差しの移動です。経験科学的な知の獲得から、その獲得方法への視線移動です。観察される対象から観察行為への、また観察者自身への視線移動です。ある哲学的要請が彼の仕事の核心にある。それは、対象との的確な関係の要請という、人文科学が解決しなければならない中心問題です。さらに、ブルデューの仕事には最終的な次元として、その政治的な次元があります。ピエール・ブルデューは知識人の責任に対する鋭い良心に憑かれているのです。知識人こそが、分析の道具を用いて恵まれない人々を武装させることができるからです。支配効果に対する止むに止まれぬ彼等の不信と自己防衛の体系を意識化させてくれる道具による武装です。ピエール・ブルデューはこう書いています。「人々が、彼等の窮乏を増幅させるように社会関係を決定付けているメカニズムを知悉するだけでも、社会的関係の不幸は著しく減じるでしょう」。

今日、彼を迎えて問題にしたいのは言語です。新刊の『話すということ』と題された解明の書を取り上げたいのですが、この本には「言語による交換の経済学《エコノミー》」というサブ・タイトルがついています。言語による交換の経済学について語るとは、もちろん言語交換がコミュニケーションに奉仕するものだとしても、それはまた象徴的権力関係でもあるのだと言うことです。ブルデューは言語が隠蔽している象徴的暴力の機能を考慮にいれるようにとわれわれを導いているのです。

「言語能力」とは何か

ピエール・ブルデューさん、あなたが目指している理論的解明の努力に、あげて象徴的諸実践のもつ社会的真実を、その隠蔽の社会的メカニズムから取り出してみせることにあったと言えますが、今回の『話すということ』におけるあなたの研究対象は言語《ランガージュ》です。この本は構造主義言語学批判に出発点をおいています。とりわけ、フェルディナン・ド・ソシュールがこの言語学を創設するにあたって礎石とした対立概念に対する批判ですね。

言語学はたしかに社会科学全体に重圧をかける支配力を行使してきました。主として構造主義人類学を媒介としてですが。それに対して、私は自分の仕事のある時点においてやっておかなければならないと思い立ったことがあるのです。それは、構造主義理論に内在するモデルと思われるものと、それに対立しているように見えるモデルとを同時に解き明かすことです。後者のモデルはようするに行為理論、言語行為論に関わるものです。言語学者なら言語を取り上げるところにおいて、私はむしろ話すことを取り上げたのです。「話すということ」(Ce que parler veut dire) という、庶民的な表現を借りて言いたかったことはそれなのです。われわれが話をするときに何をおこなっているかを理解することは、とりもなおさず言語だけでなく、言語行為を理解することでもある事実を強調したかったのです。単に用語を取り換えただけではないかと思われるかもしれませんが、私の考えでは、大事なことが俎上にされているのです。というのも、構造主義言語学、そして後には構造主義人類学や記号論は象徴現象を前にして、死滅した言語を前にした者がとるだろうような態度で接するからです。彼等は、諸々の実践活動や行動、言葉、言説を前にして、あたかも未知の言語で書かれた文書を発見して、それを解読しようと努める人のようではありませんか。ソシュールがパロールと対立させてラングと呼んだもの、それはまさにパロールを判読し解読することを可能にしてくれる暗号でありコードなのです。

言語の視点ではなく、話すことの視点を選んだのは次のような理由からです。話すことがなんであるのかを理解するには、いうまでもなく話し手の言語能力を抜きにするわけにいきません。この点は、ソシュールやチョムスキー、その他の言語学者の誰もが言っているとおりです。しかし、ある特殊な形態の能力、すなわち言語能力を適切に用いるために必要な形態の能力もまた抜きにするわけにいかないのです。古代ギリシャのソフィストたちは、言語使用において大切なのは時宜 kairos をとらえることだと言っていました。何を言うにしても、それが時宜を得ていなければ意味がないというわけです。ソフィストたちは話すことをよく射撃に喩えます。どちらの場合も、的を射ることが要求されるからです。話すこととは、統辞的に正確な文を産出できる言語能力を持つことですが、またもう一つ別の同じくらい重要な能力、すなわち、人に頷いてもらえるような、受け入れてもらえるような、そして、後ほど触れるはずですが、効力をもつような言説が組み立てられる能力を所有することなのです。この能力は、状況の識別力 connaissance——特定の状況にふさわしい、時宜にかなったことを識別する能力——であり、言語そのものの能力と同時に習得されます。人が言語を習得するとは、とりもなおさず習得条件を通して習得されるもの全てを同時的に習得することなのです。言語と状況の関係に関わるこの知は、極めて早い段階の内に、私が「言語的ハビトゥス」と呼ぶもの、すなわち適切に話すことを可能にしてくれる諸々の手段・性向 dispositions 内に組込まれます。

第二の根本的な相違点ですが、純粋言語学の伝統といいますか、ようするに純粋に内在的な言語学——ソシュールにはっきり見られるような、言語が産出・使用される社会的条件と言語とを峻別することによって樹立された言語学的伝統——との相違点は、「状況」（これは私よりも前に用いる人がいました）の再導入にあるのではなく、私が市場と呼んだものをあらためて導入することにあるのです。といっても、好んで経済的な類似性に訴えたいからというのではありません。

ええ、市場を引き合いにだせば、どうしても資本ということになります。ここでは、象徴的資本のことですが。さらに、価値ということになり、価格や価格形成、利潤ということにさえなります。

話すとは、製品を生産することなのです。生産されたものは、一定の関係の下で、他の製品と同じような一つの製品になります。したがって解釈の対象になるだけでなく、評価の対象にもなるのです。この評価は、ある構造を有する市場においてなされます。たいていの場合、構造は不平等な性格をもっています。支配的な言語能力competence、そして、そのようなものとして認知され、したがって正統性を帯びる言語能力、それが規範を形成し、この市場に放出された言語生産物をすべて計ることになるのです（市場が「公認」されたものであることを示す指標は、烙印を押された「訛《なまり》」をもつ人が発音を矯正し、できるだけ規範に近づこうとする努力に表れています。さらに言えば、「訛」をもつ人が自分の声を聴いて覚える恥辱感や、居心地の悪さです。少なくとも規範に適った発音ができる人を前にしてですが）。いかなる言語製品も服さなければならない、この評価というものを介入させる必要があるのは、製品に下されるはずの価格の予測が生産行為の段階にまで介入するからです。具体的に言えば、こういうことです。つまり、私は一定の言説を生産する際に、それが向けられる人にどんな効果を生むのかを多少とも配慮します。私の言説につけられるだろう価格の予測が、言説の形式と内容の決定に与るのです。私の言説は多かれ少なかれ張りつめたものになり、多かれ少なかれ検閲を受け、「添削」され、「厳しく吟味さ《シャティエ》れる＝懲らしめられる」のです。ときには、ボツになることさえあります。ようするに、気後れによる沈黙です。

私の言説に価格がつけられるということは、私が話すときは単に言いたいことを言っているだけでなく、その言い方を通してなにかそれ以上のことも言っているということです。チョムスキーを信奉する人々が用いる「容認可能性」acceptabilité の概念は大変おもしろいのですが、少なくとも私に判断できる範囲では、チョムスキー理論内において、なんら実効的な役割を演じていません。ところで、この「容認可能性」の概念は極めて重要なのです。なぜなら、実践的状況において私たちが下す社会的容認可能性の判断を通して、つまり一定の状況下で言っていいことと悪いこと、あるいは適切なことと不適切なことを判断する中で、驚くべき検閲が遂行されているからです。誰だって十全な言語能力をもっています。誰だって話すことはできるわけです。なぜなら、言語は所有を完全に剥奪することが絶対にできない唯一の領域ですから。つまり、どんなに貧しい人でも最低限の言語上の生活必需品は手に入れられるというわけです。しかしながら、この、自己言語の限られた言語行使力といいましょうか、あるいは借り物の言語の最小言語行使力は、それと競合する諸言語行使力の圏域《ユニベール》との関係において客観的に位置づけられるのです。各最小言語行使力は競争関係にある言語行使力によって価値を客観的に決定されるのです。この事実によって、言語学者が言語学者の資格で正常な言語行使力（彼にとって言語に優劣はないわけですね）として記述するところのものは、社会的使用においては劣ったものという烙印を押されて機能するのです。隠語、乱れた言語《シャラビア》、舌足らずな言語、俗語、あるいは「庶民的な言葉」――大した意味もなく人が使いたがる表現ですが――を用いる人は見下され、時には黙らざるをえなくなるのです。別の言い方をすれば、言語学者が万人に付与する言語能力は、一種潜在的な能力にすぎず、その能力は現実には極めて不平等にしか行使されていないのです。ソシュールは言語を「財産」であると言い、言語に対する各人の関係を共有財産への一種の参加として記述しています。私が言語的共産主義の幻想と呼んでいるものは、誰もが太陽や水のように言語を共有しているという幻想です。一言でいえば、言語は稀少資源ではないと思われているのです。実のところ、言語への参加は全くもって不平等なものです。そして、この、言語学の理論では普遍的とされている能力が実際は一部の人々によって独占されているのです。行使力の不平等性は日常の交換市場において明らかです。すなわち、二人の人間が対話をする場面や公的な会議の場面においてです。また、ラジオやテレビ、会合やセミナーにおいてもそうです。言語行使力は差別的に機能するのであって、経済的財の市場と同様、言語的財の市場にも独占が生じるのです。このことは、特に政治の領域において一目瞭然です。政治的言語表現への独占的アクセス権を所有しているのは代弁者たち porte-paroles です。彼らは、彼らに発言を委託した人々に利するように発言するだけでなく、彼らに代って発言してもいるのです。

あなたにとって、言語行為はそれを解読するコードのみに従っているのではないということですね。〔人との〕出会いである、と。しかし、先ほどあなたは、言語学者が言語を話題にするとき、死滅した言語を扱っている、とも言われました。それは、こうも言えますね。彼らは正統言語 langue légitime を扱っているのだ、と。どうして正統言語が押しつけられるようになるのでしょうか。

それは私よりも前に誰かが既に言っていることとです。言語学者の扱う言語は歴史的な人工的産物 artefact なのです。すなわち、行為者 agents の集団全体が参加する社会的作用の産物なのです（いうまでもなく、行為者が言語活動へのアクセスを被支配者から剥奪しようとするマキアヴェリ的意思を持っているかのようにとらえることは当を得ていません。社会学的言説の素朴な読み方が孕む大きな危険がそこにあります。社会学的言説を、意思だとか共謀とかいった言葉で読み替えてしまうのです）。

言語と支配

正統言語が、政令によって押しつけられるのではないということですね。

その通りです。フランコフォニー[1]、言語の擁護などなどをめぐる議論はどれも、このような素朴な政治観に冒されています。無数の行為者が介入している極めて錯綜したメカニズムが思いのまま操作されうると信じているわけです。それはそれとして、ただ次の点は言っておかなければなりません。現在教育されているような言語、フランス語と呼ばれているもの、それ以外のものはどれも乱れた言語や隠語であって、これだけが使うに値する唯一の言語だと多くの人々がみなしている言語も大部分の文化的産物と同様に、競合の争いの中で産出された歴史的産物、人工的産物なのだということです。たとえば、正しい言語使用をめぐってなされる作家同士の競争にしても、作家と文法学者との間の競争にしてもそうです（文法学者は、作家が文法に対してとる自由な態度をとがめ、作家の方は文法学者の衒学的で馬鹿げた側面をとがめるのです）。こうした競い合いは全て、政令によって介入することもできる国家によって裁定されます。この軋轢こそが、たいていの事例がそうであるように、合意過程をへた産物を産み出すに至るのです。文法学者と前衛作家、後衛作家等々との闘いの中で終局的に産み出されるのは正統言語だけではありません。辞書の採用する語が定められ、正統言語への崇拝が産み出されるのです。先ほど、「庶民的な言葉」という表現があぶなっかしく、大した意味もなく用いられていると私は言いましたが、実のところ、「庶民的な言葉」と呼ばれるものは、単に、辞書に収録されていないものにすぎないのです。あるいは、「卑」とか「俗」といった小さな印を押しつけられなければ記載されないのです。別のいい方をすれば、辞書における〔言葉の〕修羅場《アンフェール》があるのです。民衆の言語を復権させようとする人々は、正統の辞書と同一のモデルにのっとって辞書を編纂していますが、彼らはそこに正統の辞書が排除したものを記録するだけなのです。結局のところ、民衆の言語とは、落選展のようなものです。セラール[2]やレイ[3]のように非慣習的 non conventionnel という用語を使った方がましです。なぜなら、そこでは少なくとも、否定的な定義が否定的なままに表明されているからです。

いかなる言語行為にも社会的状況が現前している。あなたは言語内に存在する社会秩序を摘出している。ということは、あなたは、品のない話し方、被支配者の言語を認めていることに変りないのではないですか。

そうしたタイプの二者択一に陥るのを避けなければならないのです。正統言語の使用を通して波及する支配効果に抗して叛旗を掲げる人々は、結局、象徴的力学関係をいわば逆様にしてみせることになる場合が多いのです。そして、被支配言語をそのまま持ち上げることでなすべきことをしたと信じています。たとえば、そのもっとも自律的な形態である、俗語を持ち上げるわけです。このような攻守逆転は、文化的領域にも見られます。たとえば、「大衆文化」が語られるときです。しかしそれもまた支配効果の一つなのです。実際、被支配言語を支配言語との関係において定義することには逆説的なところがあります。支配言語も被支配言語に言及することによってしか定義できないのですから。実際、支配言語についてそれ以外の定義などありません。支配言語が被支配言語の拒絶であり、自然との関係における文化であるという定義以外は（「生の言葉」〔mots crus「露骨な言葉」の意がある〕とか、「青臭い言葉」〔langue verte「隠語」の意〕という表現があるのは偶然ではないのです。「民衆の言語」と呼ばれるものは、支配言語の視点からみれば、「自然な」、野卑な、野蛮な、非正統的な口話 parlers なのですから）。大衆の言語や文化の復権を語る人々は、烙印を押された人々の集団が烙印をまさに彼らのアイデンティティの印として要求するように仕向ける論理の餌食になっています。

支配言語は対立によって自己規定します。拒絶したり検閲したりしながら自らの支配を押し付けるのです。支配言語は、検閲された言語であり、磨かれた言語であり、「厳しく吟味《シャティエ》された＝懲らしめられた」言語、純化された言語なのです。このことから帰結するのですが、被支配言語（「被支配言語とは、被支配者が支配言語を歪めてみせる用例であり、未完成、不純、自然といった烙印をおされた用例である」と言うべきでしょう）を確立したいのであれば、単純に逆の手続きを踏めばよいのです。そして、ごくごく単純に、被支配言語をそのようなものとして神聖視すればよいのです。俗語の事例が興味深いのは、言語のあらゆる被支配言語的用例の中でも、もっとも明確に支配言語の拒絶として提示されるからです。被支配文化産物を前にして、それが剥奪なのか、それとも拒絶なのかと問うことができます（彼らが支配言語を話さないのは、話すことができないからなのか、それともそれを望まないからなのか、とか、言語の庶民的用例には抵抗の刻印、支配への闘争の刻印があるのか否か、といった問いです）。俗語は間違いなく、支配に対するこのような闘争の痕跡がもっともはっきり出る領域の一つです。

■ あなたは俗語はボスの言語だと言ってますね。

その通りです。俗語は下町で用いられるときでさえ、支配を目的としてそれを利用する人々によって用いられています（とりわけ、男が女に対して）。支配現象は、被支配言語を神聖視するなんらかの形態を通してもまた実現しうるのです。たとえば、非慣習的用例辞典の編纂は検閲の打破であり、抑圧された多くの語や、高尚な語の抑圧された用法を採取することですが、同時にそれはまた、支配者の支配言語独占を許すような言語学研究の一分野をなんらかのやり方によって聖別し、それが可能にする支配効果を容認することなのです。実際、どこにおいても公的な場では、正統言語以外のいかなる言語の使用も排除されています。被支配言語の代弁者が直面する問題はそこなのです。彼らは支配言語によって自己表現する以外の選択肢を持ち合わせていません。あるゆる種類の代価、とりわけ政治的代価を支払ってもそうするしかないのです。政治的市場が正統から逸脱した言語能力を排除するという事実のために、実に多くのことが言えなくなりますし、代弁者による独占が生じるのです。代弁者にしても、しばしば検閲の尺度に応じた選別対象になります。まるで、もっとも厳しい検閲を経た者が発言機会を得る傾向があるかのようです。そのため、社会世界においては話題にできない数多くの事象が生じるのです。発言ができる人とはなにも言うべきことをもたない人か、なにも言えない人なのです。なぜなら、彼らはいつでも、法人として、共同人格として話すのですから。

象徴交換の経済学

あなたは、被支配階級の代弁者の物言いを生み出すようなハンディキャップを語られましたが、そこから利益が引出せるともいえませんか。たとえば、クラジュキ（労働総同盟幹事長）[4]の話し方をエドモン・メール（フランス民主主義労働同盟幹事長）[5]の話し方と比較するなら、クラジュキのより庶民的な話し方は、彼が代弁者たろうとしている集団から一定の公的承認を受けようと狙っているのだ、といえませんか。

いま問題にされた二つの言語的ハビトゥスは大いに分析する価値があります。実に驚くべきことに、クラジュキの話し方は、統辞面から見ても文法や語彙面から見ても、正統言語の厳格な規範にこれ以上望めないほど忠実なのです。彼は淀みなく話します。ただ、その話し方には発音を引き伸ばしたり、ゆっくり言ったりするところがあって、そうした下町的発音を大衆迎合的《ポピュリスト》に利用しているのです。そのため、大したことを言っていないことが目立たなくなるのです。どうもそう思われます。彼ら二人について、それぞれ生産と選別の社会条件、彼らの学歴タイプを分析する必要があるのではないでしょうか。次に、この二種類の人間が、話すことを使命とし、言葉による組織化と動員を使命とする組織体の頂点にいかにして昇りつめたのか、その理由を分析してみなければなりません。二人の語彙、表現様式の比較は、そのまま二つの組織の比較になり、社会空間内での位置、その他もろもろをあきらかにしてくれるでしょう。私が提案する分析類型と言語学者の分析との相違点がまさにそこにあります。言語学者は、それ自体において、それ自体のために取り上げられた言説に執着するのです。もう一度言いますが、ある言説について、その語彙でも発音の特徴でもいいのですが、もしそれら取り出された特徴に社会的関与性の基準が適用されるのでなければ、そのどんなわずかな特徴といえども十全には理解しえないのです。それらの特徴に、普通の聞き手はまったく気がつかないでいるのですが、にもかかわらず、目に見えない説得力となって働きかけているのです（必ずしもしなくてもよいリエゾン(6)をする頻度といったごく表面的な特徴にしても、「折り目正しく話す bien parler」という社会的効果の指標としてきわめて関与的 pertinent なのです）。次に、話す内容とその言い方は、単に発話者の個人的経歴と緊密に結びついているだけでなく、発話者がその名の下に発言している機関の経歴とその地位、またその中で言説が受けとめられる社会的条件にもまた結びついていることを忘れてはいけません。ようするに、私が強調しておきたいことは、構造主義言語学がなんとも見事な捨象の上に築かれているということなのです。

したがって、記号は単にコミュニケーションの記号であるだけでなく、富の記号であり、権威の記号であるわけですね。つまり、そこで問われているのは、権力の問題、象徴権力の問題であることになる。しかし、いったいどのようにして言葉が行為となり、有効性をもつのでしょうか。

オースティンのような哲学者を通して、言語学者はどのようにして言葉が行為となるのかを問うようになったと思います。それは、素朴であるとともに、見事なまでに深遠な問いです。私が一定の条件の下で「窓をあけてくれ」と誰かに言えば、その人が窓を開けてくれるのはどうしてでしょうか。さらに言えば、私がもしイギリスの老貴族で、週末に新聞を読んでいるとするなら、こう言うだけですむのです。「ジョン、少し寒いと思わないかね」。するとジョンは窓を閉めるのです。別の言い方をするなら、どうして言葉が効果を生み出すようなことが起こるのか。よく考えてみると、まったく驚くべきことです。魔術と言うほかありません。物理的な接触もなしに、物理学が記述することができないような行動形態によって、離れた所から働きかけるのですから。

オースティンは、その説明を言語自体の内部に見出したと思いこんだ。

オースティン、もしくは、少なくともオースティンの解釈者たちですね。というのも、オースティンをちゃんと読めば、私が言語内行為をめぐる議論内に新たに導入を試みたものの本質を彼が予感していたことが見えてくると思うのです。言葉の内部に権力を見出したと思いこんだために、オースティンの解釈者たちは社会論理的問題を純粋な論理学の問題に還元してしまった。そして、伝統的に言語学がいつでもそうであったように、彼らは言語学の議論からあらゆる外在的なものを抜き去ることに終始したのです。まさにソシュールがそうしたわけですが、彼は意識的でした。言語行為論者は、私が与える命令を有効性にしている原理を内包しているのは私の発言の形式なのではないのか、と考えるにいたったわけです。

あなたは、代弁者によって代表＝表象 **représentation** されることがもたらす力と呼んでいるものにこだわりますね。それはどういうことですか。

ようするに、社会科学においてこれまで逆説的に無視されてきた一面に注目したいのです。代表＝表象は、この語のもつ様々な意味において強力な社会的力の一つなのです。代表＝表象とは、一種の意識内容であり、心的表象 **représentation mentale** です。それはまた、演劇言語においても意味をもっています。芝居の上演《ルプレザンタシオン》といいますから。そして、最後に、政治領域でも意味をもっています。組合代表とか、代表団とか、代理人グループとか、全権特使等々が論じられますからね。私が言いたいのは、私たちが社会的現実とみなしているもののきわめて大きな部分の内実が、この語の三つの意味における代表＝表象だということです。社会世界においては、何かが在ると口に出して言えば、それを在らしめることになってしまうのです。すなわち、私が権威をもって、たとえば、社会階級が存在するといえば、たとえ誤っていようとも、社会階級を存在せしめることに大きく貢献するのです。そして、たまたま私がそれを言ったとして、かつまた、「社会階級」という語を通して私が言っているものに当たるような何かが実在するとするならば、私はこの現実の実在を著しく強化することになります。ということは、同時に、古典哲学者がたてていた問題の一つ、すなわち非存在の存在という問題を社会世界においてあらためて取り上げていることになるのです。ソクラテス以前から、いかにして存在しない事象を言表しうるのかと問われてきました。言語は無を、非存在を言表できるのです。そして言表によって、それに実在形式を付与できるのです。言語は、名指すことによって社会事象を実在せしめることができるのです。社会世界においては、言葉が事物をつくるのであり、政治とは言葉の取引です。言葉は、いささか単純な唯物論の名のもとに信じられているように、あらかじめ存在する現実を表現したり、反映したりする一種の上部構造なのではありません。言葉が、社会現実の大部分をつくるのです。そして、言葉を変えるとは事物を変えることなのです。言い方、考え方、ものの見方を変えることによって事物を変えてしまうのです。したがって、言葉を領得すること、とりわけ、「部族《トリビュ》の言葉」、常套句《リュ・コマン》、常識（共通感覚）を領得することには著しい利益があります。社会科学の困難はそこに由来します。現実を識る闘いは、まずもって言葉との、言語慣習との闘いからはじめなければならないからです。人はよく考えもしないで、「国が負担すべきだ」と言います。「国、そのようなものがはたして存在するのだろうか。それはどのように存在するのだろうか」などとは考えないのです。私が実践してきたような社会科学に私が付与している機能の一つは、まさに話すことはなにを意味しているかをあらためて人々に教えることです。言葉の乱用をゆるしている権力乱用の意味をわずかでも教えることにあるのです。

■ 人間が、絶対権力の夢を支える媒体に終わってしまわないためですね。あなたはそう書いていますが。

そのような政治の教育、政治論理の教育の仕事における困難の一つは、思索の中で通常は伝えられない領域を伝えるように要請されている事実に存します。たとえば、哲学の領域における言語に関する成果を例にとってみましょう。フレーゲが意味作用と指示対象との間に設けた区別です。ごく大雑把に言えば、たとえ指示対象がなくとも一定の意味を有した事柄（たとえば、「フランス王は禿である」という述語文）が言表できるというわけです（そもそもフランス王は存在しません）。このような区別は政治批判の道具として利用できます。この区別を政治圏域に適用するなら、まさに非存在として語ることができる事象、それらが存在しているのかどうか確信できないままに語りうる事象が山とあることにすぐに気が付くのです。たとえば、「世論はガソリンの値上がり分の負担を承知しないでしょう」等々という場合、この種の文はどれも意味を持っていますが、次のような問いを立てることが忘れられているのです。一体これらの文は指示対象をもっているのだろうか、と。それに対応するなにかが現実として存在するのだろうか。言い方をかえるならば、われわれに存在論的《オントロジック》（あるものが存在するという）議論が次々に吹っかけられているのです。私は思うのですが、ちょうど十八世紀の哲学者たちが神学的言語を葬り去ったように、われわれは、前述のような述語文の装いをまとって、存在を定立させる《エグジスタンシエル》命題を通して毎日反復される存在論的議論を摘発しなければならないのです。

あなたが進めている構造主義言語学批判がたどりつく地点は、約二〇年来社会科学のモデルとなってきた言語学に対する社会学の関係の再考なのでしょうか。というのも、社会学は、第二次世界大戦以降、人類学に対して個別的学に甘んじていましたから。社会学は、いってみれば高度に発達した社会に関わる学でしかなかったわけです。

たしかに、社会学は、すくなくともフランスでは、人類学に依存して営まれてきました（世界的レベルでの両者の関係の経緯となるとはるかに複雑になりますが）。民族学や人類学から借りてきた事象を社会学に再輸入することによって実現された社会学上の革新は枚挙にいとまありません。

ゴフマン(7)のことを言われているのですか。

その通りです。彼以外にも多くの例がありますが。私についていえば、私がおこなったことの一部は構造主義に親しまずには不可能だったでしょう。ただそれはそれとして、私はこの構造主義的伝統に深い変容を蒙らせたとも思います。社会事象を構造的に考えようとつとめながらも、言語《ランガージュ》の領域においてとりわけ顕著な構造主義的イデオロギーは受け入れないことによって、私の仕事はなされてきました。だからこそ、言語行為を私なりに分析し、言語理論に内在する捨象を私なりに分析する中で問題にされていることは、まさに社会世界に関わる視点の定義、人類学における視点の定義になるのです。そして、そこには、あるやり方において、一種のパラダイムの衝突があります。フランスの場合、人類学の高度の抽象化が、ある種の記号論や人類学とともに極端に押し進められました。そのため象徴現象が完全に自立してしまい、社会的なものが象徴的なものにことごとく還元されてしまったのです。私の意図は、記号論主義と経済主義の双方に抗しながら象徴的なものの経済学を打ちたてることでした。これは大変居心地の悪い立場です。というのも、新古典派経済学者の経済主義、ないし、ネオマルクス主義経済学者の経済主義の見地からすれば、私のやっていることは、闘いを挑んでいる相手の側に寝返りを打つように見えてもおかしくないからです。私はまったくぐらぐらした立場にあります。しかし、繰り返しになりますが、私は、経済主義から脱却するために象徴交換の経済学を打ちたてなければならないと思っています。なぜなら、経済主義は本質を外しているからです。本質は、一つの経済をもち、経済効果を生む象徴交換にあるのですから。経済そのものを理解するには、それが依拠している基盤が、大部分、象徴的なものであることを見なければならないと思います。ようするに、「全体的」人類学の新たな創生を試みなければならないのです。それには、狭い意味での経済的財の経済学に加えて、同じく経済的である、言語のような財を導入しなければなりませんし、経済主義に陥ることを避けるとともに、社会世界をすっかり非現実化してしまう一種の汎象徴主義に陥ることも避けなければならないのです。

立花英裕 訳

Pierre Bourdieu, « La Sociologie et la Linguistique »
Entretien avec Jacques Bauduin, *Magazine des Sciences humaines*,
RTB1,14 novembre 1982.

訳注

（1） フランコフォニー（フランス語圏）は、フランス語が話される諸地域を指すことがあるが、ここでは、フランス語を世界各地のフランス語話者にとっての共有財産と考え、擁護・発展させようとする政治的運動を指す。セネガルのサンゴールやチュニジアのブルバキなどがこの運動の創始者であるが、ミッテラン政権下にフランコフォン・サミットが催されるようになり、性格が大きく変化した。第一回サミットは一九八六年に開催されている。

（2） ジャック・セラール Jacques Cellard　『非慣習的フランス語辞典』（一九六一）の著者。

（3） アラン・レイ Alain Rey　『ロベール大辞典』（一九八五）第二版の編纂者。

（4） 共産党系労働組合。通常ＣＧＴと略称が用いられる。

（5） 社会党系労働組合。略称はＣＦＤＴ。

（6） 母音で始まる単語において、語頭の母音と、その直前の単語の末尾にある子音字とを繋げて一つの音節のように発音することをリエゾンという。特にしなくてもよいところでリエゾンをすることが、話し手の教養を暗示したり、ペダンティックな印象を相手に与えたりする。

（7） アーヴィング・ゴフマン Erving Goffman（一九二二―八二）　カナダ出身のアメリカの社会学者。対面的相互行為などのミクロ社会学で知られる。

＊小見出しは編集部が付した。

知識人とは何か――新たなヨーロッパ啓蒙主義のために

今私は皆さんの前で自分が果たすことを願っている任務の大きさに押しつぶされそうな気持ちでおります。「ヨーロッパ社会運動」の提唱が巻き起こした広範な社会的期待に応え得るためにはカール・クラウス(1)やカール・マルクスのような人々の、マックス・ヴェーバーやエミール・デュルケムのような人々の能力と才能を兼ね備えていなければならないであろうからです。とにかく最善の努力をいたします。私がお話しすることを、皆さんが個人的に、あるいはまた、集団的に引き継いでくださることを願っています。私の目的はまさに、出来上がった、閉じた考えを提示することではなく、反省し考えていただくためのたたき台として一つの作業プログラムを提供することにあるからです。

この数年の間に経済と社会は大きく変わりました。この変化の規模を計る、正確に計る必要があります。無視したり過小評価したりすることは許されません。経済と社会のこの変化をその規模の大きさにおいて正しく理解するためには綿密な研究と資料収集の作業が必要です。また、この変化をその体系性において把握するために不可欠の理論的手段を獲得しなければなりません。かといって、この変化を過大評価してはなりません。「モダニズム」や「ポストモダニズム」のバスに乗り遅れまい、安上がりに他人との違いを目立たせようとして、やれ「激動」だ、やれ「革命」だといった黙示録的な言葉を担ぎ回り、やれ「ニュー・エコノミー」だ、やれ「資本主義のニュー・スピリット」だと触れて回る人々がいます。実は、こうした人々は、変動と変化を越えて永続性と恒常性を保証するメカニズム――文化資本の再生産を保証するメカニズムと同じように、その多くはすでによく知られているメカニズム――を明らかにすることを断念してしまっているのです。

まず、経済の変化とその社会的効果の簡略化したモデルを提示しようと思います。その後で、今日、支配層内部に形成されつつある力関係に触れ、さらに、こうした分析から、新たなヨーロッパ社会運動のためのいくつかの行動原理を導き出したいと思います。

時限爆破装置

バーリとミーンズ[2]は（一九三〇年代に）株主、所有者（owners）と経営者（managers）、管理職を対置させ、後者の勝利を告知しました。今、私たちの目の前で進行しているのは株主の権力復帰です。しかしこの勝利は見かけだけの現象です。今、株主はガルブレイスの「テクノストラクチュア[3]」の時代以上に力を持っているわけではありません。実は、経済を動かしているのは、「株主のデモクラシー」の神話が言うような株式の小口個人所有者ではありません。利潤率の専制に従属させられている経営者でもありません。会長、社長といいますが、この人々も自分たちが引き出す「株主価値」の四半期末評価の結果次第でお払い箱になってしまうこともあるのです（多くの場合、驚くほど高額の「退職金」をもらってではありますが、それとても、短期的な自分たちの事業実績に応じて報酬を支払われ、（自分たちのストックオプション価値を左右する）株式市場の相場を一喜一憂しながら見つめる人々なのです。

いま進行中なのは、少数の機関投資家の掌中への資本の新たな集中です。少数の機関投資家がますます膨大な資本を、したがって投資を掌握するようになっているのです。これら巨大な機関（年金ファンド、大保険会社、そして特にアメリカの場合、マネー・マーケット・ファンド、ミューチュアル・ファンドといった共同投資ファンド）の管理者は（金融資本がその争点および武器となっている）金融資本界《シャン》を支配しているのです。また、この支配を通して、企業と国家に対して巨大な影響力を持つようになっているのです。こうして彼らは、フレデリック・ロルドン[4]が（「最低保障賃金」をもじって）皮肉まじりに名付けた「資本の最低保障株主所得」（専門的には「経済的付加価値」Economic Value Added: EVA）を認知させるにいたったのです。つまり、企業の取締役会（corporate governance）に席を占める年金ファンドの管理者はますます高率の（投下した資本の一二、一五、さらに一八％に及ぶ）利潤を追求するようになっているのです。企業としてはリスクを従業員に転嫁して解雇に拠る以外達成しようがない利潤率です（ついでですが、支配層は、またウルリッヒ・ベック[5]とアンソニー・ギデンズ[6]のように、リスクを礼賛して支配層の代弁をするような人々は、自分には要求しない美徳を被支配層に要求する傾向があります）。年金ファンドの管理者は短期利潤という至上命令を経営者に担わせているのです。こうして短期利潤はシステム全体の実際上の目的となります。それがもたらす環境への、特に人間への影響などには、また、従業員の企業に対する愛着心を育成しようという配慮（これは、ジャン・ガドレ[7]が言うように、別の経済モデルの基礎になりうるものです）などにはお構いなしなのです。

それまでの、いわゆるフォード・システムは労働生産性によって利潤を生みだしていました。この労働生産性の代償として雇用の安全と比較的高い給与水準がありました。また、この給与水準が需要を増大させることによって、成長と利潤を維持していたのです。これに対し、新しい生産様式は賃金の圧縮と人員整理によって人件費を削減して利潤を最大化します。株主は、自分の名目所得を左右する株価と、実質所得を名目所得に出来るだけ近く維持するはずの物価の安定を、唯一の関心事としているからです。

短期利潤の追求はすべての方策を決めています。(短期契約あるいは臨時雇用といった)弾力性——そして移動性——を至上命令とする採用政策、賃金関係の個人化、長期計画(とりわけ労働力に関する)の不在、などです。「スリム化」の不断の脅威に晒されて、給与生活者の生活は非安全 insécurité と非確実 incertitude の星のもとに置かれています。

こうして一つの政治体制と不可分の経済体制が確立されました。非安全の制度化を土台とする支配様式——つまり不安定就労 précarité による支配——を伴う生産様式です。規制なしの金融市場が規制なしの労働市場を、したがって勤労者に服従を余儀なくさせる不安定労働を、生み出すことになります。たとえば、アメリカにおいて、失業率が低いのに賃金水準も低いという事実(経済学者が問題にしている、そしておそらくは労働組合の弱体化とも関連があるであろう事実)はここから説明されます。企業においては、(様々な手段のうち)非安全を武器として使う合理的な管理がおこなわれ、労働者をリスク、ストレス、緊張の状態に置き、自己搾取を助長しています。サービス産業と建設業における「伝統的な」不安定就労と異なって、これからの企業の制度化された不安定就労は労働編成の原理、また生活スタイルとなるのです。テレマーケティングの分野では、従業員、すなわち「テレ・アドバイザー」が商品を売るために消費者に電話するわけですが、なかにはまさに——生産性、管理と監視、勤務時間体制の点で、そしてキャリアの見通しの不在という点で——サービスのテイラー主義(その極端な形態はマウスをクリックする動作の反復)と言うべきシステムを作り上げている企業もあります。かつてのテイラー主義の一般工（ＯＳ）と違って、こうした企業の従業員は職能水準が高く（大学を中途退学した青年とか転職した技術者などが少なくありません）、社会的に脆弱な（その家族から出た初めての大学生であることが多い）人たちです。金銭登録のコンピューター化によってスーパーマーケットのレジの女性従業員はかつての組立生産ラインの工員と同じ存在になりました。いわば「ニュー・エコノミー」の一般工であり、かつてと同じように彼女らの作業速度は秒単位で計測・管理され、勤務時間体制は客の流れの変動に応じて決められるのです。

この慢性的な不安定状態にあるシステムの構造は、認知構造という形で脳の中に刻み込まれ、新人類を生み出すことに手を貸す怖れがあります。政治的には（また他の面でも）日和見主義的なシニシズム、変わり身の早さ、人格の腐食と連帯関係（とりわけ家族の絆）の破壊によって助長された個人主義（エゴイズムとまでは言わないまでも）を特徴とする、何事も計算ずくな新人類です。

こうした新しい生産様式がもたらす主要な結果は経済の二元構造です（この二元構造はかつて私が六〇年代のアルジェリアで観察した構造に似ています。一方に、キャリア・未来・個人的集団的展望を持たない、それゆえに革命的意欲よりは千年王国的な夢想に頼らざるをえない下層プロレタリートから成る巨大な産業予備軍があり、他方に、恒常的な賃金を保障された安定した少数の特権的勤労者層が存在する構造です）。身分《ステイタス》と所得の二元性が拡大し続けています。低賃金、低生産性、無資格あるいは低水準の資格（「短期実地研修」short term on the job training）で務まる、そしてキャリアの保証のまったくない、サービス部門の下級ポスト、要するに、「下男下女《セルヴィトゥール》の社会」（アンドレ・ゴルツ）(8)の使い捨てポストが増えています。アメリカの調査を引用しているジャン・ガトレによれば、成長率上位の三〇の職のうち、一七はいかなる職能も必要としない職、上級の職能を必要とする職は八つです。上位一〇の職について見ると、七つはいかなる職能も必要ありません。社会空間のもう一方の端には、支配層＝被支配層 dominants-dominés である管理職層がいます。この人々は、稼ぎは多いけれども、その稼ぎを使う時間がない忙しいレジャー階級 hurried leisure class の贅沢な非安全という、新たな形の搾取を経験しています。かつての経済構造における小ブルジョアジーの地位に等しいこの両義的な地位は様々な形態の組織された自己搾取を生み出します。アメリカでは、平均年間労働時間は増大し、それにともない、余暇時間は減少しているのです。

「ニュー・エコノミー」の伝道者たちが何と言おうと、このような二元構造がもっとも顕著に現れているのは情報技術の社会的利用の面においてです。「ニュー・エコノミー」とシリコン・バレー的世界観の旗手たち（たとえばマニュエル・カステルズは『ネット社会』のなかで電子ネットによって管理される資金の流れから成る、顔のない集合的資本主義と言っています）は、今日観察される経済的社会的変化をテクノロジーの不可避的効果と見なしています。しかし実は、この変化はテクノロジーの（経済的社会的に条件付けられた）社会的使用の結果に他ならないのです。先例のない新しさというのは錯覚で、社会秩序の中に刻み込まれた構造的拘束要因——たとえば技術的なものはもちろん財政的なものも含めて新しい用具を使いこなすための条件である文化的学校的資本の伝達の論理——は現在の上に作用を及ぼし、先例のない新しいものの有り様を決めているのです。

情報技術の使用に関する統計的調査によると、「双方向型の人々」interacteurs と「受け身型の人々」interagis の断絶がはっきりしています。文化資本の不平等な配分に原因がある、したがって究極的には学校制度と、資本の家族内の伝達に原因がある断絶です。（ついでですが、経済学者が採用している「人的資本」capital humain よりも、「文化資本」capital culturel という概念を使う方が、文化資本を基礎にした経済的社会的差異を——自然の賜物としての「資質」ではなく、教育の、つまり社会的起源の社会的差異に関連づけることによって——自然化することを避けるという利点があることが分かるでしょう。）情報技術のモデル的使用者は三五歳以下の、高等教育を受けた、高収入で、都会に住み、英語を話す男性です。自分でプログラムを書くことができるような達者な人々と、新しい情報産業のライン労働者（昼夜八時間交代制でプロバイダーの二四時間営業のホットラインを担当している補助的職員）、あるいは、もっぱらコピー&ペイストをやるのみの、原子化・孤立化し、（職場代表といった）代弁者に頼って交渉する可能性を失った、いつでも交換可能なネット・サーファー、プロバイダーを利用するだけのネット・サーファーとの間に共通点はほとんど何もありません。同じように、経済的社会的使用という点で、インターネットに接続し、商取引や銀行取引を自宅でおこなうことが可能な端末やソフトを使いこなす人々と、そうしたネットと無縁の人々との間には大きな隔たりがあります。

同様に、インターネットは南北間の関係を変えるはずだという神話は事実によって完全に否定されています。一九九七年度で見ると、世界人口の二〇％にあたるもっとも豊かな人々がインターネット利用者の九三・三％を占めています。もっとも貧しい二〇％の人々は利用者の〇・二％です。国のレベルにおいても個人のレベルにおいても、非物質的なものは実在的な構造の上に成り立っています。国のレベルについて言えば、たとえば教育制度とか研究機関です。

豊かな国の内部では、この二元構造は主として文化資本の不平等な配分が基になっています。文化資本は分業を決定する大きな要因であるとともに、社会正当化論《ソシオディセ》の強力な手段でもあります。支配階級は大きな文化資本――あるいは学歴資本――を所有しているために（利害を超越し、霊感を生きる芸術家と俗物ブルジョアの間の十九世紀的な心地よい対立はもはや存在しません）自分がいま在るような在り方で在ることがまったく正当なことであると考えています（現代の意気揚々たるブルジョアの典型はビル・ゲイツです）。学歴は単に学校貴族の肩書きであるにとどまらず、知性、自然的知性、天賦の才の保証です。こうして「ニュー・エコノミー」は（ライプニッツ的な、特にハクスリー的な意味で）(9)最良の世界として現れるすべての属性を備えることになります。「ニュー・エコノミー」はグローバルです。そしてこれを支配する者たちは国際的で、多言語・多文化です（ローカルで「土着」あるいは「地方」の人間と違って)。「ニュー・エコノミー」はまた「非物質的《インマテリエル》」です。非物質的なもの、情報、文化製品を生産し流通させます。コンピューターは情報、コード、シンボル、メッセージを操作するわけです。「ニュー・エコノミー」はこうして知性的な人々のための知性の経済ということになるのです(だからこそジャーナリストと「先端的な」管理職の共感を得るのです)。社会正当化論はここで知性のレイシズムの形を取ります。十九世紀には、貧しい人々は(「援助に値する心がけのよい貧民」the deserving poor と違って)先のことを考えられず、無駄遣いをし、不節制であるから貧しいのだとされていましたが、今日では、貧しいのは頭が悪いから、知的に無能だから、愚かだから、ということになりました。要するに、彼らは学校での「成績」にふさわしい境遇にあるわけです。理論によって公準化された合理性を最良なものの自然選択の所産とみなすネオ・ダーウィン主義のうちに、「もっとも優秀でもっとも聡明な者」the best and the brightest の支配の極め付きの正当化を見出す、ベッカー(10)のような経済学者たちもいます。経済学が既成の秩序を異論の余地なく正当化する認識主義《エピステモクラティック》的な根拠を数学(社会淘汰の主要な手段の一つになった数学)に求めるとき、円環が閉じられることになります。合理性と同じように普遍的な支配・正当化原理(学校によって中継される原理)を拠り所にする、このように強力な支配様式の犠牲者たちは、彼らの自己像において、非常に深く傷つけられることになります。知性と現代性《モデルニテ》へのアクセスから排除されてしまったと感じて、ナショナルなものとナショナリズムに逃げ場を求める人々がいますが、こうした人々のファシズム的な反逆と、ネオ・リベラリズムの政策との間には——気付かれないことが多い、あるいは、理解されないことが多い——関係があるように思われます。

理性の現実政策《レアルポリティーク》と研究者の役割

文化資本は本質的に両義的なものです。文化資本はコミュニケーションの手段ですが、支配の手段でもあります（新たに登場したコミュニケーション・メディアがそうですが、文化は結合する、また、分け隔てるものです）。経営者は彼らの支配を成り立たせる資本の両義性を刻印されています。「管理職層」は、社会的に認知され、商品価値のある能力を身に付けているけれども、生産手段の所有者ではない知識労働者です。社会的分業における彼らの主たる役割は文化と既成の社会関係の再生産に寄与することです。経済生産における固有の文化的投資（研究開発、エンジニアリング、企画、デザイン、マーケティング、財務）の割合はますます増大しつつありますが、文化資本の所有者の経済的政治的重さはその割に増大しません。文化資本は経済資本に従属したままです。文化資本を集中することができるのは、そして、文化資本がフルに生産性を発揮するために必要な集中的手段（研究所など）を文化資本に確保することが出来るのは、経済資本だけです。管理職層は新たな国際的「教養ブルジョアジー」[11] Bildungsbürgertum（シカゴ・ボーイズ[12]、大規模な法律事務所《ロー・ファームズ》やＮＧＯのメンバーなど）です。高い社会的出自ゆえに言語資本と、国際移動に好都合な卓越《ディスタンゲ》した、また弁別的《ディスタンクティヴ》な性向とを兼備しており、教養によってお互いに結合し、教養によって他の階層から分け隔てられている人々です。

ところで、これらの亜知識人たちは権力の新しい界の中で被支配層の一部を成しています。そのため彼らは支配層に対して両義的な態度を取る傾向性を持っています。経済的支配層の圧力が彼らの上に経済・象徴の両面でのしかかってきます。彼らが実は経済の界に近い方に位置しているだけに、あるいは、経済の界に対する彼らの生産の界の自律性が弱いだけに（ジャーナリズム界の場合、この点ははっきり見て取れます）、ますますそうなるのです。学問の界においては、十九世紀に脱利害《デザンテレスマン》の立場が称揚され、確立しました。トマス・ハスケル[13]が明らかにしたように、この脱利害の立場は資本主義社会を支配する利害に反対して、とりわけトーニー[14]、デュルケム、パース[15]によって主張されたのでした。世界を経済の盲目的な諸力に委ねまい、学者の職業的諸価値を社会に押し広げようという意思は、学者の世界は実現されたユートピアだという、いささか素朴な確信に根ざすものでした。

市場の諸価値を生活のすべての領域に押し広めることを批判する、この伝統をいま復活させなければならないと、私は確信しています。ただし、学問の世界についての現実主義的な見方に依拠していなければなりません。パースが言っているように、「学問の世界は、協力と愛情ではなく、（経済の界と同じように）ライバル関係と競争を基調に動いている」のです。ハーバーマスの言葉を借りれば、「非道具的なコミュニケーション」を基調に動いているということになります。詳しい分析をおこなわないと、私の説は素朴な思い込み、また、言いっぱなしの断定と思われてしまうかもしれませんが、学問の界（そして程度は異なりますが官僚制の界）というのは、歴史の過程で次第に制度化されてきた社会的諸拘束が、その効果として、まさに脱利害に執着することの利益 intérêt au désintéressement を、つまり理性への情念を、さらに言いかえると物質的報いに対する無関心を特徴とする脱利害と連合した真理愛を、強制することになった、まったく特別な社会的領域なのです。

私は、自分たちの自律性を守り、自分たちの仕事に結び付いた諸価値を社会全体に押し広げるように、研究者たちに呼びかけているのですが、知識人運動のリーダーシップを狙っているかのように取られる危険があることは自覚しています（メディアがこうした見方を助長します。メディアはすべてを擬人化し、特定の個人とその主張への支持を訴えていると信じ込ませようとする傾向があります）。また、象牙の塔に立て籠もるという一見有徳しかし安易な道を選んで、学問的領域の外での発言を、ヴェーバーの例の「価値自由」Wertfreiheit / neutralité axiologique への危険な背反であるとする人々の顰蹙を買う危険があることも自覚しています（「価値自由」を科学的客観性と同一視するのは間違いです）。誤解される危険、それどころか学問のモラルを擁護するという口実で審理抜きで断罪される危険を冒して、発言し行動しようとするのは、私がその出現を願っているような「集団的知識人」のみが——労働組合、諸団体、その他のたたかう諸集団とともに——「理性の現実政策」Realpolitik de la raison、つまり、学問の世界を律している諸規則にできるかぎり従いつつ社会世界へ介入する政策を構想し実現することが出来ると確信しているからです。「集団的知識人」のみが、手の届かないものと思われている学問のもっとも進んだ成果を公の討論の広場に持ち込むこと――そして新聞やラジオ、テレビを四六時中独占している饒舌なしかし無能なエッセイストたちを黙らせる、あるいは慎重にならせること――ができるのです。さらにまた――批判的エネルギーは、ジャーナリズムあるいは政治の世界の程度の低い議論に科学者が関わり合いになることを禁じる偏狭な「学問のモラル」観ゆえに、あるいは、学問的な意味での利得という観点からすれば、自分の研究成果は同じ専門の者たちだけが読む刊行物に公表する方が簡単であるし有利であると考える研究者たちの思考および執筆の習慣の効果ゆえに、学問の世界の塀の中に閉じ込められていますが、――「集団的知識人」のみがこの批判的エネルギーを解き放つことができるのです。私の識る経済学者の中には、個人的な会話の席では、各国の中央銀行総裁たちが自分らの決定を正当化するために彼らの理論を利用することに軽蔑の念を示す人たちが少なからずいます。彼らはきっと憤慨するでしょうが、そうした経済学者たちに指摘しなければなりません。経済学は政治的に受け容れられない、そして科学的に正当化できない政策を正当化することに寄与している――そのことに、経済学者は彼らの沈黙によって、無視することが出来ない責任を負っている、と。

私が実現を願っている集団的運動にたいする私の為しうる最初の貢献は、何らかの行動プログラムを提起することではありません。そのようなプログラムを造り出すことができるような学際的・国際的な「集団的知識人」を造りだすために必要な作業機構の創設を呼びかけ、そのために働くことです。緊急の課題は次の二つの目標を実現するための（物質的、経済的、そして知的）条件を整えることです。目標の第一は、集団的な研究の一翼を担うよう、そして――いまの段階では（怒り、義憤、夢想、展望など）プライベートで孤立した思想という潜在的な状態でしか存在しない、あるいは（マージナルな刊行物や国際機関や官公庁の内部文書、仲間内の雑誌など）分散した状態でしか存在しない――諸問題と進歩的な提案を集団で提起し、討論し、まとめ上げ、実現するために力を合わせるよう、有能で善意の研究者たちに呼びかけることです。第二は――いま政権の座にある社会民主主義勢力が推進する政治的関心を失わせる政策が生み出した思想と行動の空白を埋めるために登場した――すべての研究者とすべての活動家たちの理論的であると同時に実践的な批判的活動を連携させる（つまり、取り込むのではなく、統合する）ことです。そして民衆との接触を失わないような、真の実践的インターナショナリズムを創設しうるような、研究・討論・動員の機構を（国際・国内・地域レベルで、また、都市、工場、事業所、大学などを単位とする委員会の形で）造りだすことです。

（どんなに綿密で網羅的であれ）一個人の資料収集が、また、（どんなに天才的であれ）一個人の理論的総合が、行動を視野に入れた研究者たちと経験と省察を積んだ活動家との間の交流の所産に代わりえないことは明らかです。思いつくままに名前を挙げます。(16) クラウス・オッフェ、ジャン・ガトレ、フランツ・シュルテイス、フレデリック・ロルドン、アマルティア・セン、ロイック・ワッカント、デテルフ・ヘンシュ、ギュンター・グラス、アンドレ・ゴルツ、『世界女性行進手帖』の執筆者たち、アニック・クーペ、ジョゼ・ボーヴェ、エドワード・サイード、ノーム・チョムスキー、スーザン・ジョルジュ、ユルゲン・ハーバーマス、フィリップ・ヴァアン・パリユス、クリストフ・アギトン、フランス国立統計経済研究所の研究者たち、フランソワ・シェネ、ジェームズ・トービン、リカルド・ペトレラ……、その他、数多くの人たちがいます。いずれも、手垢に汚れた概念を復権させて「社会プロジェクト」projet de société と呼ぶにふさわしい壮大な集団的建造物の建設に対する寄与のために、「投機制限のための総合税の提唱者」「国民手当の提唱者」「失業者運動創始者」などといった式の修飾句を、その名に冠することのできる人々です。ヨーロッパの将来について語るべきことを持った人々の集会、これまでは想像上の、夢の中のものであった集まりが、現実に、まずは二〇〇〇年秋、ウイーンで、次いでより大規模に、二〇〇一年はじめ、アテネで開催されることになりました。その後も、毎年、別の場所で、計画されるはずです。

新しいヨーロッパ啓蒙主義 nouvelle Aufklärung européenne を出現させるために。

加藤晴久 訳

訳注

(1) カール・クラウス Karl Kraus（一八七四—一九三六）　オーストリアの作家。『人類最後の日々』などでオーストリア社会を痛烈に風刺した。

(2) アドルフ・オーガスタス・バーリ・ジュニア Adolf Augustus Berle Jr.（一八九五—一九七一）　アメリカの経済学および会社法の学者。三二年、ミーンズ G. C. Means との共著『近代株式会社と私有財産』で株式会社における所有と支配の分離と経営者支配を指摘した。

(3) アメリカの経済学者ジョン・ケネス・ガルブレイス John Kenneth Galbraith（一九〇八—　）の用語。経営者や技術者、つまり専門化した知識、才能、経験を有する者たちが法人企業の意思決定のメカニズムを掌握する管理機構を指す。

(4) フレデリック・ロルドン Frédéric Lordon　フランスの経済学者。*Fonds de pension, piège à con?* 89p. 2000, Raisons d'agir.

(5) ウルリッヒ・ベック Ulrich Beck　ドイツの社会学者。

(6) アンソニー・ギデンズ Anthony Giddens（一九三八—　）　イギリスの社会学者。

(7) ジャン・ガドレ Jean Gadrey　フランスの労働経済学者。

(8) アンドレ・ゴルツ André Gorz（一九二三—　）　ウィーン生まれ、フランス国籍の思想家。

(9) オルダス・ハクスリー Aldous Huxley（一八九四—一九六三）　イギリスの作家。『最良の世界』。

(10) ゲイリー・スタンレー・ベッカー Gary Stanley Becker（一九三〇—　）　アメリカの経済学者。九二年、ノーベル賞受賞。

(11) 宗教に代えて教養を支えとし、現世内での自己完成を目標とする市民層。十九世紀ドイツに登場し、大学生・官僚の主たる供給源となり、ドイツ社会の実質的な中核を成した。

(12) ネオ・リベラリズムの唱道者であるシカゴ大学教授フリードマンの弟子たち。中南米諸国政府の顧問として、緊縮財政、貿易・投資の完全自由化、公企業の民営化、公共料金の引き上げ、各種補助金のカットなどによって、対外債務を清算することを求めた。

(13) トマス・ハスケル Thomas Haskell　アメリカの社会学者。

(14) リチャード・ヘンリー・トーニー Richard Henry Tawney（一八八〇—一九六二）　イギリスの経済史家。キリスト教社会主義者。

(15) チャールズ・サンダース・パース Charles Sanders Peirce（一八三九—一九一四）　アメリカの哲学者・論理学者。

(16) Claus Offe ドイツの社会学者。国家論。／Franz Scultheis スイスの社会学者。／Amartya Sen インドの経済学者。九八年ノーベル賞。／Loïc Wacquant アメリカの社会学者。／Detelf Hensche ドイツのメディア労組の指導者。／Günther Grass ドイツの作家。／Annick Coupé フランスの労組ＳＵＤの活動家。／José Bové フランスの農民運動 Confédération Paysanne の活動家。／Edward Said アメリカのアラブ系評論家。／Noam Chomsky アメリカの言語学者。／Suzan George アメリカ生まれ、フランス国籍の反ＷＴＯ運動活動家。／Jurgen Habermas ドイツの思想家。／Philippe van Parijs オランダの経済学者。／Christophe Aguitton フランスの失業者組織 Ac! の活動家。／François Chesnais フランスの経済学者。／James Tobin アメリカの経済学者。投機的資本移動への課税を提唱。八一年ノーベル賞。／Ricardo Petrella スペインの社会学者。

「多文化主義」と「グローバリゼーション」

——地球規模の新ウルガタ聖書

ピエール・ブルデュー
ロイック・ワッカント

ネオリベラリズムの「決まり文句」

先進国では軒並み、経営のトップや国際公務員、政府高官、メディア的知識人や著名ジャーナリストが、そろって奇妙な新造語を使いだした。一見出所不明の新しい語彙が、いまや全員の口にのぼっている。いわく「グローバリゼーション」と「フレキシビリティ」、「ガヴァナンス」と「雇用可能性」、「アンダークラス」と「排除」、「ニューエコノミー」と「寛容ゼロ」、「共同体主義」に「多文化主義」、およびそれらの類語である「ポストモダン」「エスニシティ」「マイノリティ」「アイデンティティ」「細片化」などなど。

これら地球を席巻するウルガタ聖書〔ローマ・カトリック教会で正典とされるラテン語訳聖書〕ともいうべき新言語では、「資本主義」「階級」「搾取」「支配」「不平等」などの用語はカビが生えて使いものにならないとされ、ものの見事に抹消されているが、この新ウルガタは象徴レヴェルの新しい帝国主義の産物である。その効果が強力で、その害悪が大きいのは、新言語の使用がネオリベラル革命の信奉者だけではなく、文化的生産者や左の活動家にまで及んでいるためだ。過去一世紀の社会闘争によって勝ちとられた経済的社会的成果を、新秩序誕生にとっては時代遅れの障害だとして一掃し、「近代化」を錦の御旗に、世界を作り直そうとするネオリベラル派の新言語が、大部分、自分では進歩派だと思っている文化的生産者（研究者、作家、芸術家）や左翼の活動家にまで及んでいるのである。

エスニック支配やジェンダー支配と同様、文化帝国主義は、従属を強いるために「制約されたコミュニケーション」を利用する「象徴的暴力」であり、その固有性は、特殊な歴史的経験に結びついた個別性を個別性としてではなく、あたかも普遍的なものとして認識させることによって、個別性を普遍化する点にある。[1]

こうして、一九世紀に、シュペングラーの「没落」のテーマやディルタイの説明と了解の二律背反などヨーロッパ中で議論された哲学的とされる多くの問題が、歴史家のフリッツ・リンガーが証明したように、ドイツの大学という特殊世界に固有の歴史的な事情や葛藤に起源があったのと同じように、[2] こんにちアメリカ社会やアメリカの大学の特殊性や特殊主義に直接由来する多くのトピックスが、非歴史化された外見のもとに地球全体に押しつけられているのである。

アリストテレス的意味でのこうした「決まり文句」(commonplaces, lieux communs)、すなわち議論で使われるが、それについては議論しない概念や命題が説得力をもつのは、ひとえにそれを生み出す場所の威信《プレスティージュ》による。[3] また、これらの決まり文句がベルリンからブエノスアイレス、ロンドンからリスボンへと一直線に流通し、大国際機関（世銀、IMF、欧州委員会、OECD）から、保守的なシンクタンク（ニューヨークのマンハッタン・インスティチュート、ロンドンのアダム・スミス・インスティチュート、フランクフルトのドイチェ・バンク財団、解散したパリのサン＝シモン財団）や博愛主義団体、さらにはパワーエリート養成校（パリ政治学院、ロンドン・スクール・オブ・エコノミックス、ハーヴァードのケネディ・スクール・オブ・ガヴァメントなど）から大メディアまで、中立大機関によって強力に中継され広められる。こうした合鍵のように何にでも使える決まり文句は、時間のない論説委員や多忙な文化の輸出入業者に超モダンの先端を走っている幻想を与えるため、「リンガ・フランカ」（国境を越えた共通語）として重宝がられるのである。

観念が国際的に流通すると、それ自体の論理によって、観念の生産と意味作用のもともとの条件を覆い隠す効果が自動的に生まれ(4)、また、あらかじめ与えられた定義とスコラ学的演繹の操作によって、観念生産の社会学的必然性は否定され、その偶然性は論理的必然性の外見をまとってしまう。（自由）市場の「効率性」、（文化的）「アイデンティティ」の承認の要求、あるいは（個人的）「責任」の称揚と断言といった問題と概念の一式は、受容の時と場所によって、哲学的、社会学的、経済学的、政治学的な概念として発布され、その歴史的ルーツは覆い隠される。

こうして、決まり文句はルーツからの切断によって「地球化」され、厳密に地理的な意味でグローバル化されると同時に、概念化による幻想上の断絶の結果、特殊性をはぎとられ、メディアによって反復されて次第に普遍的な「常識」になる。その結果、これらの決まり文句は、（それを使っている本人にも）見分けがつかぬほど一面的な形で、異議申し立ての対象になっている特殊な歴史的社会の複雑な現実を表現しているにすぎないことを、われわれに忘れさせてしまう。すべての尺度としてこっそりモデルに祭り上げられた特殊な歴史的社会とは、ポスト・フォーディスト、ポスト・ケインジアンのアメリカ社会にほかならない。この世界で唯一の超大国であり、地上の象徴的メッカとも言うべきアメリカ社会の特徴は、社会的国家の決定的な解体と、それに連動する刑罰国家の異常な発達、組合運動の壊滅、「株主‐価値」最優先の企業概念の支配であり、その社会学的結果である不安

定な賃労働の一般化と社会不安が、経済活動の特権的な原動力としてはたらくことである。(5)

「多文化主義」という煙幕

「多文化主義」をめぐる曖昧で混乱した議論は、こうした決まり文句の典型的な例である。「多文化主義」は近年ヨーロッパにも輸入され、市民空間の文化的複数主義を指す語として用いられているが、アメリカでこの語は、あいも変らぬ黒人差別と、「万人に対する機会均等」による「アメリカン・ドリーム」という国民的神話の危機を、覆い隠すと同時に指し示している。この国民的神話の危機は、「文化資本」への競争が熾烈化し、階級間の不平等が目に見えて増大する現在、破産の淵にある公教育システムの危機と連動している。(6)

「多文化的」という形容詞はアメリカ社会の危機を、大学の小宇宙だけに人工的に押し込め、社会的危機をことさら「エスニックな」領域《レジスター》で表現するものだが、その狙いは、周縁化された文化のアカデミックなカノンへの統合にあるのではなく、国家の積極的かつ大幅な撤退という状況下で、大学をはじめとする中間および上流階級の(再)生産装置への、アクセスの確保にある。

アメリカの「多文化主義」は、概念でも理論でも社会・政治運動でもないが、それらのすべてであると主張する。それは「煙幕のディスクール」であり、その知的ステータスは、それに賛成する者も反対する者も欺く、国内的国際的な「アロドクシア」(7)の巨大な効果の産物である。それはまた、みずからを普遍的ディスクールとみなし、そうふるまっているが、大学人がおかれた状況の特殊な矛盾を反映したアメリカ的なディスクールである。アメリカの大学人は公的空間へのアクセスを断たれ、職業上、高度の差異化競争にさらされて、政治的リビドーを、概念的叙事詩《エポペ》に偽装したキャンパス内論争につぎ込む以外には備給のしようがないのである。(8)

「多文化主義」はそれが輸出されるどこへでも、集団主義、ポピュリスム、道徳主義というアメリカ的思考の三つの悪癖を撒き散らす。第一に、国家官僚機構によって規範として承認された社会的分割を、認識と政治的要求の原理として物象化する「集団主義」。第二に、支配の構造とメカニズムの分析は二の次にして、被支配者の文化を称揚し、被支配者の「視点」を、現実態化した万能のプロトタイプ理論に祭り上げる「ポピュリズム」。第三に、社会経済世界の分析に健全な合理的物質主義を適用するのを妨げる「道徳主義《モラリズム》」である。この道徳主義はこの場合、日々の悲しい現実において、問題はいささかもそこにはないのに、「アイデンティティの承認」の是非をめぐる果てしなく効果もない議論にわれわれを閉じ込める。[9] 哲学者たちが「文化的承認」についての衒学的議論にふけっているあいだにも、支配された階級とエスニシティ出身の何万人という子どもたちが、場所がないため小学校からはじき出され（そうした子どもはロスアンジェルスだけで今年二万五千人を数える）、年間所得が一万五千ドル以下の家庭の子弟は一〇人に一人しか大学に進学できないのに、一〇万ドル以上の家庭の子弟は九四パーセントが進学している。

「グローバリゼーション」という宿命論

「グローバリゼーション」というきわめて多義的な概念についても、同じことが論証できる。アメリカ帝国主義が生んださまざまな結果に、文化的エキュメニズム〔キリスト教諸教会合同運動〕と経済的宿命論の装いをまとわせ、経済のトランスナショナルな力関係をあたかも自然な必然性であるかのように見せること、これがこの概念がはたす機能だとは言わないが、その効果である。ここ二〇年来、保守的シンクタンクと政治界《シャン》やジャーナリズム界《シャン》におけるその同盟軍の熱心な努力によって、ネオリベラルの思考図式が支配的になり、ごく自然なものになるという象徴レヴェルの転換が起こった。[10] その結果、先進国では、アメリカを雛形にした社会関係や文化的実践の再編が、国家の貧困化を通して推進され、公共財の商品化と賃労働全体の不安定化が、羊の群れの従順さで歓迎されているとは言わないが、一国の社会変化の必然的帰結として、あきらめをもって受け入れられている。先進国経済の「長期持続」における変化を経験主義的に分析すれば、「グローバリゼーション」は資本主義の新しい段階などではなく、金融市場への自発的従属と株主優先の企業概念への改宗を正当化するために政府が援用する「レトリック」にすぎないことが分かる。脱産業化や不平等の拡大、社会政策の縮小は、よく繰り返されるように、対外貿易拡大の宿命的結果であるどころか、階級関係のバランスを資本所有者に有利な方向に転換する国内政治の決定を反映している。[11]

ネオリベラル思考の基本概念図

国家　グローバリゼーション⟶	市場
強制	自由
閉鎖的	開放的
硬直的	柔軟
固定的、化石化	ダイナミック、動的、自己変容的
過去、時代遅れ	未来、新しさ
不変で不動	成長
グループ、集団主義	個人、個人主義
画一性、人工性	多様性、本物
権威的（「全体主義的」）	民主的

みずからの社会構造と相同的な知覚カテゴリーを世界の残余部分に押しつけることによって、アメリカは世界を自分のイメージに合わせて作り直している。こうした本当の―偽のコンセプトの普及を通して精神の植民地化が進行した結果、こんにち経済学や博愛主義や経営学教育の分野で観察されるように、「ワシントン・コンセンサス」とでも呼ぶべき合意が広い範囲で自発的に形成されている。[12] 実際、この本当で偽という二重のディスクールは、「信仰」によるものながら「科学」を模倣することで、支配者の社会的幻想に「理性」（とくに経済学的政治学的理性）の外見を焼きつけ、それが記述すると称する現実を、おのずから実現される予言という原則に従って生起させるだけの、パフォー

マテイヴ（遂行的）な力をもっている。このディスクールは、政治と経済の政策決定者と彼らが対象とする公衆の精神の中に宿って、公共と民間の政策立案の道具として、またこれらの政策を評価する道具として機能している。科学時代のあらゆる神話と同様、地球規模の新ウルガタ聖書は、先進社会で進行中の現代の変容を記述するために、支えあいこだましあう一連の対立項と等号関係に依拠している。先進社会の変容とは、経済からの国家の撤退、国家の警察と刑事的側面の増強、金融の流れの規制緩和と労働市場の行政管理の放棄、社会保障の削減と「個人の責任」の道徳論的称揚である。そのイデオロギー図式の対立項とは表（「ネオリベラル思考の基本概念図」）のようなものである。

「第三の道」批判

ネオリベラル理性の帝国主義は、文化的生産者の二つの新しい形態の中にその知的成就を見いだす。いずれも、啓蒙の伝統の中から生まれた自律的で批判的な知識人を徐々に公共の舞台から追い出した、新しい文化的生産者である。[13]一つは、官庁や大企業の舞台裏や秘密のシンクタンクで高度に技術的な文書を作成する「エキスパート」たちである。その文書には、決して技術的ではない分野での政策立案を正当化するのにも、好んで経済や数学の言語が用いられる（その典型的な例は、平均寿命が延びたため危機に瀕したとされる退職金制度の再建計画や、株主の力を聖別化し、年金基金を通してリスクを賃金労働者に負わせる鉄道の民営化計画である）。[14]

もう一つは、大学の外に出て支配者に使える「君主のコミュニケーション・コンサルタント」である。その任務は新しい国家貴族と企業貴族の政治的プロジェクトにアカデミックな体裁を整えてやることであり、その地球規模のプロトタイプは英国の社会学者アンソニー・ギデンズである。ギデンズはケンブリッジ大学教授で、最近ロンドン・スクール・オブ・エコノミックスの校長に任命された、「構造化理論」の生みの親だ。「構造化理論」

は、社会学と哲学のさまざまな伝統をそのコンテクストから引き離して援用する、アカデミック仕立ての社会論の課題に適した観念的産物である。

歴史的、文化的、言語的理由から、アメリカと大陸ヨーロッパのあいだの中間的で（「二つのどちらでもなくどちらでもある」という語源的な意味で）中性的な位置にあるイギリスが、トニー・ブレアとアンソニー・ギデンズという政治的と知的と二つの頭をもつトロイの木馬を世界に送り込んだ事実に、帝国主義的「理性の狡知」のすぐれた化身をみることができる。ギデンズは、（アイロニカルなタイトルの近著『第三の道とその批判者たち』*The Third Way and its Critics* の裏表紙にあるトニー・ブレア、ロマノ・プロディ、フェルナンド・カルドッソによる賞賛にみちた推薦文が示すように）政治家との強い結びつきによって、「第三の道」を世界に広める伝道者として名乗りをあげた「理論家」である。

「第三の道」は、ギデンズの表現によれば――ここは文字通り引用する必要がある――、「グローバリゼーションに積極的な姿勢をとり」、「新しい形態の不平等に対処する試み」である。しかし「こんにちの貧者はかつての貧者と同じではなく、同様に富める者もかつてとは様変わりしている」ことに注意をうながし、「現行の社会保障システムと国家の全体構造は、単に問題解決の手段であるというよりは、もろもろの問題の源泉である」という考えを受け入れ、「社会的支出は経済全体への効果という基準で評価されなければならない」と断定するために、「社会政策と経済政策は密接に関連していると強調する」。最後に、「第三の道」は「排除のメカニズムに関心を寄せるが、排除は社会の底辺だけではなく社会の頂点にもある」とする。「これら二つのレヴェルでの排除を考慮しつつ不平等を再定義することは、不平等のダイナミックな概念に合致する。[15]」経済の支配者たちは枕を高くして眠ることができる。彼らは彼らの導きの師パングロスをみつけたのだから〔パングロスはヴォルテール『カンディード』に登場する楽天主義の家庭教師〕。

三浦信孝 訳

Pierre Bourdieu et Loïc Wacquant, « La nouvelle vulgate planétaire »,
Le Monde diplomatique, mai 2000,

注

（1）「アンチ・アメリカニズム」という安易な批判を避けるため最初に明確にしておくが、「普遍性」を標榜するのはアメリカの専売特許ではない。フランス、イギリス、ドイツ、スペイン、日本、ロシアなどの国々が、過去のさまざまな時期（とくに植民地主義時代）に、それぞれ固有の勢力圏で、もろもろの形の文化帝国主義をおこなったか、いまなおおこなっている。これらの文化帝国主義はあらゆる点で相互に比較可能だが、これまでとの大きな違いは、歴史上はじめて、ただ一つの国が自分の世界観を世界中に押しつける立場に立ったことである。

（2）Cf. Fritz Ringer, *The Decline of the Mandarines*, Cambridge University Press, Cambridge, 1969.〔F・K・リンガー『読書人の没落――世紀末から第三帝国までのドイツ知識人』西村稔訳、名古屋大学出版会、一九九一年（一九六九年版原書の抄訳）〕

（3）歴史家のトーマス・ベンダーは、近年、アメリカ産の研究成果が「アメリカの映画やポップ・ミュージック、ソフトウエアやバスケットボール」に匹敵する「国際的ステータスと誘引力」を獲得したと指摘している。Thomas Bender, "Politics, Intellect and the American University, 1945-1995", *Daedalus*, December 1997, pp. 1-38.

（4）Pierre Bourdieu, « Les conditions sociales de la circulation internationale des idées », *Romanistische Zeitschrift für Literaturgeschihte*, 14-1/2, Heidelberg, 1990, p.1-10.

（5）Cf. J. F. Handler and Y. Hasenfeld, *We the Poor People : Work, Poverty and Welfare*, New York : Twentieth Century Fund, 1997 ; L. Wacquant, *Les Prisons de la misère*, Paris, Editions Raisons d'agir, 1999 (trans. *Prisons of Poverty*, Minneapolis,

University of Minnesota Press, 2001)；R. Freeman, ed., *Working Under Different Rules*, New York：Russell Sage Foundation, 1994；R. Milkman, *Farewell to the Factory*, Berkeley, University of California Press, 1997, and L. Mishel et al, *The State of Working America, 1998-1999*, New York：M. E. Sharpe, 1999.

（6） D. Massey and N. Denton, *American Apartheid*, Cambridge, MA：Harvard University Press, 1993；Economic Policy Institute, *Beware the U. S. Model*, Washington, DC：EPI, 1995；Jennifer Hochschild, *Facing up to the American Dream：Race, Class and the Soul of the Nation*, Princeton：Princeton University Presss, 1996.

（7） 「アロドクシア（allodoxia）」は、あるものを別のものと取り違えること。

（8） こうした分析に疑いをもつ読者は、アメリカの教育市場の底辺を埋めるべく量産されるこの主題に関する教科書やアンソロジーのどれか一冊を手にとってみれば、分析の正しさを納得していただけるだろう。たとえば以下を参照。C. Willett, ed., *Theorizing Multiculturalism：A Guid to the Current Debate*, New York：Bachwell, 1998.

（9） 物質的交換と象徴的交換のグローバル化と同様、文化の多様性が今世紀の産物であるのは、かつてデュルケムとモースが「文明概念についてのノート」で指摘したように、それが人類史と外延を同じくするからにほかならない。Emile Durkeim et Marcel Mauss, « Note sur la notion de civilisation », *Année sociologique*, no.12, 1913, p. 46-50, vol. III, Editions de Minuit, Paris, 1968. モースはこの現象を後代のグローバリゼーションの理論家には知られていない「インターネーション」という大胆な概念でとらえている。M. Mauss, « La Nation », *Année sociologique*, 3ème série 5, 1953-54, p.20-68.

（10） Keith Dixon, *Les Evangélistes du marché*, Editions Raison d'agir Editions, Paris, 1998.

（11） 「株主-価値」優先の企業概念を押しつける「アメリカン・プロジェクト」としての「グローバリゼーション」については、以下を参照。Neil Fligstein, « Rhétorique et réalités de la "mondialisation" », *Actes de la recherche en sciences sociales*, Paris, no.119, septembre 1997, p.36-47；Idem, *The Architecture of the Market*, Prinston, Prinston University Press, 2001.「アンダークラス」概念の普及や、きわめてアメリカ的な「人種」概念と、「リベラル」対「コミュニタリアン」論争に関する議論は、以下に詳しい。P. Bourdieu and L.Wacquant, "The Cunning of Imperialist Reason", *Theory, Culture and Society*, 16-1, February 1999, pp.41-57. アメリカの「グローバリゼーション」、警察と刑事政策（「ブロークン・ウィンドウ理論」、「寛容ゼロ」、麻薬犯罪者の投獄など）については、L.Wacquant, "How Penal Common

Sense Comes to Europeans：Notes on the Transatlantic Diffusion of Neoliberal Doxa", *European Societies*, 1-3, Fall 1000, pp. 319-352 を参照。

（12） 本稿が掲載された *Le Monde diplomatique*, mai 2000, pp. 4-11 の小特集「万人の頭にアメリカが」の諸論文を参照。

（13） P. Bourdieu, "The Corporatism of the Universal：The Role of Intellectuals in the Modern World", *Telos*, 81, Fall 1989, pp.99-110.

（14） Frédéric Lordon, *Fonds de pension, piège à cons? Mirage de la démocratie actionnariale*, Paris, Editions Raisons d'agir, 2000.

（15） アンソニー・ギデンズはロンドン・スクール・オブ・エコノミックスのウェブ・サイト www.lse.ac.uk/Giddens/ に、「FAQs（よく聞かれる質問）」に答える形で彼の政治理論と政治観の教科書的定義集を載せている。以上の引用はそこからとっている。

訳者付記

本論文は最初仏語版が *Le Monde diplomatique*, mai 2000 に発表され、その後 *Radical Philosophie*, 108, January 2001 に英語版が載った。共著者のロイック・ワッカントは共訳者のひとりでもある。英訳には若干加筆があり、注が倍増しているので、邦訳にあたっては仏語版によりつつも英訳を参照し、可能な限り注を付け加えた。

今は亡き旧い友人とのこと

ジャック・デリダ

彼はとても旧い友人で、ずいぶん多くのものを分かち合いました。私たちの友情はいつも強く、きわめて豊かなものでしたが、いっぽう緊張に満ち、時にはむずかしい関係であったことも事実です。彼の訃報には心底衝撃を受けています。

私たちは一九四九年、ルイ・ル・グラン高校のエコル・ノルマル受験準備学級で知り合いました。それからエコル・ノルマルで共に学んだわけですが、彼は当時まだ社会学専攻ではなく、私たちは哲学について、特にライプニッツやハイデガーについてよく語り合ったものです。その後アルジェリアで再会しましたが、私は当地で兵役についており、彼のほうは社会学者として出発したところでした。

しかし私たちの間で本当の意味での交流が再開したのは、六〇年代の終わりです。彼はその頃社会学の刷新に取り組んでいて、「社会学の社会学」を打ち立てるために、哲学を内部に組み込んだ仕事を始めていたのです。それは世界的に見ても、現代社会学の偉大な、かつ独創的な形でした。

彼は社会的活動のあらゆる場《シャン》（界）を解明したいという野心をもっていました。知識人の場も、彼自身の活動も含めてです。彼が好んだ言葉のひとつに「客観化する」、つまり「あらゆる無自覚な実践行動において作動しているものを分析し客体化する」という意味の言葉がありますが、この言葉を軸とするこうした「超批判的」な構築作業が彼の方法の中心にあって、その価値をなしていました。

私たちはよく議論を闘わせ、哲学場へのアプローチに関しては意見の対立もありましたが、それでも社会的闘争のプロジェクト、特に移民の置かれた状況をめぐる運動においてはしばしば手を携えたものです。一九九四年、ストラスブールで国際作家議会を創設したのも、こうした共同作業のひとつです。

彼は常に社会参加する知識人でしたが、一九九五年からはこの側面が社会的闘争という形をとり、その立場はラディカルで、かなり孤独なものでした。私は彼と同じ行動はとりませんでしたし、物事にたいするアプローチの仕方も同じではありませんでしたが、それでも彼を駆り立てていたものに自分はかなり近いと感じてはいました。しかし私はかけがえのない証人を、そして友人を失ったのです。

石井洋二郎 訳

（『ル・モンド』二〇〇二年一月二五日付、ジャン＝ミシェル・フロドンによるインタヴュー）

ブルデューを語る III

PIERRE BOURDIEU 1930–2002

コレージュ・ド・フランスの自室にて

Pierre Bourdieu 1930-2002

ブルデューを悼む——弔辞

弔辞

エドワード・W・サイード

（一九三五年生、コロンビア大学教授／文学批評家）

ピエール・ブルデューは思想家、教育者、市民、そして社会運動家として私たちの時代に高く聳え、燦然と輝く存在でした。彼は驚異的な行動力と限りない熱意を投入して真実のためのたたかいを推進していました。それは普段顧みられることのない社会的な苦しみの真実を、また、制度的な頑迷が巧妙に隠蔽する苦しみの真実を明らかにするたたかいでした。さらに（これは彼が、ここ数年来、熱心に取り組んだテーマでしたが）いわゆる現実主義的な、あるいは実利主義的な知識人の冷酷な姿勢の真実を明らかにするたたかいでした。彼は権力に怯んだり動じたりすることはけっしてありませんでした。権力の現代的な形態すべてに揺るぎない勇気をもって立ち向かいました。私たち友人、教え子、同僚にとって、彼の死は悲しく辛い試練です。彼が私たちに、日々の糧として、また模範として遺した思索と研究の厖大な遺産がなかったならば、私たちはまさに孤児になったように感じることでしょう。

パリから遠く離れた地点から見ていた私には、ここ数年来ピエールは、現代西欧社会において、ネオ・リベラリズムとグローバリゼーションが貧しい人々、恵まれない人々にもたらす不正義と損害に対するたたかいを元気一杯進めているように思われました。そして私は、あの活発な活動は彼の類い希な知性と鋭い洞察力が、また、すべての著作のなかで、すべてのたたかいのなかで発揮されていた人々に対する共感と思いやりの心が、原動力になっているのだ、と考えていました。輝かしい頂点を窮めたところで倒れはしましたが、ピエール・ブルデューは私たち知識人にひとつの責務を課しました。それは、正統派と非情な市場とに抵抗して彼が敷いた路線に忠実であり続ける責務です。彼がこの三〇年間、誰よりも早く発見し、説明し、創造的に対処した戦線にとどまり続ける責務です。

彼にはじめて会ったのはニューヨークです。国際作家議会とアルジェリアの怖ろしい状況を語るために私の研究室を訪ねてきたのでした。相対する者をすぐに友人・味方にしてしまう、飾り気のない親しみやすい人柄を強く印象づけられました。いつも真面目ではあっても、けっして堅苦しくなく、機知に富んだ挑発的なことを言ってのける快楽には抵抗できないといった茶目っ気のある人でした。ポーズを取ったりもったいぶったりすることがけっしてありません。率直さと誠実さが彼の知識人としての言動の特徴でした。しかし、ペテンと欺瞞に対しては遠慮なく痛烈かつ皮肉な批判を加えました。彼は社会運動について広く深い知識を持ち、そのひとつひとつの流れや変化を理解していました。私が特に驚嘆したのは、彼が問題の複雑さや微細さにひるんだり圧倒されたりすることがけっしてなかったということです。それどころか、複雑かつ微細な問題を手際よく対象化し、均整のとれた啓発的な理論的ヴィジョンを打ち出すのでした。そのことが、そしてまた、もったいぶることがまったくないことが、彼を、多くの人々を導く卓越した教育者たらしめたのである、と思います。

彼を偲ぶためにこの場にお集まりの友人、同僚、家族の皆さんに、彼の巨大な知的歩みは膨大かつ広範な著作として結実していることを申し上げる必要はありません。人文科学者かつアンガジェした知識人として私は、彼の著作の二つの面に特に惹かれます。ピエール・ブルデューの倦むことを知らないエネルギーは、あの見事な『パスカル的瞑想』において発揮されたような静謐な、沈潜した自省《セルフ=リフレクション》の能力を妨げるものではありませんでした。彼の招聘を受けて、コレージュ・ド・フランスで講義をしていた時期ですが、彼がこの本の執筆を始めたと、何かの折に言ったことをよく覚えています。また、彼の自制力を羨ましく思ったこともよく覚えています。彼ほど深く社会にコミットした公人が、自分の仕事と立場を根元から省察するために、たたかいの場から内なる世界にこもる、これはそう簡単にできることではありません。これを企図する、さらには遂行するために必要な規律と学問への献身を兼ね備えている人はきわめて稀です。ピエール・ブルデューはそのきわめて稀な人でした。

私が惹かれたもう一つの面は、たとえばハンス・ハーケとの対談『自由-交換』や、特に『世界の悲惨』に発揮されているような、共同の仕事への彼の特別な才能です。身近な例をひとつ挙げます。二年ほど前でした。シカゴで開催された「学問とコミットメント」と題するパネル・ディスカッションに彼を招聘したのです。学問の世界の重苦しさ、その自己保存の論理、また、個人を沈黙させる抑圧的環境を彼以上に鋭く記述した者はいないと考えたからです。彼は快く引き受けてくれましたが、しばらくして長距離の旅はあまりに大きな疲労を伴うものであることに気が付きました。そのことを伝えてくると同時に、彼は冗談めかして、この種の旅行でうんざりするのは、断ることのできない、そして延々と続く晩餐会だ、と付け加えました。しかし彼の参加を取り止めてしまうのは残念なので、テレビ同時中継で討論に加わってもらうことにしました。パネル・ディスカッションが始まったのはシカゴ時間で午後七時、パリ時間では午前二時でした。しかしピエールは、疲れた表情ながらも、スクリーンをとおしてシカゴの会場に姿を見せてくれました。彼の発言は三千人の聴衆の関心に深く応えるものでした。集団的知識人の仕事についての彼の見解、また「多文化主義」は学界の一時的な流行だとする痛烈な分析が強いインパクトを与えました。私は彼が遠い聴衆と活発な質疑応答を展開する様に驚嘆しました。これは、彼の言葉が聴衆ひとりひとりの胸に響いていたことの証拠です。

今日は、できることなら、パリの皆さんと一緒にいたいところです。ピエールの死は、遠く離れたアメリカで、ひとり耐えるにはあまりにも辛い出来事です。指導的な人物が不足している時代、残念ながら正統派の美徳と権力が幅を利かせている時代にあって、彼の仕事と生き様は私たちを暖かく励ましてくれるものでした。私たちはピエール・ブルデューの批判的な反体制精神をしっかりと受け継いでいかなければなりません。

（ニューヨークにて、二〇〇二年一月三一日）

（二〇〇二年二月二日、国立コリヌ劇場でのお別れ会で代読）

加藤晴久 訳

弔辞

エリック・ホブズボーム

（一九一七年生、ニュー・スクール・フォー・ソーシャル・リサーチ教授／歴史家）

今、この場は、社会学者としてのピエール・ブルデューの仕事を評価する時でも場でもありません。短いメッセージ、しかも急いで書いているメッセージでそのような評価をすることは不可能です。それに、私たち友人にとっては、彼の死は私たちの時代のもっともすぐれた、もっとも独創的な精神を失ったということ以上の意味を持っています。一昨々日、ペール・ラシェーズ墓地での式典に参列した私たちは人間ブルデューを埋葬しました。しかし、学者ブルデューを埋葬する必要はありませんし、また、そんなことは誰にもできません。彼の思想と仕事は生きているし、いつまでも生き続けるであろうからです。そして、社会科学・文化科学の全領域に及ぶ彼の仕事の影響は世代を越えて広がり続けていくであろうからです。しかしながら、いまこのようなときにあっても、人間を作品から切り離すことは不可能です。

私が好きなテクストのひとつは一九八七年刊の『構造と実践』に収められたインタビューです。言語哲学者ジョン・オースティンから借りて「哲学におけるフィールドワーク」Fieldwork in Philosophy というタイトルが付いていますが、ここでピエールはいわば知的自伝を素描しています。彼から送られてきた本には「私を生まれ変わらせてくれた、あなたとの対話の続きとして」という献辞が記されていました。いつのときのことを言っているのか忘れてしまいましたが、彼の著作と暖かい心遣いから私が学んだ、与えられた多くのことのごく一部でもお返しできたのかと、心なごむ思いをしたものです。

このテクストのなかでピエールは言っています。「経験というレベルでの話ですが、私が科学に無我夢中で、とことん打ち込んだ真の動機は、この上もなくすばらしい遊び、研究という遊び、社会学の研究という遊びを遊ぶ悦びです。知的生活というのは、大学人のルーチン化した生活よりは芸術家の生活に近い、と私は思います。」これこそピエールの情動的コミットメントの特質を示す一例です。「アドルノが言った nicht mitmachen の意志、つまり制度、アカデミックな制度を含む制度との妥協を拒否する意志」とも言っています。これが彼自身認めていたように、「社会秩序に抗して」彼を立ち上がらせたのです。さらに、ピエールの卓越した才能のひとつは、また引用しますが、「真面目と浮薄の区別を越えたところで」考える能力でした。愛読していたカール・クラウスのように、彼は卑近なもの、不条理なもの、偶発的なものの意味を認めていました。そしてまた、真面目かつ重大視されるもののうちに「神聖化された愚昧」を見て取っていました。制度がわれわれに強制する偽のオールタナティヴを拒否していました。その一方で、毎日の集団的仕事のなかで「みんな、大いに楽しんでいる」とおなじインタビューのなかで語っています。ピエールがこの地上に戻ってきて、ペール・ラシェーズの自分の墓の近くに、美食道《ガストロノミー》の最初の理論家、『味覚の生理学』の著者としてブルジョア社会の歴史に輝かしい位置を占めている、あのブリヤ＝サヴァランの墓があることに気が付いたならば、彼はそれをきっかけにさぞ味わい深い研究ゼミナールを企画したことでしょう。

鋭敏な自己意識の持ち主であったピエールは、研究から、彼によれば「この言葉のすべての意味における幸福感を持ってすることができる」唯一の作業である研究から得ていた純粋な悦びと、だんだんと積極的に、鮮明になっていった政治的アンガージュマンとの緊密な関係を自覚していました。彼は常に左翼の人、さらには「左の左」の人でした。ただ、私は、彼を公的行動に押しやったのは、学者としての発見、専門研究の世界における成功であったと思います。自分の専門分野で成功する大学人は二つの意味で特権的な世界に生きています。まず、普通の人たちよりも恵まれた生活をしています。ネオ・リベラリズム時代の実業界の基準からすればささやかではあっても、それなりの物質的安全を享受しています。第二の特権は、彼らにとって労働は幸福、快楽、遊びの源であるということです。これはまさに、大多数の人々にとっては疎外が増大する世界にあって、疎外なき労働関係というマルクスの夢を先取りするものです。ですから大学人は、また引用しますが「特権を認められている、未返済の負債があるという感覚、非常に強い責任感、いや罪責感」を感じるべきです。ピエールはそれを痛切に感じていました。私は「罪責感」という語がここで必要とは思いません。ただ、ピエールがこの語を使っていることを指摘しておきます。彼としてはさらに、メディア社会とその魔力に屈して、知識人の道を踏み外し、研究者の任務を裏切る者たちへの軽蔑感、と付け加えることができたでしょう。

しかしながら、一方で理性のための、他方で現代資本主義の犠牲者のためのピエールのたたかいは、ただ単に感情の土壌に根を下ろしているだけではありません。すぐれた知識人たちも、他の著名な人たちと同じく、自分が正しいと思う運動に名前を貸して、公に共感と支持を表明するという形で、社会に対し簡単に「借金を返す」pay their dues（私はことさらアメリカ風の表現を使っています）ことができます。しかしピエールはそれに甘んじることはありませんでした。社会にコミットする研究者とその研究者がおこなう研究の主題との関係が内蔵する複雑さと危険とを鋭く意識していたからです。彼の社会的行動は彼の生涯と作品を貫いていた根底的に科学的であると同時に政治的であった、あるひとつの企図《プロジェ》と切り離すことができません。その企図とは、一部の者たちは特権のなかに生き、他の者たちは経済的・文化的無産状態のなかに、つまり自己自身を所有できない状態のなかに生きている社会の支配のメカニズムを明らかにするという企図です。要するに、不正義を説明し、それとたたかう、という企図です。人間社会を理解することができる科学の偉大な建設者の一人としてのピエール・ブルデューという世界的名声は彼の晩年のより政治的な評論によってますます高まる、と私は確信しています。しかしそれは、私たちの後の世代が決めることです。今日私たちがなすべきこと、それはピエール・ブルデューを静かに偲ぶことです。

（二〇〇二年二月二日、国立コリヌ劇場でのお別れ会で代読）

加藤晴久 訳

弔辞

ジャック・ブーヴレス

（一九四〇年生、コレージュ・ド・フランス教授／哲学者）

ブルデューと私の結びつきを深めることになったもっとも大きな要因のひとつは、まちがいなく、壮大な哲学的観念と壮大な哲学理論に対し私たちが共有していた本能的な警戒心です。比類のない崇高さと深遠さに包まれていますが、壮大な哲学的観念とか理論は、現実には、かなり初歩的な混同や錯覚の所産にすぎないことを、多くの場合について示すことができます。ウィトゲンシュタインは概念的・言語的混同と言っています。ブルデューは特に、社会において自分が占める位置と果たす機能について哲学が本来的に陥りやすい錯覚を指摘しています。ウィトゲンシュタインの言うこと、ブルデューの言うこと、もちろん、いずれも同時に真であるうるわけで、私は両者の指摘が実際に真実であることが非常に多いという事実を疑ったことがありません。『パスカル的瞑想』のなかでブルデューは言っています。自分は「ウィトゲンシュタインのように哲学の第一の任務は錯覚を、とりわけ哲学の伝統が生産・再生産する錯覚を取り除くことであると主張したがゆえに哲学者たちから哲学の敵であると見なされた思想家を範とする」と。ブルデュー自身が哲学の敵と見なされ、そのように扱われた理由もまさにそれです。しかしながら、それだからこそ、ブルデューは結局のところ、哲学的によい交友環境に置かれることになったのです。

議論のなかで私たちがいつも論じたのは、そしてふたりの意見が完全に一致していたのは、哲学は自分自身についてこの錯覚を棄てることを受け容れたとしても、本質的なことは何ひとつ失うことはない、ということです。ブルデューの批判の作業によって脅かされていたのは、哲学の存在ではなく、哲学がおのれのあり方、おのれが為していることについて抱いている考え方です。哲学はそうした錯覚を棄てることができるはずと私が言うとき、もちろんそれはもっぱら理論的な可能性です。ブルデューはまさに、哲学はなぜそれができないのか、するとしてもなぜごく稀なのか、を説明してくれました。

私はよく、なぜブルデューはいつもその知的営みにおいてあんなにしっかりした足取りをしているのか、と自問自答しました。私が見つけた答えはムーシルが『特性のない男』の主人公ウルリッヒについて言っていることのうちにあります。ムーシルによると、ウルリッヒは山登り魂をもって科学を実践していたからだ、いちばんしっかりした足はいちばん低いところに置かれた足であることを知っていたからだ、というのです。ブルデューがあらゆる分野であれほどしっかりと一歩先んじていたのは、常に、少なくとも片足を、他の者たち、特に哲学者たちよりもずっと低いところに置いていたから、社会的現実と現実そのもののずっと低いところに置いていたからです。『パスカル的瞑想』のなかで、哲学者たちの言動の特徴である「衒学的滑稽」として彼が言っていることに、哲学者である私は躊躇することなく賛同します。こう言っています。「哲学に、また知識人の言うことにご大層な、また直接的な効力を付与する虚栄は、まさにショーペンハウアーが『衒学的滑稽』と呼んだものの一例と私には思われる。彼によると『衒学的滑稽』とは、たとえば芝居に登場する馬が糞をする場合のように、もともとの構想に入っていない行為をしでかすときの滑稽さである。さまざまな対立を越えて、わが哲学者たち、『モダン』あるいは『ポストモダン』な哲学者たちが共有しているのは、まさにこの、言説の力への過信である。アカデミックな注釈を政治的行為と、あるいはテクスト校訂を抵抗行為と思いこむ、そして言葉の次元の革命を物の次元のラディカルな革命と信じ込む読み手、レクトールの典型的な錯覚である。」

わが知識人のうち、少なからぬ者たちが、残念ながら、舞台で糞をたれる芝居の馬のような行動をしている、いや、糞をたれるよりもっと困った行動をしている、と私は思います。そうした徒輩とはちがってブルデューは言説の力を過大評価していませんでした。自分の言説が及ぼす力についてもずっと謙虚に考えていました。にもかかわらず、彼の言説が持っている力はすでに計り知れないものがありますし、これからますます大きくなっていくでしょう。

時間があれば、コレージュ・ド・フランスの最終講義でブルデューが語った「正義の」怒り、あるいは「聖なる」怒りの問題について、長く話したいところです。彼の死去のあとマスコミに出たいろいろな論評のなかには、マスコミに対してまだ怒ることができる者たちに、まさに正当な怒りを覚えさせるような論評がありました。怒りはときに良き助言者になる、と私は確信しています。しかし、今またここで怒るよりも（ブルデューはときどき怒りっぽい男だと私を非難していました）、ウィトゲンシュタインの未刊行テクストの一節を引用して終えることにします。しばらく前に見つけた一節ですが、いつもそうしていたようにブルデューに見せて感想を聞いておくべきだったと思っています。ウィトゲンシュタインはこう言っているのです。「〝自分は数学の命題には客観的な現実が対応していると考えるとハーディ〔G. H. Hardy 一八七七―一九四七、イギリスの数学者〕が書いているからといって、それがどうしたというのかな？〟――〝そう、何と答えるか、簡単ではないですね〟――〝明らかなのは、賢明な男でもそうしたちょっとした哲学的靄《もや》の脇を素通りしてしまうことがあるということだね。すると、もっと広大な部分が靄に包まれている領域が存在するということになるね。たとえば政治経済学のように靄がいちばん広がっているところでは、その靄は靄に包まれた概念世界の結果ではなくて、伝統的な諸概念を手段として使うある種の利害関係が作り出したものなのだと、哲学に対して反論することができるだろうよ。概念を変えることによって人間の考えを明瞭にすることができるかは疑わしい。ハーディに対する答えがあるとすれば、哲学とはひとつの方向を持った人間活動である、しかしその成功は他のすべての人間活動とおなじく不確かだ、ということだね。〟」

今週の『ヌーヴェル・オプセルヴァトゥール』誌はブルデューに人付き合いの仕方、礼儀作法のお説教をたれています。そして「社会的嫉妬心は困った欠点だ」と説明しています。この伝でいくと、遠からぬうちに、搾取されている者たち、貧しい者たち、排除されている者たちに、自分たちの条件と世界の状況を、古代ギリシアの賢者の達観とは言わぬまでも、せめて『ヌーヴェル・オプセルヴァトゥール』のジャーナリストのごとく育ちのよい人たちの温容なまなざしと上品さで受け容れることができなければならないと教える時が遠からず来るに違いありません。社会的ルサンチマンについてブルデューにお説教をたれる徒輩、そして彼の仕事の理論的・実践的内容をそれで説明したつもりの徒輩は、彼らの半生で一度でも、社会的屈辱というものを経験したことがあるのかどうか、残念ながら疑問とせざるをえません。

この週刊誌の同じ号ではまた、「社会学の貧困」とブルデューの事業の「華々しい挫折」が論じられています。ジャーナリストをはじめ、誰でも自分の内なる欲望を現実と取り違えることがあります。私としては、ウィトゲンシュタインが哲学について言ったことは社会学にも、また、われわれのいくつかの活動、いや実はほとんどすべての活動につきまとう靄を取り除くために社会学がなす努力にも妥当する、と言いたいと思います。ブルデューの偉大さは何よりもまず、彼の仕事はひとつの方向を持っていた、そしてこの方向を一貫して維持し続けたということのうちにあります。そのほかのこと、つまり彼の仕事の今後については、人間の活動のすべてと同じく不確かであることは、ブルデューは誰よりもよく知っていました。自分にとって師であり友人であった人に別れを告げるにあたり、私はこう言っておこうと思いました。ブルデューは自分にできるすべてのことを見事にやってのけた、と。ブルデューについて挫折などと破廉恥なことを吐《ぬ》かす者たちは、そのことによって、われわれの生きている世界が少しでも良くなるために自分にできることがあっても、何ひとつしまいと心に決めている、いやカール・クラウス式に言えば「狂信的に」決めていることを示しているのだ、と。

（二〇〇二年二月二日、国立コリヌ劇場でのお別れ会で代読）

加藤晴久 訳

弔辞

エマニュエル・テレ

（一九三五年生、社会科学高等研究院教授／人類学者）

ペール・ラシェーズ墓地での埋葬式に続いて、ここでまたピエール・ブルデューに対する友情と賛嘆と尊敬の念を表明する機会を与えてくれたことを三人の子息、エマニュエル、ジェローム、ローランに感謝します。

まずピエール・ブルデューの人柄についてです。亡くなった後出た一部の論評を読んだり聞いたりして、いったいこれは私が識っていた人間と同じ人間のことなのだろうかという感じがしました。私が識ったブルデューは繊細で情に厚く、思いやりのある人でした。いつでも何時間でも相手の話を聞き、彼らの問題、困難、苦しみを分かつことができる人間でした。そうした例をいくつも挙げることができます。ここにおられる皆さんもきっとそうでしょう。

ブルデューの学問的仕事についてですが、これは何時間でも、何日間でも話すことができますし、また人々は話すことでしょう。今ここでは、ひとつの側面だけを取り上げます。『世界の悲惨』の中でブルデューは、ひとは、どのような条件で、そしてどのような努力の結果として、自分自身の言葉で語ることができるようになるのかを説明しています。テープレコーダーを回して、マイクを差し出すだけではだめです。その場の雰囲気に合わせた型どおりの言葉か、あるいは、こちらが聞きたいのはこんなことだろうと相手が推測した言葉しか返ってこないのがおちです。ひとが自分の声で話すようになるためには、言葉を解放する作業が必要です。これは心安い信頼関係があってはじめて可能になります。言葉を解放する作業では、研究者は触媒の働きをします。中立的な観客あるいは知識のいっぱい詰まった専門家のつもりでいたのでは、この役割を果たすことができません。いっさいの迎合を排し、心をかよわせ合う仲間として振る舞わなければなりません。まさにこの方法論的な革命があの『世界の悲惨』のすばらしい対話を生み出したのです。われわれはまだ、この本からすべての教訓を引き出し終えていません。

ピエール・ブルデューが推進したたたかいについて、二つのエピソードをお話しするにとどめます。湾岸戦争さなかの一九九一年二月のことでした。ピエール・ブルデュー、エチエンヌ・バリバール、モハメッド・アルビらを含む私たちのグループでアッピールを出しました。その一節にはこうありました。

「不正義・非正当な戦争は、その源にある諸問題の解決を、日増しに困難にしている。この戦争は、中東とアラブ世界の諸民族の民主主義と、人権・社会正義と、自由を求めるたたかいを数十年間も後退させた。これこそ真実である。」

当時の状況では、このような見解を表明することは容易なことではありませんでした。コレージュ・ド・フランスの彼の研究室でピエール・ブルデューとともに過ごしたあの日曜日のことをよく覚えています。私たちは、アッピールを印刷し、ファックスで送り、封筒に詰め、宛名を書きました。このような地味な、しかし必要な仕事を彼はきびきびと手際よく、また実に淡々と処理していました。

もうひとつは、一九九八年の夏のことです。私はパリ一七区のバティニョル教会に大勢の無許可在留外国人たちと一緒にいました。われわれのたたかいは困難な状況を迎えていました。ピエール・ブルデューは幾たびも私たちのもとを訪れ、支持と連帯の意を述べました。彼の暖かい、的を射た言葉を、そこにいた者はけっして忘れることがないでしょう。

ピエール・ブルデュー！　私にとって、私たちにとって、あなたはいまでも生きています。あなたの死さえもあなたの敵を黙らせることができなかったことが、その証拠です。悪意に満ちたあれこれの論評を読んで、今日ではその名を言うことができなくなっている作家の言葉を思い出していました。「敵に攻撃されるのはよいことであって、すこしも悪いことではない。それはわれわれが自分の仕事をしっかりやったことの証しだからだ。」そのとおり、ピエール。あなたはあなたの仕事をしっかりやりました。いまは、安らかに休んでください。あなたは、現実を考えるためにあなたが私たちに遺してくれた道具をとおして、私たちとともに生き続けていくでしょう。私たちは、この道具を使って、あなたが推進したたたかいを引き継いでいくでしょう。

（二〇〇二年二月二日、国立コリヌ劇場でのお別れ会で朗読）

加藤晴久 訳

弔辞

加藤晴久

（一九三五年生、東京大学名誉教授・恵泉女学園大学教授／フランス語学・フランス文学者）

まずはじめに私は、欧州諸国から駆けつけたブルデューの多くの翻訳者の代表として発言することをお断りしておきたいと思います。私自身、すべてを擲《なげう》って二九日の夕刻、東京からやって来ました。翌日の三〇日、水曜日におこなわれたわが敬愛する友の埋葬式に何としても参列したかったからです。もちろん、いつまでも仕事を放り出しておくことはできません。この集まりの終了後、帰国するためすぐ空港に向かいます。

これまで私は何度か、今ここにお集まりの皆さんのような多数の聴衆を前にしたことがあります。しかしながら、その数少ない機会、私はいつもブルデューの傍らにあって、いわば侍祭《アコリット》の役を務めていました。つまり東京で彼の講演の通訳をしていました。〔実を言いますと、今「ブルデュー」と言っていることにある種の気詰まりを覚えます。何故かというと、彼に向かって話すときも、第三者と彼について話すときも、私は常に「ムッシュー・ブルデュー」と言ってきたからです。外国語を話すとき、実はひとは多かれ少なかれ母語を話し続けています。彼は私に「ムッシュー・ブルデュー」はやめて「ブルデュー」と呼べ、といつも言っていましたが、私の日本人としてのハビトゥスがそれを私に禁じていました。お互い様というわけでしょうか、彼も私をいつも「ムッシュー・カトー」と呼んで、日本的慣習を尊重していました。」私の本業はフランス語の教師ですが、そのメチエの通常の実践においては私は限られた数の学生を前にしていました。さもなければ、外国語を教えることは不可能です。ですから、今、私はこんなにも多くの皆さんの前に一人で立っていて、すっかりあがっております。見捨てられた、孤児になったような気がするからです。それでも、ブルデューの仕事の日本における重要性について、また彼の人柄について、皆さんの前で話すことができることを嬉しく思います。

ピエール・ブルデューは三度、来日しました。まず一九八九年。二回目が一九九三年です。二〇〇〇年の秋は、まずソウルに来ました。世界文学をテーマとしたシンポジウムに招聘されたのです。私の要請を容れて、東京まで足を伸ばすことを承知してくれました。この短い滞在のあと、ブルデューは日本のふたつの名門大学からの招聘を断っています。私がそれを知っているのは、日本に関することになると、私の意見を求めてくるのが常だったからです。一方の大学は創立七〇周年の、他方の大学は文学部創設五〇周年の行事で記念講演をしてもらいたいと言ってきたのでした。もうひとつ別の大学はまず私に連絡してきましたが、ふたつの大学からの招聘を断ったことを伝えると、ブルデューと連絡をとることを諦めました。

このようなエピソードからも、いまやピエール・ブルデューが日本の社会科学界でエミール・デュルケムに並ぶフランス最大の社会学者として認知されていることが分かっていただけることと思います。

最近私はある月刊の刊行物にこんなことを書きました。一世紀半まえ、日本人は“société”, “démocratie”, “liberté”, “droits de l'homme”, あるいはまた“philosophie”といった西欧から渡来した概念の内容を移し取るために、新しい語句、表現を作り出した。しかしながら、世界の言語の語彙を豊富にするために日本語、したがって日本文化が為した貢献はきわめてわずかにすぎない。たとえば「ハラキリ」。そして……「カミカゼ」、と。

ネオ・ナショナリスト、歴史修正主義者は日本にもいます。彼らは怒ったでしょうが、皆さんはブルデューと付き合っていると、ときには意地の悪いことを言うすべを学ぶということがお分かりいただけるでしょう。

いずれにせよ、社会学や哲学、フランス文学を修めた比較的若い大学人とともに作った翻訳グループが推進した仕事のお蔭で、「界」「象徴資本」「ハビトゥス」「象徴暴力」などブルデュー的概念は日本の社会科学界のボキャブラリーに定着しています。その結果、人々が日本の社会そのものに向けるまなざしも変化しつつあります。

しかしブルデューの場合、彼の社会理論と学問的業績の影響を語るだけでは不十分です。

彼の「人気」をどう説明したらよいのでしょうか？　そうです、「人気」popularité です。現代フランスの思想潮流にかならずしも通じているわけでない、フランスの社会科学の状況についてくわしい知識をもっているわけでない若い学生たちに「人気」があるのです。

一九八九年にはじめて来日したときからすでにそうでした。どの講演会場も満員です。しばらく話して通訳が翻訳するという、まどろこしい進行にもかかわらず、若い聴衆はじっと熱心に聞き入ります。そして講演が終わるとたちまち壇上まで登ってきた若者たちに囲まれます。彼らはブルデューに話しかけるだけでなく、自分の書いた論文、フランス語であることは稀で、英語、なかには日本語で書いた論文を進呈する者もいます！　ブルデューはどうかというと、彼らの言うことに実に辛抱強く耳を傾け、きわめて素朴な質問にまで丁寧に答え続けるのです。終わりそうもない議論に私がけりを付けようとしますと、ブルデューは怒ります。「ムッシュー・カトー。彼らと議論しているのになぜ邪魔するのか」と。パーティの予定があるのだから、と私が引っ張って行きます。しかし、パーティの場でも同じです。結局はいつも、私たちは彼を無理矢理タクシーに乗せてホテルに帰らせ、翌日のやはりぎっしり詰まったスケジュールに備えて休んでもらうのでした。

ところが彼は寝ないのです。テレビを見ているのです。私はフランス2のニュース以外、テレビはほとんど見ません。しかし、ブルデューにとっては、どんなにくだらない番組でも、日本を知るための貴重な素材なのです。翌朝、彼は私たちに自分の見た番組を分析してくれます。そして、「普通の人たち」、「庶民」が関心を持つものをけっして蔑視してはいけないことを、私たちに教えてくれるのでした。

ブルデューを読めば日本が分かる、と私はいつも言い、書いています。私はこの真理を固く信じています。それどころか、ブルデューを読めば自分自身が分かります。私もそうでした。だからこそ彼の訳者のひとりになりました。彼が一七世紀に生まれていたら、イエズス会に対するパスカルのきびしい批判にもかかわらず、ブルデューはきっと決疑論 la casuistique に通暁した卓抜な贖罪司祭 confesseur になっただろうと思います。昨年の九月始め、電話で話しましたが、もうかなり重くなっていた自分の病気のことはほとんど語りませんでした。私の抱えている問題について尋ね、慰め、また励ましてくれました。

私としては残された時間(外見にもかかわらず、私は彼より五歳若いだけです)、彼の仕事が日本でよりよく知られるように若い友人たちと頑張るつもりです。それが知的な面で、また感情の面で、彼への負債を返す途と心得ています。

よく非難混じりに言われたように、ピエール・ブルデューが神であったとしたならば、私は彼の使徒のひとりであった、ということになるでしょう。私に与えられた布教の地はもちろん日本ですが、それだけではありません。もしかすると韓国や中国も入るかもしれません。というのも、また一世紀半前の話になりますが、ジャン＝ジャック・ルソーの『社会契約論』やヴィクトル・ユゴーの『レ・ミゼラブル』、ジュール・ヴェルヌの『八〇日間世界一周』などが韓国語と中国語に訳されたのは日本語訳からであるからです。

二〇〇〇年一〇月、私は「ネオ・リベラリズムと新しい支配形態」というテーマでブルデューがおこなった講演の報告を日本の日刊紙に書きました。私はこのテクストを「現実を変えるのは不可能ではない」という彼の言葉を引用して結びました。そして付け加えました。「これが七〇歳のフランスの社会学者が日本の若者たちに残したメッセージである」、と。

二〇〇〇年一〇月のことでした。

ご静聴ありがとうございました。

（二〇〇二年二月二日、国立コリヌ劇場でのお別れ会で朗読）

Pierre Bourdieu 1930-2002

ブルデューの偉大さを称えて

ブルデュー、悲しみ

アニー・エルノー
（女流作家）

一月二四日の昼間、メディアによってピエール・ブルデューの死が報じられコメントされた仕方は示唆的であった。ニュースの終わりの二、三分間に、「政治参加する知識人」という側面が――あたかもこれら二つの言葉の組み合わせが突飛なもので、今後は考えられないかのように――強調された報道。とりわけジャーナリストたちの口調は多くを語っていた。距離を置いた敬意、突き放した月並みの称賛。明らかに、メディア的ゲームの規則を告発した者にたいして彼らが抱いたにちがいない怨恨に隔てられて、ピエール・ブルデューは彼らの仲間ではなかったのだ。そして耳に入ってくる言説と、時を同じくして無数の研究者や学生や教師たち、さらにはピエール・ブルデューの仕事との出会いがその世界観や人生にひとつの転機をしるしづけたあらゆる分野の男女の心に広がっていた悲しみとのあいだには、大きなずれが横たわっているように思われた。

一九七〇年代に『遺産相続者たち』や『再生産』を、そしてもっと後に『ディスタンクシオン』を読むこと、それは激しい存在論的ショックを受けることであったし、今でもそうである。私はこの「存在論的」という言葉を意図的に用いた。自分がそうであると信じていた存在はもはや以前と同じではなく、社会の中で自分や他者について抱いていたイメージは引き裂かれ、私たちの場所も、私たちの趣味も、一見したところ生活の最もありふれた事物の運行の中で自明であったものは、もはや何ひとつ自然ではないという事態。

　そして自分自身が被支配的社会階層の出身でさえあれば、ブルデューの厳密な分析にたいして知的同意を与えるときには、確かにそれが現実の通りであるという感情、いわば経験によって保証された理論の真実性がそこにあるという感情が伴うのである。たとえば自分自身や近親者が象徴暴力の犠牲になっている場合には、その現実性を認めないわけにはいくまい。

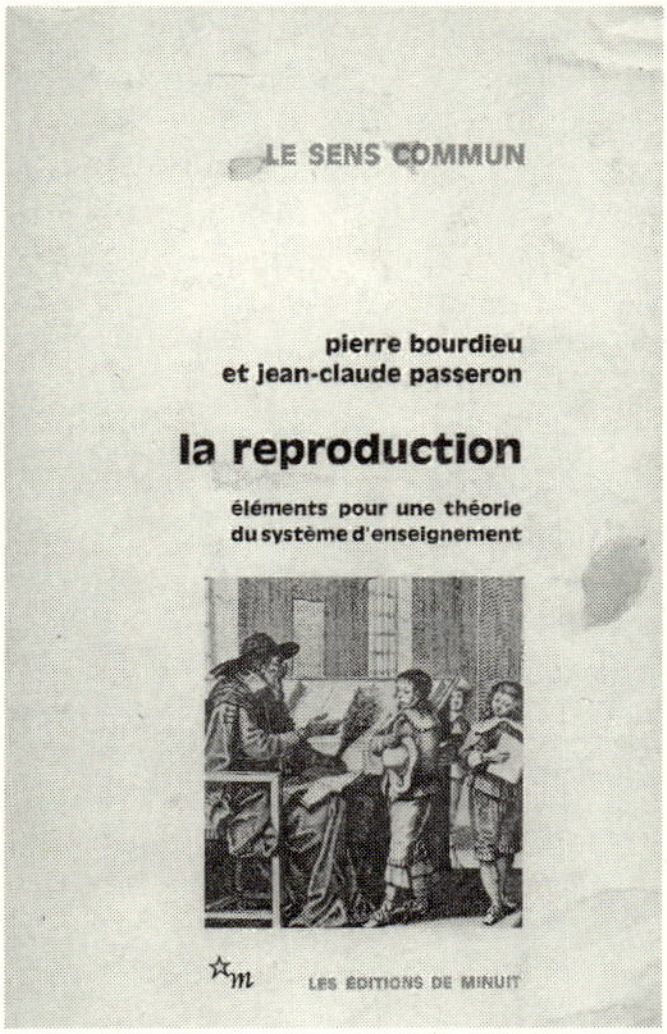

『再生産』

　最初にブルデューを読んだとき受けた影響を、それより一五年前に読んだシモーヌ・ド・ボーヴォワールの『第二の性』から受けたそれと比べてみたことがある。後者の場合は女性の条件について、前者の場合は社会的世界の構造について、いずれも後戻りのできない意識の目覚めが一気に訪れたものだ。それは苦痛を伴う目覚めであったが、やがて名状しがたい喜びと力が生まれ、解放の感覚、孤独が破られたという感覚が訪れた。

　私にとっては解放の同義語であり、世界において「行動する理由《レゾン・ダジール》」の同義語であるブルデューの著作が、社会的決定論への従属であるかのように思われることがありえたというのは、今もって私には謎であり、悲しいことである。むしろ逆に、ブルデューの批判的社会学は社会的再生産の隠されたメカニズムを明るみに出し、個々人が知らず知らずのうちに内面化してしまっている支配への信仰とそのプロセスを客観化することによって、存在を運命論から解き放つものであると私には常に思われてきた。文学・芸術作品の生産条件やそれらの作品が生まれる闘争の場を分析しながらも、ブルデューは芸術を破壊するのではなく、これを解体するのでもなく、単にこれを脱神聖化し、宗教よりも遥かにましなもの、つまり複雑な人間的活動にするのである。そしてブルデューの文章は私にとって、物を書くという営みを根気強く継続し、とりわけ彼が「社会的被抑圧物」と名付けたものを語るように導いてくれる励ましであった。

ピエール・ブルデューの社会学にたいして時には極度の激しさで突きつけられてきた拒否は、彼一流の方法論と言葉遣いから来ているように私には思われる。哲学から出発したブルデューは、この学問を基礎付けている美、善、自由、社会といった諸概念を抽象的に操作することはいっさいやめて、具体的・科学的に研究した内容をこれらに付与した。彼はたとえば、美という概念が現実の中で農民であったり教師であったりした場合にどういった意味をもつのか、自由という概念は人口三千人の町に住んでいた場合に何を意味するのかといったことを解明し、なぜ個々人が結局のところ彼らをひそかに排除しているものから進んで自らを排除してしまうのかを説明したのである。

哲学におけると同様、また最善のケースでは文学におけると同様、問題なのはここでもやはり人間の条件なのだが、それは人間一般の条件ではなく、社会的世界に組み込まれた個々人の条件である。そして事物を超越した抽象的な言説や預言的な言説を聞いても誰ひとり動揺しないかもしれないが、グランド・ゼコルにおいて知的あるいは経済的支配者層出身の子弟が圧倒的比率を占めていることを数字で示してみせたり、今ここで大学人（ホモ・アカデミクス）にもメディアにも等しく見られる権力戦略の数々を厳密に暴いてみせたりすれば、そういうわけにはいくまい。

言葉遣いの問題。——たとえば「庶民階層」とか「上流階層」と言う代わりに「被支配者」「支配者」といった用語を使えば、事態は一変する。ヒエラルキーを表す婉曲的でほとんど自然な表現と違って、それらの用語は社会関係の客観的現実を露呈させるのである。

ブルデューの仕事は、パスカルのように外見を打ち壊し、ゲームや幻想や社会的想像物を明るみに出すことに熱意を注いだものであったが、それが転覆の誘因をはらみ、世界——彼が自分の研究者チームと一緒に監修した最も有名な著作（『世界の悲惨』）はその悲惨さを示してみせた——の変革へとつながる限りにおいて、ひたすら抵抗に出会うばかりであった。

私はサルトルの死にさいして、何かが達成され完成されたと感じ、彼の思想はもはや活動せず、結局のところ彼は歴史の中で倒れたのだという思いを抱いたものだが、ピエール・ブルデューの場合はそうではない。彼を失ったことで私たちは――めったに使わない「私たち」という言葉を私はあえて用いるが、それは彼の死が報じられてから自然に友愛の波が広がったからである――深い悲しみを覚えているが、私たちの多くはまた、彼の発見や概念や著作の影響がますます広がるであろうとも考えている。ジャン＝ジャック・ルソーのケースがそうであったように。彼についても同時代人の誰かが、その文章が貧民を誇り高い存在として描いたことに反撥したのであった。

石井洋二郎 訳

（『ル・モンド』二〇〇二年二月六日付）

ブルデュー、理性と情熱

ロジェ＝ポール・ドロワ

（『ル・モンド』書評担当／哲学者）

ピエール・ブルデューの圧倒的かつ豊饒な著作の中に、唯一の、変わることのない、執拗なまでに一貫した意図を見出すことはできるだろうか？　ひと目見ただけで、読者は諦めてしまうかもしれない。スケールの大きなこの社会学者の膨大な仕事は、形式からして多様な相貌をまとっているからだ。刊行された二〇冊ばかりの書物には、現地調査もあれば概念分析もあり、特定の問題についての熱っぽい発言もあれば、長期にわたる省察もある。またいっさい単純化せずに言うなら、主題の多様性はすさまじいものだ。カビリア族の儀礼から学校教育システムまで、研究機関から婚姻まで、文化的趣味から男性支配まで、高級官僚から言葉遣いまで、ハイデガーからテレビまで（これでも網羅的リストではないことはおわかりだろう）、探求の対象は余りに数多く、余りに雑多な様相を呈している。だからいい加減に済ませようと思えば、いずれについてもその一面しか考察せずに、著作を断片化してしまえばいい。そうすればあらゆる主題について、各々がそれなりに納得できる一貫性を備えた概観が得られるはずだ。ただし、それらの繋がりは依然として不明なままにとどまるであろう。

ピエール・ブルデューの思考過程には、それでもひとつの深い統一性がある。彼は確かに変化しているし、その路程を詳細に検討してみれば幾つもの時期や段階が浮かび上がってくるであろうが、彼の省察はただひとつの根源的な問いをめぐってなされている。それは非常に古くから受け継がれてきたもので、ブルデューはこれを甦らせ、さらには覆そうとしたのだ。哲学と同じくらい古いこの問い、それはアイデンティティの問題である。己自身を知ることは、すでにソクラテスに課せられた使命であった。私とは誰か、われわれとは何者か、私は何を知っているのか？　古来何度となく繰り返されてきたこれらの問いを、ブルデューはふたたび取り上げた。ただし彼はそれらを練り直し、きわめて独自の仕方で変形した。というのも、彼は昔の哲学者たちがしたように、自然や人間の条件について問いかけはしなかったからである。彼にとっては、人間一般の本質がどこに宿っているかはもはや問題ではない。問題はある個別的な主体がいかにして生産されるのか、そしてその趣味や自己イメージ、もろもろの戦略などがいかにして生み出されるのかということである。

しかしこのようにして自己を知るためには、自分自身の内部を見つめても無駄である。視線を投げ掛けるべきは自己の周囲、あるいは背後、あるいは下方なのだ。つまり外部に、社会的作用の目に見えると同時に隠されてもいる細部に、目を向けなければならない。自己認識とは内省の結果ではなく、客観化の結果なのである。あなたは自分が芸術家的資質を備えていると思い、自分の才能に目覚めているかもしれない。だが、むしろあなたの誕生日や出生地、両親の職業や自分の学歴などを教えていただきたい。まったくつまらないこれらの情報の方が、おそらくあなた自身の感情よりも、あなたがもっているかもしれない才能について多くを教えてくれることだろう。自己を知るためのこうした迂遠な方法は、ここでは精神分析とはほんのわずかな共通点しかもっていない。主体の形成を把握することを可能にするのは、心理的葛藤ではないのである。ブルデューにおける個人はもはや、フロイトにおけるように「自分自身の中心」にあるのではない。そうではなくて、自己を（それも内面にいたるまで）生産するのは、今度は社会的外部なのだ。

こうした理由から、人は自分にたいして透明であることができない。私たちのどんなにちょっとした傾向でも、およそ自然とは言えない種々のコードと差別化の複雑な作用の結果なのだ。ブルデューが構想し磨き上げた社会学的作業の野心は、それらのコードや差別化をその細部において、時には顕微鏡的とも言えるそれらの作用のうちに、そして容赦のないそれらの再生産のうちに浮かび上がらせることである。この隠蔽された機械装置を把握するために、彼は新たな概念を鍛え上げた。たとえばハビトゥス、場《シャン》（界）、象徴暴力など。この面で彼がもたらした寄与はきわめて広汎かつ強大であり、リュック・フェリーとアラン・ルノーが「六八年的思考」からの脱却を目指して著した哀れな小冊子において、なぜブルデューの繊細かつ力強い著作の中に「俗流マルクシズムの際立った一変形」しか見ることができなかったのかと、今なお不思議に思えるほどである。

　ここでの根本的な問題はもちろん、知識によって可能になる解放の問題である。ブルデューにおいて、それはもはや修辞的な、一般的で抽象的な問題ではない。具体的かつ詳細であることによって、社会学は「各人に自分自身の社会的生産条件、および自分が社会的世界に占める位置を理解させ、そうすることで自分が何者であるかをよりよく理解させることを可能にする、きわめて強力な自己分析装置」となりうるのだ。その可能性は確かに存在するが、実現できるかどうかはけっして定かではない。社会的決定のさまざまな仕組みを明らかにしさえすればそれらを打破できるという保証はないのである。ブルデューが繰り返し示してみせたように、被支配者は自分が支配されているという事実を内面化してしまっており、その結果、ついには自己の抑圧をみずから誘導するに至ってしまうからだ。象徴支配は主としてこうした機能を果たしている。ここでもまた、別の意味においてではあるが、透明性は不可能であることがわかる。

　となると、出口はひとつしかないように思われる。それには絶えざる努力とケースバイケースの対応が必要だ。透明性の幻想を、それが残存しているあらゆる局面で解体することである。一例を挙げよう。グランド・ゼコルの生徒は一生懸命思考することにうちこみ、それを自然で当然のことと思っている。そこで問うてみようではないか。その活動がもっぱら人間理性の自由な活用として現れてくるような個人の存在は、いかなる社会的・歴史的条件によって生み出されるのか？　念入りに構成され、書架に覆われ、規範に囲まれ、規則と象徴に満たされたあのきわめて人工的な学校という場所が、自然な、どこでも同じく人間的な、正真正銘自発的な場所と思われるに至ったのは、いかなる回路を経てのことなのか？

　現実から遊離した抽象化を拒むブルデューは、単純化のメカニズムを警戒していた。彼はパスカルの次の言葉をわがものにしていた。「二つの行き過ぎがある。理性を排除することと、理性しか認めないことだ」。クラウゼヴィッツは、戦争というのは別の手段で継続された政治にほかならないと主張していた。ブルデューの言う社会学は多くの点で、その天才的な閃きにおいても種々の限界においても、別の手段によって継続された哲学という感じがする。しかしそこにおいてもまた、透明性は不可能に思われたのだ。

石井洋二郎 訳

（『ル・モンド』二〇〇二年一月二六日付）

Roger-Pol Droit,
"Bourdieu, raisons et passions", *Le Monde*, 26.01.02

マルクスよりもパスカル

ロジェ・シャルチエ
（社会科学高等研究院教授／歴史家）

大学界を扱った一九八四年の『ホモ・アカデミクス』の最初の部分で、ピエール・ブルデューはこう書いていた。「社会的世界についての科学的言説に必ずつきまとう困難は、その発言者が賭けられ巻き込まれているゲームを直接の対象とする言説の場合に最も大きくなる」。そこから、行為者自身によって誤認されているメカニズムについての知識を構築する作業と、社会学者がみずからの研究対象である学問的・知的世界における自分自身の位置を客観化する必要性との、極度の緊張関係が生じる。ピエール・ブルデューは、しばしばこの分裂を密かな苦痛として生きた。中にはそれを傲慢さと取り違えた者もいたが。

この分裂は、おそらく彼の最も深遠で最も内密な書物である『パスカル的瞑想』（一九九七）に一貫して見られる。彼は「幸福なる大学人たちが方法論もなしに波風のない人生を語ってみせる（この学校的課題を果たすよう求められるのは彼らくらいのものだ）」あの自伝の数々を嘲笑し、このジャンルにはいっさい手を染めない。しかしそれでも彼がおこなっている批判的反省性の実践は、社会的世界についての真の知として提示される言説の歴史的可能性の条件を見定めようとするあらゆる企図の困難さを、はっきり示している。
「歴史の忘却」に抵抗し、相対主義を拒否しながらも認識の作業を個々の分野特有の決定要因に関連づけること、それは容易な道ではない。性急な、あるいは論争好きの読者にたいして、ブルデューは一九九四年の論文集『実践理性』において次のように念を押していた。「科学的戦略の社会的側面を強調すること、それは科学的証明を、単なる修辞学的ひけらかしに還元してしまうことではない。科学的闘争の武器および賭金（獲得目標）としての象徴資本の役割を喚起すること、それは象徴利潤の追求を、科学的行為の唯一無二の目的あるいは存在理由にすることではない」。

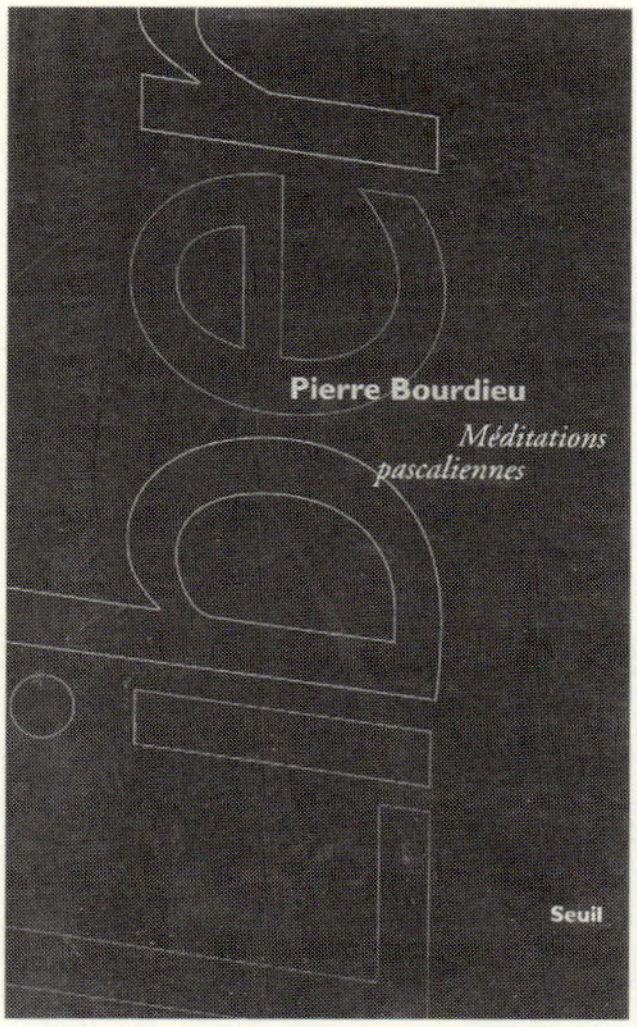

『パスカル的瞑想』

どんな作品であれ、とにかく作品の分析に適用されるとき、この厳しいもくろみは、ブルデューがいかなるアプローチに対抗して彼の仕事の根幹をなす概念カテゴリーを構築したのかを理解させてくれるにちがいない。場《シャン》（文学場、芸術場、哲学場、等々）の社会学は、三つの切断を前提としている。第一に、いっさいの歴史的決定を逃れた「創造されざる創造者」という観念論的神話との切断、第二に、もろもろの社会的位置と、イデオロギー的内容のみに還元された美的表現との直接的照応関係を肯定する社会学的還元主義との切断、そして第三に、論弁的な対立や対決の完璧な自律性を要請する構造分析との切断である。

各々の社会空間は固有の法則に従っており、その空間に特有の価値体系に応じて行為者たちを階層化していると考えるブルデューは、種々の文化場に固有の特徴を理解させてくれる。一方では、文化に関しては（学位や証明書を要求する学問の世界とは逆に）制度化された入場資格が不用なので、場の境界決定やそれを画定する権利、作家や芸術家の正統的定義などをめぐる闘争が、そこでは最も基本的な賭金を構成している。他方、文化場は経済の世界を支配している分類原理を転倒した形になっているので、「脱利害性への利害関心」を価値あるものとし、産業文学やアカデミー芸術によって約束される利益には最も還元しがたい位置をそこで保守しようとする人々にとっては、経済への無関心を可能にするような経済条件を前提としている。

こうした理論的練り上げによって、種々の「偉大さ」の間にパスカルが設けた区別が分析装置へと変貌する。「偉大さのあらゆる威光は、精神の探求に携わる人々にとっては何の輝きももたない。精神的な人々の偉大さは、王や富者や将軍など、あれら肉において偉大な人々の目には見えない。また叡智の偉大さは、肉的な人々の目にも精神的な人々の目にも見えない。これらは三つの異なる種類である」。

『実践理性』

「歴史の彼岸は存在しない」、そしてだからこそ社会科学は「一貫して歴史的であることを受け入れ」なければならないのだ。こうした断言は、余りにも面倒な概念化を前にして頑固に抵抗する歴史家たちと、デュルケムやモースの社会学的企図の忠実な継承者であるブルデューのあいだに、必ずしも誤解を引き起こさなかったわけではない。ブルデューは現在時に引きこもるのでなく、歴史的進化の特定の一時点に縛られずにいつも発見に役立つ妥当性をもちうるような、そんな理解のカテゴリーを提唱したのである。

今日では世間に流布したいくつかの概念についても同様である。「過去の経験を通して身体に書き込まれ、実践的認識行為を操作することを可能にする知覚・評価・行動図式」として定義されるハビトゥス概念しかり、一九九八年に刊行された『男性支配』が示しているように「被支配者たちが支配者の観点から構築されたカテゴリーを支配関係に適用し、その結果これらのカテゴリーが自然なものであるように思わせてしまう」象徴支配概念しかり。

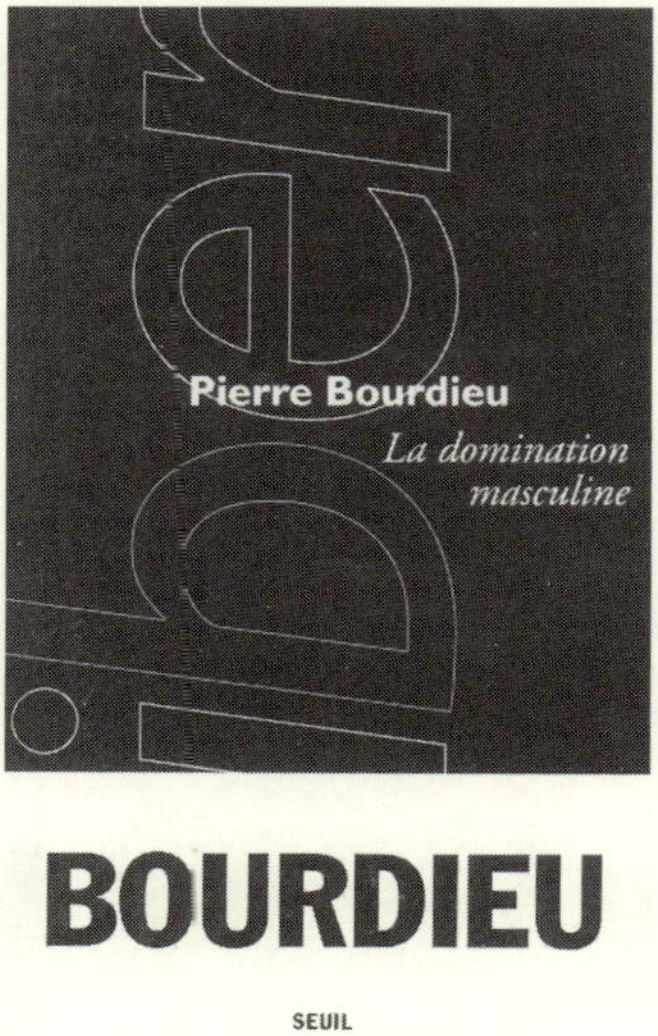

『男性支配』

けっして忘れえぬ友人のルイ・マランと同じく、ピエール・ブルデューはパスカルのうちに、自分自身の問いの鮮やかな定式化を読み取っていた。一九九七年刊の書物『パスカル的瞑想』の冒頭部分に見られる機知に富んだ文章が思い出される。「マルクスとの関係について質問されるたびに——その質問はだいたいいつも悪意に満ちているのだが——私はずっと以前からこう答えることにしてきた。結局のところ、どうしても誰かと関係づけなければいけないのだとしたら、私はむしろパスカル派ですよ、と」。

『パスカル的瞑想』の最後の部分で、意外な調子の省察を繰り広げながら、彼は死を思考することの耐えがたさを、生きる理由を俗世間や気晴らしのうちに探求することに結びつけていた。しかしおそらくパスカルと同様、彼もまたそうした生存理由が幻想にすぎず、もっと強烈な要請に比べればほとんど価値がないことを知っていたのだ。「人はひとりで死ぬであろう。だからあたかもひとりであるかのように振舞わなければならない。となると、豪華な館等々を建てようなどと思うだろうか？　それよりも躊躇なく真理を探求しようとするだろう。もしそれを拒否すれば、真理の探求よりも他人の評価のほうを重視していることになる」。

（『ル・モンド』二〇〇二年一月二六日付）

石井洋二郎訳

Roger Chartier,
"Plutôt Pascal que Marx", *Le Monde*, 26.01.02

攪乱者ピエール・ブルデュー

ジャック・ブーヴレス
(コレージュ・ド・フランス教授／哲学者)

現代思想のビッグネームのひとりで、私たちの何人かにとっては非常に親しい友人でもあった人物の死去以上に耐えがたいものがあるとすれば、それはまさにピエール・ブルデューの死後数時間のあいだだけ、メディアが一斉におこなった追悼の儀礼である。案の定そこには義務的で慣習的な賛美が含まれていたし、報道機関が(状況が状況だけに今回はいつもより若干慎ましくではあったが)好ましからざる知識人たちに教訓を垂れる流儀も、公平性と客観性の印象を与えるために必要と判断された幾分かの不実さと下品さも、欠けてはいなかった。

ブルデューがわが国のいくつかの新聞雑誌、とりわけ『ル・モンド』の一面に自分が載っているのを目にすることができたとしたら、彼はこれらのメディアによって自分が晩年にどう扱われていたかを必ずや思い出すであろうし、この数日間に起こっていることのうちに、「ジャーナリズムの健忘症」について自分が書いてきたことの典型的な確証を見出すことであろう。

この数日間に彼について新聞雑誌が掲載してきたあらゆる記事の中で最も真実を語っているのは、多くの場合そうであるように、それだけでほとんどすべてを語っている一枚の残酷な風刺漫画かもしれない。一月二五日付の『ル・モンド』一面に載ったプランテュのそれである〔テーブルを囲んだ七人の男たちのひとりが頭に三色旗を立てて『社会的断層』というタイトルの本をもち、涙を一滴垂らしながら「今こそブルデューを読み直すときだ！」という台詞を発している漫画〕。共和国大統領は私たちに、「ピエール・ブルデューは社会学を政治参加と不可分の学問として生きました。世界の悲惨に見舞われている人々のために彼がおこなった闘争は、その最も顕著な証言として残ることでしょう」と説明した。この言明は、もちろん単に事実だけを述べたものではない。そこにはこんなことが含まれているはずだ――この発言の主は、今後はこれまで以上の熱意と精力を傾けて「社会的断層」および全般的な世界の悲惨の問題に立ち向かうつもりである。

カール・クラウス〔オーストリアの作家、一八七四―一九三六〕はオーストリアについて、「結果を引き出せない国」だと言っていた。そして彼は、風刺作家である自分が要求しているのはじつのところ、最小限の論理でしかないという事実を強調していた。私はずっと以前から、以下のことに驚いている。おそらく私たちの時代全体が、そして私たちが今日その中で生きているシステム全体こそが、結果を引き出さない技術、とりわけブルデューのような批判的知識人の仕事のおかげで自分たちが学んだことや知っている（あるいは知っていると思っている）ことから結果を引き出さない技術という点では、ほとんど名人芸の域に達しているということだ。論理的であるということが「ドグマ的」であることや「セクト的」であることとほとんど区別がつかなくなっている連中にとって、ブルデューの最も許しがたい点のひとつは、今日なお結果を引き出しうる稀有な知識人のひとりであったということにちがいない。

正直なところ、社会的世界を支配しているメカニズムをより深く認識すれば世界を変化させることができるという現実的可能性について、私は常にブルデューよりも懐疑的であった。『パスカル的瞑想』において、彼は「理解への障害は、おそらく社会的事象が問題になるときには特に、ウィトゲンシュタインが指摘していた通り悟性の側よりも意志の側に存している」と語っている。

彼は、社会的な事柄に関してはあえて知るまいとする意志が今日ではかつてないほど現実に見られる事象であると考え、とりわけジャーナリストたちがそうしたように、おまえは自分たちがすでに知っていることしか教えなかったではないかと彼に反論した連中が、同時に意志的な無知とはいかなるものでありうるかについての最もみごとな実例をしばしば提供してきたと考えていたが、これはもちろん当を得たことであった。けれども知ろうとするだけでは充分ではなく、知っていることから結論を引き出さなければならない。そして引き出すべき結論が実践的結論である場合には、残念ながらいわゆる知性がもはやほとんど通用しない領域、今日でもなお以前と同様にうまく統御できない領域に踏み込んでしまうのである。

ブルデューは、私には何の困難もなく理解できる理由によって「意識」や「自覚」にまつわる言葉を好まず、「社会構造の身体への書き込みから生じる極度の惰性」という言い方をしている。

パスカルが「慣習」と呼んでいるもの、すなわちブルデューにとっては教育と身体の訓練に由来するこうした諸性向の惰性を克服するためには、「真の思想の力」――社会学から出てくるものであれ他の何らかの学問分野から出てくるものであれ――とは別のものがなければならない。だが、物事があれほどにも変化しにくくめったに変化しないのは社会学が要請しているいわゆる決定論のせいであり、そのせいで行為者たちは物事を変化させせようとしても無駄であるとか不可能であるとか思い込まされているのだ、と言われるのを耳にするのは、まことに嘆かわしいことだ。

ブルデューはそれどころか、なぜ物事がそんなに変化しにくいのかを説明すると同時に、それらがどうすれば変化しうるのか、変化しうるはずなのかを示そうと常に努めてきた。最近はまさに彼の「決定論」さらには「運命論」がずいぶん問題にされてきたが、彼はいつも、まず知ることから始めるのが肝要であるのは、まさに物事の流れを変えるチャンスを手にするためなのだということを、熱っぽく主張してきたのである。彼は言う、「私が書いていることの中で反インテリ主義と聞こえる部分は、たとえば自分の自由にも限界があるという事実を実際にはなかなか受け入れられない知識人特有の困難さのように、懸命に努力してもなお自分のうちに残存するインテリ主義やインテリ性の残滓にたいして特に向けられたものなのだ」と。私の知る限り、ブルデューは知識人にたいしてけっしてこれ以外のことを説こうとしたことはない。彼らの自由には限界があり、それはおそらく彼らが普通に思いたがっているよりずっと厳しいものである。しかし彼らは一般に、あたかも彼らがいかなる現実的な自由も手にしていないとブルデューが主張しているかのように——それも彼らの尊厳にとっては侮辱的な受け入れがたい仕方で主張しているかのように——振舞うほうが便利であると考えたのだ。

ブルデューによって想定された決定論的命題の受容は、私には学問による政治参加の条件である理由の原理への単なる賛同と、それほど違ったものには一度も思えたことがない。つまり彼がパスカルの用語を用いて言っているような「現象の理由」を見出そうとする意志、この場合は社会的現象のうちに、より特殊的には社会的には見えないにもかかわらず完全に社会的であるような現象のうちに社会的理由を見出そうとする意志と、それほど違ったものには一度も思えたことがない。彼は言う、人々は「あたかも社会学者にたいしてあれほどにも非難されている決定論が、自由主義や社会主義と同じく、あるいは美的・政治的嗜好と同じく、信仰の問題であるかのように、さらには攻撃するにせよ擁護するにせよそれに関して立場を決定しなければならない一種の主義主張であるかのように」語っているし、「あたかも学問による政治参加が、社会学の場合には独自性や自由さ、侵犯や転覆、差異や分裂、開放性や多様性、等々のあらゆる知的な『大義名分』にたいする怨恨から生じたひとつの態度決定であるかのような」言い方をしている、と。

残念なことに、自分は「自由を信じている」と自負し、ブルデューはそれを信じていないと考える連中は、たいていの場合彼の社会的世界観一般について、特にその哲学・文学・芸術観について、確かに以上のような語り方をしてきたのである。自由とは決定論よりも非決定論と折り合わせるほうが容易であるとあんなにも深く確信している人々を、私はいつも羨ましいと思ってきた。ライプニッツもカントも、他の幾多の思想家も、まさに逆の考えを抱いていたのであり、彼らが間違っていたとは今なお証明されていないのだが。

ブルデューは時折、この点をめぐって彼自身が受けてきた絶えざる攻撃にたいして苛立ちや怒りを示し、特に哲学者たちからの攻撃にたいしてはそうした反応が顕著であったが、私には彼の気持ちがわかりすぎるほどよくわかる。彼はまさにそうした連中の大半よりもよほど哲学の伝統に通暁していたし、哲学の伝統がこの種の問題について、明らかにより繊細でより真剣な姿勢をとるための手段を今なおそうした手段を利用したいと思っている人々に提供できるということを、他の誰よりもよく知っていた。

「あらゆる分配のうち、最も不平等でおそらく結局のところ最も残酷なもののひとつは、象徴資本の配分、すなわち社会的重要性と生きる理由の配分であろう」とブルデューは言う。長いあいだ自分がなかなか信じられなかったことを教えてもらって、私は彼に深く感謝している。つまり配分というのは最もそう思えないところ、たとえば知的世界そのものの内部においてさえ、やはり不平等かつ残酷でありうるということだ。そして、メディアは私たちの生活にますます直接的に介入し、ますます影響力を増しているが、残念ながらこの配分を矯正することに何ら貢献していないどころか、主たる結果としてはむしろ逆に、名誉と不名誉の配分に関して蔓延している不当性と恣意性をひたすら増幅する一方であると、ブルデューと同様に私もまた確信している。

パスカル曰く、「人間のあいだに不平等が存在することは必要である、それは本当だ。しかしそれがひとたび認められると、最高度の支配に扉が開かれるだけでなく、最高度の専制にまで扉が開かれてしまう」。社会的側面からとらえられた思想の世界にも、不平等や支配が存在することは必要である。あるいはいずれにせよ、そのことは不可避である。しかしブルデューが異議を申し立てたのは、専制へとつながる扉を、それがすでに自然に開いている以上にもっと広く開こうとする性急さにたいしてなのだ。彼が最も頻繁に引用していたパスカルの文章のひとつは、人は異なる価値にたいしてそれぞれ異なる義務を果たさなければならないが、専制とは価値の一形態のために、実際には別の価値にしかつながらないような義務を要求することである、という趣旨を述べた一節である。「専制は、みずからの次元を越えた全般的な支配欲のうちに存する」。

ジャーナリズムの権力がひとつの専制となるのは、この権力が乱暴な仕方で、あるいは多かれ少なかれ独裁的な仕方で行使されるからではなく、それがあらゆる次元に、特に文化的次元にまで支配を及ぼそうとする自然な欲求をもっているからである。良きパスカル主義者として、ブルデューは諸次元の区別と通約不能性、特に現実的な知の次元と今日「情報」とか「コミュニケーション」とか呼ばれているものの次元のあいだに存在する区別と通約不能性を信じており、そのエネルギーの大半を、まさしく両者を混同することで利益を得ている連中との闘争に費やしてきた。彼の社会学的分析のせいで科学と文化のレベル低下が生じたと非難する連中の攻撃が、とりわけ滑稽なものに映る理由のひとつはここにある。

ブルデューが彼のような人々に期待される役割、彼の場合には膨大で圧倒的でさえある知識を備えた学者としての役割——彼が占めていた例外的な地位は、さまざまな現実や「通俗的」思考様式との接触からこの役割を守ってくれる——を引き受けるだけで満足していたとしたら、おそらくこれほどにも時代を攪乱することはなかったことだろう。彼は自分が「知識人として存在することを正当化されていると本当に感じたことは一度もない」と語っていた。他の多くの連中と違って、彼は知識人とは異なる仕方で存在するよう努めただけでなく、それに成功したのである。

ブルデューは自分とパスカルの共通点について語るとき、「人間一般」や「健全な民衆の意見」にたいしてパスカルがいっさいのポピュリズム的素朴さ抜きの配慮を抱いていたことに言及している。それゆえ私も、ブルデューのような人々の偉大さと彼らが私たちに与えてくれる範例の偉大さがどこに宿っているかについて、パスカルの言葉を最後に引いておくとしよう。「人は彼ら〔偉人たち〕に、彼らが民衆に結びついているほうの端で結びついている。というのも、彼らはいかに高みにあろうとも、やはりどこかで最低の人間とつながっているのだから。彼らはわれわれの世間からまったく切り離されて、空中に浮遊しているわけではない。否、否、彼らがわれわれより偉大であるのは、頭がわれわれよりも高い位置にあるからなのだ。しかし彼らの足はわれわれと同じ低いところにある。彼らはそこで皆同じ水準にあり、同じ大地に立っている。そしてこちらの先端では、彼らもわれわれや最小の人々や獣と同じ低い位置にあるのだ」。

（『ル・モンド』二〇〇二年一月三一日付）

石井洋二郎 訳

Jacques Bouveresse,
"Pierre Bourdieu, celu qui dérangeait", *Le Monde*,
31.01.02

ジンメルとヴェーバーの総合

アクセル・ホネット
（フランクフルト大学教授／哲学者）

社会学がこの数十年のあいだにみずからの使命を果たしたことがあったとすれば——つまり啓蒙主義のもくろみを別の手段で継承したことがあったとすれば——それは大部分、ピエール・ブルデューのおかげである。

彼の人柄の特徴でもあった「野心」と「謙虚さ」の驚くべき結合によって、彼は初めから、現代社会が今日なお抱き続けている幻想を破壊することをみずからの務めとしてきた。ブルジョワ文化の脱利害性という幻想である。

この目的のためにブルデューはひとつの理論装置を編み出したが、それはカール・マルクスとマックス・ヴェーバー、エミール・デュルケムとゲオルグ・ジンメルの影響を同時に受けながらも、けっしてそれらの単なる寄せ集めに終わることはなかった。

それどころか、それは彼が練り上げた理論を特徴づける完璧な均質性を備えていた。この理論はきわめて厳密なもので、それによれば、ある社会の象徴的表現形態は常にひとつの闘争を起源としており、そこではいくつもの社会集団がさまざまな手段を動員して社会的ヒエラルキーにおける位置を確保しようとしている。

幻想を完全に打ち破るこうした観点を、ブルデューは最も重要な研究を進めるさいに活用しようと努めてきたが、この見方からすれば、現実の世界は社会的ステイタスをめぐる不断の闘争の領域であることが明らかになる。この闘争は、哲学的著作や芸術作品の最も微細な末端に至るまで浸透しているにちがいない。

だが、もし経験的調査結果が伴わなかったとしたら、この社会学理論はどうなっていたことだろう？　それらの調査結果を通じて、彼は常に環が広がってゆく男女の協力者集団に助けられながら、こうした競争の効果は私たちの社会環境の中で完全に知覚できるし暴き出すこともできるということを示そうとしてきたのである。日常の細部に刻印された社会的闘争の痕跡を私たちに見分けさせるという、ただそれだけのために統計資料と自分の考察とインタヴューを同時に並べることで、彼はまさしく視線の社会学的教育をおこなっていたのだ。

ドイツから見れば、ブルデューの著作が実現したことは何よりもまず、少なくともわが国では常に両立不可能と思われてきた二つの社会学的伝統の総合である。国家社会主義の登場以前、ドイツには現象学的視角から現実世界のさまざまな実践や人為現象に含まれている社会的要素を解読することを主たる目的とする社会学の流派が生まれていた。ジンメルのうちにその創始者を見ることができるとすれば、最良の代表者は間違いなく、ジーグフリート・クラカウアーやヴァルター・ベンヤミンのような独立精神の持主であった。そしてクラカウアーにとっては一九二〇年代のホワイトカラー文化を研究することが、ベンヤミンにとってはベルリンのブルジョワ住居の家具を探索することがそれぞれ問題であったが、彼らの解釈の試みは常に、現実世界の同時代的証言のうちに社会的上昇と下降の摩擦を浮彫りにしたいという欲求に導かれていた。

この伝統に代わる選択肢として、ドイツには第二の流派が存在した。その主たる功績は、支配と排除の社会的プロセスを説明することを目指す行動社会学理論を構想したことである。ヴェーバーのうちにその創始者を見ることができるとすれば、最良の代表者はマルクス主義者の陣営に多く見られた。

こうして、第一の流派が日常性の現象学的解読に貢献したのにたいし、第二の流派は行動社会学理論を用いて階級と社会階層の分析を精密化することを目指していた。その結果、ある社会集団の支配は単に物質的資産の所有から生じるだけでなく、知識、教養、人脈など、象徴財の蓄積からも生じうるということが明らかになったのである。

　ドイツではしかしながら――部分的には国家社会主義が最良の理論家たちを強制的に国外追放にしたせいでもあるが――、これら二つの流派を本当の意味で総合する試みは一度もなされなかった。知的連続性が欠けていたせいで戦後のわが国では実現できなかったことを、二〇世紀最後の三〇年間にひとりのフランス人が成し遂げるには、ブルデューの登場を待たなければならなかったのである。それはジンメルとヴェーバーをうまく折り合わせることであり、この総合によって、日常生活の人為現象や実践から権力をめぐる社会的闘争の現状を解読することが可能になるのだ。

　ブルデューの予期せぬ死によって残された空白は、それゆえ特定の学問分野や知識人界に固有のカテゴリーを物差しとして測ることなど到底できない。彼と共に消えようとしているもの、少なくともドイツにおいて消えようとしているものは、社会学が古典的偉人たちの生ける継承者である彼にあってはなお社会的支配を解明する企図として理解されていた、あの伝統の総体なのである。

石井洋二郎 訳

（『ル・モンド』二〇〇二年二月六日付、
原文はドイツ語、仏訳はダニエル・アルジュレス）

Axel Honneth,
"Une synthèse de Georg Simmel et de Max Weber",
Le Monde, 06.02.02

言葉の力

『ル・モンド』社説

政治参加する知識人というのは、フランスの旧き伝統である。それはゾラに、さらにはヴォルテールにまでさかのぼり、二〇世紀ではサルトルのうちに典型的な実例が見られる。ブルデューの著作にはサルトルへの参照が多い。ブルデューは、理論レベルでは彼を批判しながらも、行動のレベルでは明らかにサルトルの系譜に連なっている。この実存主義哲学者の次のような言葉を、彼は好んで引用していた――「言葉は猛威をふるうことができる」。言葉によって、知識人は（彼によれば）重要な力を行使することができる。「名付けえぬものを名付ける」力、すなわち「まだ気付かれずに抑圧されているもの」を示す力である。哲学者、作家、芸術家、そしてもちろん社会学者は、かくして「象徴革命」を推進することができるのだ。それは精神構造を転覆する革命であり、ピエール・ブルデューにとっては「これぞまさに革命」であるような革命である。

けれどもゾラやサルトルのような人々と違って、ピエール・ブルデューは普遍的モラルの名において政治に介入するのではなく、研究者的な知の名において闘争に参加しようとした。彼はミシェル・フーコーから「特殊的知識人」という理論を借用していたが、それは「普遍的知識人」とは逆に「真理と正義の師」たらんとはせず、ある限定された領域における一定の知識の配達人たらんとするものである。この「特殊的知識人」の出現は第二次世界大戦直後、原子物理学者ロバート・オッペンハイマーがとった行動を嚆矢とすると考えるミシェル・フーコーは、一九七〇年代に監獄の問題や精神病院の問題をめぐって闘うことで、その範例を示したのであった。

同様にピエール・ブルデューも、学者としての道具立てを社会的闘争のために役立てたいと考えた。振り返ってみれば、一九九〇年代初頭に彼が監修した大著『世界の悲惨』は彼の最も雄弁なマニフェストとして現れてくる。フランスにおける社会的苦難を扱ったこの膨大な集団的調査は、その後の政治参加を予告するものであるのみならず、彼の闘争に加わりたいと希望する人々に武器を提供するものでもあった。いずれにしてもこの仕事は、一九九五年以降ますます緊密になっていく彼と「社会運動」の連携の出発点である。

学問を戦いに巻き込んでいくこうしたやり方には、おそらく濫用の危険が伴っていたであろう。政治的意見という、本来なら学問とは別のレベル――すなわち公の議論の中で見解を表明しようと心がける「左翼知識人」の個人的選択――に属するはずのものを擁護するために「学問的真理」をもち出したせいで、ピエール・ブルデューには、敵対者たちを黙らせるために権威的な物言いをしていると非難されても仕方がない面があった。しかしながらこの非難は、確認しておくが、常に正当なものだったわけではない。特に彼が学者としての全権威を賭けて反グローバリズムの闘士たちの味方に立ったときには、そうではなかった。

それでもやはり、ピエール・ブルデューは彼なりのやり方で批判的な反権力という不可欠の役割を演じたのであり、それなしでは「実質上のデモクラシーは存在しない」と語っていたのである。

（『ル・モンド』二〇〇二年一月二六日付社説）

石井洋二郎 訳

"Le Pouvoir des mots", *Le Monde*, 26.01.02

Pierre Bourdieu 1930-2002

諸領域へのブルデューの影響

雑談的政治学者への嫌悪

バスチアン・フランソワ
（パリ第一大学教授／政治学者）

ピエール・ブルデューのなかに学者と政治的行動人を無理に区別しようとするのは間違っていると思う。というのも、彼が初期におこなった政治的委任とこれに相関する市民の自己喪失のメカニズムの科学的分析はすでに、後年彼が非アカデミックな場でスピーカーを手にして説いた民主主義観に、非明示的にではあるが、立脚していたからである。しかしだからといって、政治的行動人が学者を忘れさせたり、覆い隠したりすることになってはならない。なぜなら、ブルデューの政治的アンガージュマンのすべてが彼の学者としての仕事の副産物として考え抜かれたものであったから、そしてまさにその点が彼のアンガージュマンの強みであり独自性であったからである。それだけでなく、ブルデューはおそらく、ヴェーバーとともに、二十世紀の政治分析にもっとも大きな足跡を残した社会学者であったであろうからである。

「政治学《シアンス・ポリティック》」という知、つまり、彼の表現によれば「国家貴族」を養成するためにパリ政治学院で上流ブルジョアジーの子弟に教授されている半ば技術的、半ば雑談的な知を、ブルデューは嫌っていた。それのみか、彼の呼び方によると「雑談的政治学者」、つまりプラトンが批判した臆説家《ドクソゾフ》の現代の後継者たちを唾棄していた。たとえば、一九七三年に『レ・タン・モデルヌ』誌に寄稿した有名な論文の中で彼は、世論調査作業の現場以外の場所には存在しない世論を存在せしめる世論調査機関の「学者不在の学問」を告発していた。しかし逆説的なことだが、ブルデューは、それと自覚していなかったかもしれないが、フランスにおいて真の政治社会学の確立を可能にした者のひとりである。政治を、政治的に考えることなしに、考えることを可能にした者、すなわち、国家の中で権力ポストを獲得する競争のために、また、その競争によって練り上げられたもろもろの実践的カテゴリーとは無縁のところで政治を考えることを可能にした者のひとりなのだ。

　ブルデューの厖大な著作の中で、厳密な意味での「政治界」の分析にあてられた仕事はごく少ない。ただし、政治社会学への重要な寄与とみなされるべき仕事は少なからずある。たとえば、支配エリート層の再生産に関する仕事、また、もっと最近では、近代国家の成立過程におけるローマ法学者《レジスト》の役割に関するコレージュ・ド・フランスにおける講義はそれに当たる。結局、社会学への彼独自のまなざしを向けたこと、これが政治社会学への彼の貢献ということになるであろう。ある秩序（この場合は政治的秩序）が人々の頭の中に刻み込まれ、身体の中で自然化される（かの有名なハビトゥス概念）過程。支配関係の象徴的次元、とりわけ象徴暴力。さまざまな社会的「ゲーム」への参加のあり方を決定する不平等な諸メカニズム。集団形成の諸論理。選ばれた者と排除された者の境界線を設置すると同時に、この区別を自然化する社会的魔術に他ならない、制度化の諸儀礼。支配様式を正当化しようとする者が手にする権利＝法 le droit の合法化と神聖化の権力。言語が発揮する遂行的力の社会的諸条件。ブルデューがこれらの問題（これですべてではない）に注いだ特別なまなざしは、今日わたくしたちが民主主義を考える、つまり、民主主義の改革を考える、その仕方を抜本的に変革することになるだろう。

加藤晴久 訳

Bastien François, "La haine de politologues modains", *Les Inrockuptibles*, 323

ブルデューは楽しんでいました

アニック・クーペ
（連帯労働組合書記長）

私がはじめて彼に会ったのは、ニコル・ノタ〔ＣＦＤＴ（フランス民主主義労働同盟）の書記長〕を支持しジュペ首相の社会保障改革案に賛同する声明文を知識人たちが発表した直後、一九九五年十二月十二日にパリのトラヴェルシエール会館で、ストライキ中の国鉄労働者の支援集会が開かれたときでした。ですから象徴的にひじょうに大きな意味があるときでした。五百人以上の人がいました。彼のスピーチは敬意をしめすもので、しかもデマゴギーとは無縁でした。とても温かいものでしたよ。私はＳＵＤ（連帯・統一・民主労働組合）を代表してマイクをとったのですが、後で彼は「あなたの話したことを私は話したかったんだ」と言ってくれました。それが彼に会った最初です。シンプルで控えめな人でした。大御所風なところなどまったくありませんでした。ひじょうに人間的で、自分を対話相手と同等の高さに置くような人でした。その後も、何度か会いました。ヨーロッパ社会運動の総会を組織するために活動していたときです。ブルデューは楽しそうでしたよ。自分を大思想家だとは決して思っていないようでした。国鉄労働者やストライキ中の人々、失業者のそばにいることは、彼にとって、声なき人々、地位なき人々に声を与えることでした。それが反＝権力を肉化するただひとつの方法だったんです。

彼のとても強い支援は、同じように強い批判感覚によって裏打ちされていました。代表制の機能不全、スポークスマンやメディアの役割、男性支配について彼が書いたことは、組合や市民団体の活動家についても当てはまることです。活動家たちは、制度と同じように、支配という諸現象を再生産しています。労働運動とその官僚制化に関して、彼はとても厳しかったですね。ＳＵＤとともにラディカルな労働運動の担い手である私たちでさえ、彼の批判を免れることはできませんでした。アテネでの会議を思い出します。会議中ずっと彼は厳しいままでした……。公共事業を防衛するための業種を越えた労働組合運動がフランスに存在しないことが、彼には理解できなかったんです。

九五年ごろ、ピエール・ブルデューを通して、知識人、少なくともその一部による社会運動へのアンガージュマンがおこなわれました。これはとても重要なことです。というのも、思い出さなければいけませんが、八〇年代の終わりと九〇年代の初めは、まったく知識人不在の状態だったからです。政治的言論では、リベラリズムの勝利、それから「稼ぎ人」の成功がとても目立ったイデオロギー的な時期でした。画一思考の時期で、批判的な知識人はどこかへ消え去っていたのです。

すでに九三年の『世界の悲惨』の出版は見事な賭けとなっていました。彼と共同執筆者たちはこの本によってひじょうに強烈ななにかに触れたのです。郵便局で深夜働きながら家族生活を育もうとする女性の話を思い出します。そこでは支配の全メカニズムがあらゆる方向から絡みあっていました。見事な叙述で、生の状況を赤裸々に描き出していましたね。人々はそこに自分自身を見い出すことができました。

（談話／ジャック・リンドガール構成）

林修 訳

Annick Coupé,
'Bourdieu se marrait', *Les Inrockuptibles*, 323

実験室の必要

ジャック・デュボア
（リエージュ大学教授／文学研究者）

七〇年代の専門家向けの論文「象徴財の市場」から九二年刊のモニュメント的な『芸術の規則』まで、ピエール・ブルデューは絶えず文学を自分の探究の特権的な界《シャン》のひとつにしてきた。そこで語っているのは、大読書家としてのブルデューであり、フローベール、プルースト、ウルフ、あるいはフォークナーの賛美者としてのブルデューであった。しかし、それ以上に、フランスの歴史のなかで制度化されてきた文学を、「信念の生産」の選ばれた場所のひとつと見なす社会学者ブルデューであった。人々が考え、思っているような文学は、宗教的なタイプの神聖化の典型そのものであり、そこでは社会的な真の争点と現実的価値が結果的に覆い隠されてしまっているからだ。

ゆえにブルデューは、持ち前の情熱と大胆さによって、ひとつの表象・知覚体系の解体に取り組むことになる。実際、彼は、文学的「ドクサ」とでも呼べるものを大きく揺るがせるような、ラディカルなまでに新しい一連の概念あるいはモデルを、文学の歴史的・批判的分析に持ち込んだ。彼の分析のキーとなるいくつかの考えをここで思いおこそう。二十年前に提起されたとはいえ、これらの考えは今日もなおその力強さを失っていない。

（一）社会学者ブルデューがなによりもまずわれわれに教えたのは、文学の「起こる〔＝場所を持つ〕」空間が、他と同じように制度化された、他と同じような社会空間だということだ。そしてこの空間にも固有の競争と闘いがある。したがって、そこで優勢になるあらゆるプログラム（自然主義やシュールレアリスム）は、暴力を通して権力を獲得することによって優勢になるのであり、その暴力は象徴的暴力とはいえきわめて激しいものであることに変わりない。

『芸術の規則』

（二）しかし、とブルデューは言う、この空間は近代において――一八五〇年以来――収縮していく。文学がそれまで知らなかった自律性を獲得するからだ（同じ時代の絵画についてもそうだ）。文学は政治領域からの支配を逃れ、自分自身とその生産活動に閉じこもっていく。この自律性はブルデュー理論では決定的な概念である。だが、この概念は『芸術の規則』の著者において、かなり異なる二つの態度を生み出している。はじめは、文学の自律化をネガティヴに考える傾向がある。アヴァンギャルドの閉鎖されたサークル、芸術至上主義のフォルマリスムなどとして考えている。その後、自律化は真の創作活動の条件そのものとしてみなされるようになる。なぜなら、芸術家は、学者とまったく同じで、自分の実験を成功に導くための閉ざされた「実験室」を必要とするからである。実験の成果が広く大衆に向けて流布されるのはその後のことだ。

（三）自律性の主張は、純粋に象徴的な原理をよりどころとする、少数のための正統的生産と、経済的基準のうえに立った「中規模〔=凡庸〕」生産もしくは大量生産とのあいだに、修復しがたい亀裂を必然的に生じさせる。

総体的に、ブルデューは社会史でもある真の文学史をうちたてた。だが彼の分析は「全体的」であろうとし、作品の意味と技法を説明することも欲した。文学「界」における作家の位置《ポジシオン》から作家のテクストによる位置取り《プリーズ・ド・ポジシオン》までには、再構成するのが難しいとはいえ、なんらかの決定的な関係が存在する。ブルデューの方法に対して最も強い反発が起こったのはこの点についてだ。プルーストは間違っていたのか？　創造された作品は、作家の自伝的生涯の卑俗な部分からは独立しているのではないのか？

文学――あるいは絵画――の理解に対してブルデューがおこなった貢献をどう評価すべきか？　大多数の専門家たちが社会学者の彼を快く迎え入れなかったことは確かであり、彼の主張に見られるテロリスト的な外見はこの事態を改善するものではなかった。ここでも、ほかの場所でと同様、彼は信仰と幻想を破壊してしまったのだ。彼は手当り次第神聖なものを非神聖化した。したがって、彼には歴史学者カルロ・ギンズブルグの次の言葉を当てはめることができるだろう。「われわれのもつ自由の幻想を打ち砕くもの、そのすべてが私を陽気にする。私は思う、われわれの幻想を破壊しなければならないと。そのあとにわれわれに残る幻想を強固なものにするためにも」（『ヴァカルム』誌、第十八号）。

しかし、ブルデューと文学のあいだには密かな共謀関係もあった。ブルデューは、重厚に、弁証法的に、エコル・ノルマル出身者風に（彼の「ハビトゥス」の定義を思い出そう！）書くこともできた。美しい統辞法もそなえていた。そこでは文章はほとんどプルースト的になった。なぜなら彼の文章は、世界とその下にある因果関係の複雑さを表現することをめざしていたからだ。

林修 訳

社会運動のアヴァンギャルド

ディディエ・エリボン
（作家・哲学者）

同性愛者の状況についてブルデューはどう言っていましたか？

彼は、私が一九九七年にポンピドゥーセンターで開催したゲイ・レズビアン研究に関するシンポジウムに参加してくれました。それが原因で、彼は『ル・モンド』紙の一面でひじょうに下品な罵りを受ける羽目になりました。知と大学を破壊していると非難されたのです（皆が彼を褒めそやしている今こそ、そのことを思い出す必要があります）。シンポジウムで彼が発表したテクストはとても美しいものでしたが、いつものようにかなり不穏なものでもありました。ゲイ・レズビアン運動の避けがたく、乗り越えがたい矛盾を批判した分析だったからです。このシンポジウムに彼が参加してくれたのは重要なことでした。新しい研究の界《シャン》がフランスで出現していることに可視性と科学的正統性を与えることに貢献してくれたからです。

同性愛者の運動にブルデューがアンガジェしていたと言い切れますか？

とてもはっきりしたものでした。PACS（連帯民事契約）法制定のための運動をひじょうに粘り強く支援してくれました。一九九六年三月、われわれは「同性愛カップルの法的承認のために」と題された論説を『ル・モンド』紙に掲載しました。このテクストに署名したのが、ブルデュー、ジャック・デリダ、ミシェル・ペロー、ポール・ヴェーヌ、ピエール・ヴィダル＝ナケ、そして私です。書いたのは私です。しかし、ブルデューがある日私に電話をくれて、「右翼の同性愛嫌悪の諸発言と社会党の沈黙には耐えられないから、緊急に手を打つべきだ」と言ってくれたのです。一九九八年十月、社会党の議員の多数が欠席したため、保守派はPACSを却下するための不可受理動議を採択することができました。そのとき、さまざまな団体が集まってデモをおこないました。ピエール・ブルデューも参加してくれました（言っておきますが、その日集まった知識人はそう多くなかったのですよ！）。しかしこのように確固たる支援をおこないつつも、批判的な目を持ち続けていました。例えば、同性愛者間の結婚に関して、彼はこれを家族秩序の擁護者たちに対する権利要求として支援しましたが、同時に、距離をおいて、「異端による正統派へのオマージュ」というパラドックスとして分析していました。

彼はゲイ・レズビアン運動をどのように見ていたのでしょう。

ポンピドゥーセンターでの演説で、彼は、ゲイ・レズビアン運動に一種の社会運動のアヴァンギャルドを見ていましたね。愚かにもそう非難する人がいましたが、軍事的・レーニン主義的な意味での「前衛」ではありません。芸術的な意味の「アヴァンギャルド」です。ゲイ・レズビアン運動は、それが提起する諸問題、それがおこなっている活動形式ゆえに、彼の目には、少なくとも潜在的には、そして理念的あるいはおそらくユートピア的には、反体制的なラディカルさの最先端にあるものとして映っていたようです。そのラディカルさが他の運動にインスピレーションを与えうる、と彼は考えていたのです。

（インタビュアー／ジャッド・リンドガール）

林修 訳

Didier Eribon,
"Une avant-garde du mouvement social", *Les Inrockuptibles*, 323

彼は自らの陣営を選んだ

フランソワ・ジェズ
（出版社「ラ・デクヴェルト」社長）

アルジェリアに対するブルデューの共感は、最近のアルジェリアでの事件[1]の際に彼がおこなったアンガージュマンにおいて重要なものだったのでしょうか？

それは明白です。最初の二つの著作のために五〇年代と六〇年代に彼がおこなった仕事はいつも彼のなかで続いていました。彼は、アルジェリア社会とその分裂、四十年間この国をコントロールしてきた軍事権力について、きわめて明晰なヴィジョンをもっていました。私が彼と知りあったのはずいぶん前のことですが、九五年から九六年にかけてアルジェリア問題をめぐって再び接点をもちました。九三年から九四年にかけての事件[2]の後、彼はアルジェリア知識人支援委員会のイニシアティヴをとりました。それは九二年一月のクーデターに対する反発のしるしでもありました。そのことについて彼と話してみたところ、私は次のことを理解したように感じました。彼は、自分がイニシアティヴをとり推進させてきた活動を通して、アルジェリア知識人界の雰囲気がきわめて陰湿で、さまざまな影響を生み出していること、アルジェリア知識人たちの権力に対するコンプレックスが不幸な役回りを演じていることを思い知らされることになった、と。その結果、この最初の運動は先細りになりました。アルジェリア知識人たちに具体的で物質的な援助をおこなうことが目的でした。大学人に仕事を紹介し、フランスに避難させる、などです。もちろんそれらは実際になされましたが、期待した成果は得られませんでした。そのことでブルデューは少々距離を置くようになったのです。しかし、アルジェリアの大虐殺が国際的非難を浴びた九七年夏から、ブルデューはひじょうに積極的になりました。当時、私は大虐殺の性質に関する真実を伝えるために闘っていました。それはイスラム原理主義の武装グループの行動のみに限定できるものではなく、軍事政権そのものがからんだものだったのです。そしてブルデューはこの件について明確な姿勢をすぐに打ち出してくれました。九七年から、私たちは、フランス人の仲間やヨーロッパにいるアルジェリア人の仲間とともに、いくつかのテクストを共同執筆しました。九八年、ブルデューは迅速に行動を起こし、〔シモーヌ・〕ヴェーユと〔マリオ・アルベルト・ノブレ・ロペス・〕ソアレスを団長とする国連のアルジェリア調査団がアルジェリア権力に騙されないよう忠告するかなり生々しいテクストに、私たちと一緒に署名してくれました。この時期ずっと、辛く困難なときも、彼はいつも私たちと共にいてくれました。

その最初の運動のとき、ブルデューは複雑な迷路に足を踏み入れたような思いを持ったのですね。

私ははっきりそう思いました。しかし、思った以上に状況が複雑であると考えて即座に身を引き、沈黙に逃げ込んだ他のフランス知識人たち——ベルナール＝アンリ・レヴィ、グリュックスマンらのように自ら軍事政権の軍人もどきになった人たちもいました——とは異なり、ブルデューは明確に、きっぱりと自らの陣営を選びました。いささか面倒な状況になっても、彼は躊躇しませんでした。しかし、出しゃばったり、お説教をたれたりすることはありませんでした。彼の仕事を見れば分かりますが、アルジェリアは彼が知的・科学的な面で創始者となるための原点でした。私は彼のアンガージュマンをこの原点に対する忠実さと見ています。いずれ出版したいと考えている進行中の本があります。ブルデューの最初の二作、特に第二作『アルジェリアの労働と労働者』が彼の思想の発展において果たした大きな役割についての本です。あの忠実さ、独立前後に数年間アルジェリアに住んだ一連の知識人たち、軍が全アルジェリア人の解放闘争を封じ込めてしまったことを決して容認しなかった彼らにならって、ブルデューはあの忠実さをなにかしら苦しいものとして抱いていたのです。

（インタビュアー／アルノー・ヴィヴィアン）

林修 訳

François Gèze,
"Il a choisi son camp", *Les Inrockuptibles*, 323

訳注

（1）　一九九四年一月に誕生したゼルーアル政権がイスラム救国戦線（ＦＩＳ）に代表されるイスラム原理主義と対立するなか、九〇年代後半、過激派によるさまざまなテロが勃発。村落の無差別虐殺作戦を繰り返し、数万人の命を奪った武装イスラム集団（ＧＩＡ）はイスラム原理主義とされ、イスラム救国戦線と同一視されたが、現在では、むしろ軍事政権を牛耳る支配的軍人たちとつながり、イスラム救国戦線側の村を集中的にねらっていたことが、明らかにされつつある。九九年四月、ブーテフリカ元外相が大統領に就任、三四年ぶりに文民政権が復活、対イスラム過激派和解策を打ち出したが、イスラム救国戦線などが解散に同意する一方で、武装イスラム集団は反撥、掃討作戦を展開する政府軍とのあいだで戦闘が続き、メンバーによるテロが国内各地で続いている。

（2）　一九九二年以来軍部支配の中心であった最高国家評議会は、九三年六月、イスラム救国戦線との衝突と続発するテロ事件のすえ、自らの解散と国政民主化を決定、九四年一月ゼルーアル政権が誕生したが、同政権は政党認可、武力放棄などをめぐってイスラム救国戦線と対立し決裂した。

歴史学の革新への貢献

オリヴィエ・クリスタン
（リヨン第二大学教授／歴史家）

　歴史学には歴史研究者自身がまったく気付いていないいくつもの陥穽がある。多くの歴史研究者がその落とし穴にはまらないようにするすべを学んだのは、逆説的だが、あまり歴史学者を引用することのなかったブルデューからである。時代錯誤《アナクロニズム》を犯す。社会過程を自然化あるいは物象化してしまう。科学的課題との関連からでなく、（たとえば制度史と社会史といった式の）純粋にアカデミックな専門区分に従って対象を構成してしまう。「庶民」と「エリート」、「宗教」と「迷信」といったようにきわめて曖昧な概念を対立させるのはその一例だが、日常言語に内在する非明示的な社会学をそのまま受け容れてしまう、といった陥穽。ブルデューは、社会科学の用語、したがって歴史学の用語もまた長いそして複雑な歴史的闘争の産物であり、歴史主体が手にしている道具であることを指摘した。また、素朴実証主義の伝統を排して、過去の人間たちが使用した象徴形態と社会構成様式を重視しなければならないことを強調した。つまりは、歴史研究者が用いる諸概念の批判は科学的歴史研究の条件そのものと見なしたのである。ブルデューはこうして、フランスにおける、それ以上に他の多くの国における、ここ三〇年間の歴史学に深い影響を与えた。

「文献フェティシズム」から解放された歴史学、歴史の著作を国家的な記念行事や祝賀行事の手段に矮小化してしまおうとする、強力な外圧から解放された歴史学の確立をブルデューは期待していた。そのことは、たとえばロジェ・シャルチエとロバート・ダーントン、リュッツ・ラファエル、あるいはまたピエール＝エチエンヌ・ウィルといった歴史家たちとおこなった多くの対談を読めば明らかである。しかしブルデューが歴史学の革新に決定的とも言える貢献をしたのは、研究誌の主幹、また叢書の監修者としてであろう。芸術の社会史（パノフスキ、セティス、バクサンダル）、あるいは日常生活の歴史 Alltagsgeschichte（カロラ・リップ、ダヴィド・サビン）の最新成果をフランスの読者が知ることができたのはブルデューのお蔭である。ピエール・ブルデューの功績は歴史研究者に新しい科学的概念の道具箱を提供したことにとどまらない。歴史を書くということと研究者の場所についての省察を歴史研究の基本的条件のひとつとすべきこと、社会学との対話の必要性を歴史研究者に教えたのである。

加藤晴久 訳

Olivier Christin,
"Prendre les concepts historiques avec des pincettes historiques", *Les Inrockuptibles*, 323

後期の関心事

シリル・ルミュー
（社会科学高等研究院教授／社会学者）

ブルデューの訃報をメディアが報道したそのやり方には、ジャーナリズムの皮層性とエスノセントリズムへの偏向について彼が書いたことに対する裏付けが、少なくとも部分的に見てとれた。実際、多くのテレビやラジオがおこなったブルデューの人物紹介は、グロバリゼーションに反対する運動における彼のアンガージュマンと「辛辣なメディア批判」のふたつにほぼ絞られていた。

しかし、彼の著作を通って社会学にたどり着いたすべての研究者（私もそのひとりである）にとって、科学的見地からみた彼の主要著作は『世界の悲惨』でも（彼自身「ささやかな本」と呼んだ）『メディア批判』でもなく、むしろ『実践感覚』や『ディスタンクシオン』など、すなわち現代の社会学的思考の流れを大きく変えたテクストなのだ。

要するに、死去の時点において、メディアがブルデューの記憶として残そうとしたのはメディア批判（またはそれに類するもの）だけであった。だが、実のところ、彼の仕事においてメディアとジャーナリストそのものが関心事になったのは最も後期のことであり、（カビールや教育に関する研究などとは異なって）それらがフィールドワークと連結して研究されたことは決してなかった。九〇年代初めまで、ブルデューは間接的にしかこれらのテーマを扱わなかった。『社会学者のメチエ』以降、彼は、真に科学的な社会学と堕落した亜流の社会学――「臆説家《ドクソソフ》」、すなわち社会・政治生活の「分析家」を自称する世論調査員やジャーナリストが、「見せびらかしの客観性」と学者めかした常識を動員して一般大衆にうのみにさせるような類いの社会学――との間に境界を設けることに努力を傾けた。八〇年代の初めになって、メディアとジャーナリズムのテーマが文化的財の価値の社会的生産に関する研究の背景に浮かび上がってきた。知識人界《シャン》に固有の「聖別化」のメカニズムにおけるメディア・リソースへのアクセスが果たす役割の分析、文化的ヒエラルキーの再生産にメディアが役立つその仕方についての研究がそうだ。一部の支配メカニズムの惰性を強調するブルデューのこれらの研究は、現代の伝達手段が社会の科学的知識への全市民のアクセスを必然的に容易にすると考える最もナイーヴな形の政治的リベラリズムとの決別を可能にした。

『社会学者のメチエ』

実のところ、メディア一般や個別にジャーナリストだけをとり上げたテクストが書かれたのは、ブルデューが新たにメディアに注目されたちょうどその時期であった。そのテクストとは全部合わせてもたった二つのみで、ひとつは、一九九四年『アクト』誌に発表された一見綱領《プログラム》風の七頁の論文、もうひとつは（リベール社より『テレヴィジョンについて』というタイトルで出版された〔日本語版タイトル『メディア批判』〕）一九九六年にコレージュ・ド・フランスで二回おこなわれた講義の記録である。大きな反響を得たこの本のなかで、ブルデューは、彼の叙述の多くが「粗雑な」ものであることを自ら認めている。つけ加えて言うなら、科学的有効性という点でひじょうに疑わしい箇所もいくつかある（例えば「テレビは、きわめて多くの人々の脳の形成に、事実上一種の独占的な力を持っています」など）。しかしブルデューはさすがブルデューである。たとえ綱領のような形式をとろうが、科学的に少々甘いところがあろうが、偉大なる社会学者は、（いい意味で）議論の余地があるが実り豊かなやり方で、われわれの研究・分析のパースペクティヴを革新させる能力を持っていることをここで証明している。ブルデューが提唱しているのは何か？　活字メディアに「界《シャン》」の概念を適用すること、つまり、メディアを相対的に自律した界（モード界、科学界、文学界、政治界など）のひとつとして、その内部において個人の態度と戦略が個人それぞれの占める異なった位置《ポジシオン》間の客観的な関係に帰せられるような界として捉えることである。ジャーナリストの活動を社会学的に記述しなおすことで、ブルデューは次の三つのことを明らかにしている。まず、ジャーナリズムの空間には、固有の争点、内的な支配関係、競争者間の基本的な連帯があり、実際にひとつの「界」として見なされ得るということ。第二に、しかしながらジャーナリズムの界には自律性の弱さという注目すべき特質があるということ。最も商業主義的なメディアであるテレビの優位によってここ二十年来増大し続ける市場の力を前にその自律性のもろさを露呈しているのだ。第三に、ジャーナリズムの界の資本主義的論理への従属が他の界に影響を及ぼしていること。「構造的検閲」を課されることでメディアに登場しうる言説が非政治化・画一化されたり、メディアが、他の界（科学や芸術など）におけるその界自身の統治原則を変えてしまう結果、以後これらの界において真正で自

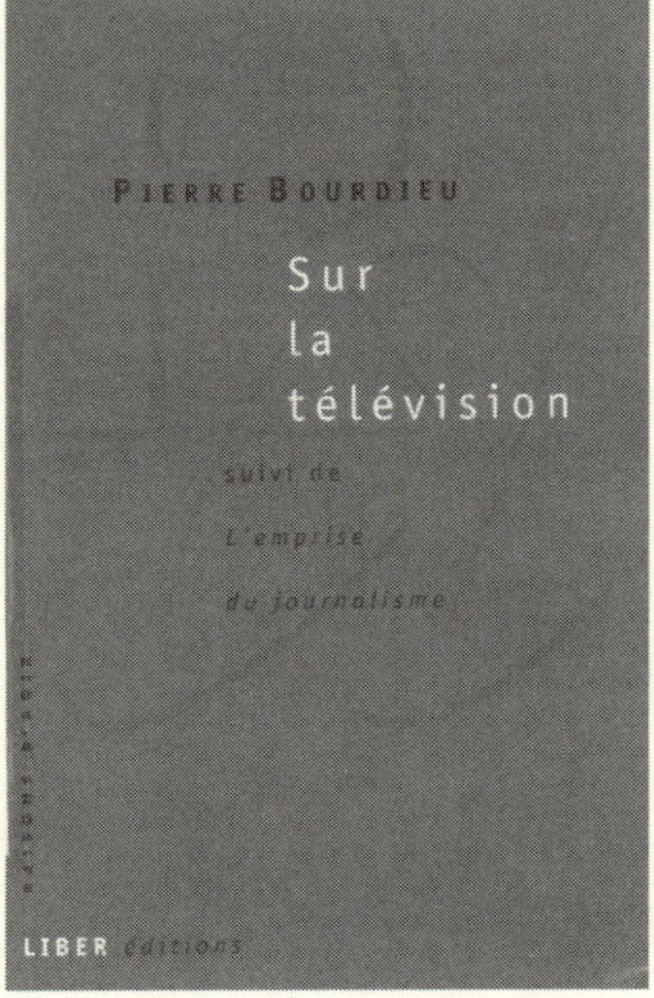

『テレヴィジョンについて』

律した作品が生産される可能性が致命的な脅威を受けているのだ。

ブルデューの二つのテクストは、いくつかの研究方向を示すことによってメディアとジャーナリズムの社会学の綱領的文献となっている。しかしながら、一部の大衆の注目を集め、ジャーナリズム共同体で大きな話題をとったのは、それらの政治的（そして時には公然と論戦的な）側面、何よりもまずこの側面であっただろうことは明らかだ。だがそこに残された問題は、社会学と市民的行動の連結を重要と考える人々にとって（メディアとそれ以外に関する）ブルデュー的なやり方が最良かどうか、である。というのも、彼の方法は、社会学研究の界にも必要とされる自律性の維持という面において、それから市民によるメディア批判の可能性という面において、さまざまな困難を生じさせるからだ。後者の面については、実際のリスクとして、ブルデューを読み違えるあまり、（「ジャーナリストは皆腐っている」式の）批評的単純化傾向、あるいは（「経済はメディアにおけるすべてを支配している」式の）分析的な単純化傾向に行き着きかねない。そしてそれは社会学者ブルデューに手向けうる最良のオマージュにはならないだろう。

林修訳

Cylil Lemieux,
"Une préoccupation tardive", *Les Inrockuptibles*, 323
© Les Inrockuptibles
（株）フランス著作権事務所提供

遺産相続者たちのスキャンダル

クリスティアン・ボードロ
（高等師範学校《エコル・ノルマル・シュペリユール》ユルム校教授／社会学者）

ピエール・ブルデューは遺産相続者ではありませんでした。彼は田舎出の、どちらかといえば貧しい子供時代からある階級本能を持ち続けていました。その本能ゆえ、彼は、横柄なブルジョワ階級を、パリ風で、教養があり、ネクタイをしたものすべてを嫌っていました。このような感じでしたから、ＥＮＡ（国立行政学院）とパリ政治学院は、彼がフランスの教育システムで最も憎んでいたものだったでしょうね。『遺産相続者たち』の衝撃の強さを正しく理解するためには六〇年代に遡らなければいけません。当時、学校は経済的不平等の角度からしか分析されていませんでした。全員に奨学金を与えることで学校問題を解決し、万人を共和制教育の恩恵に与らせることができると考えられていました。教育システムに対するわれわれの見方はこのような分析枠に閉じ込められていたのです。ブルデューとパスロンが証明したこと、それは文化と教育的不平等の間に存在する関係です。学校は実際には家庭の領域で獲得される能力を前提としてしまっている、ということです。教育学と学校社会学において以後広く認められることになった再生産の概念の裏には、文化資本の概念が存在しています。そして、ここに、真の革新性があるのです。

この本がヒットした理由は、学生だけでなく組合活動家や一部の教員がすぐにこの本を自分のこととして吸収したからです。その証拠に、『遺産相続者たち』は彼らの知性を鋭敏にし、彼ら自身の前提事項について考え直し、自分の行動の争点を自覚する手段を与えたのです。逆に、社会学のお偉方たち《エスタブリシュメント》はスキャンダルと受け取りました。彼らは、この本が馬鹿馬鹿しい、あるいは危険だ、愚かなほどに聖像破壊的だ、むやみに挑発的だと思ったのです。ブルデューには制度内の敵がいつもいました。彼らはブルデューが絶えまなく既成の説に異論をはさむこと、社会的出自、自明的なこと、大学内あるいは学問分野内のヒエラルキーを問い直すべきことを説いたことを許せずにいました。結論として、ブルデューの社会学は読者を大きく巻き込むものであり、それが彼の社会学の強さなのです。

『遺産相続者たち』

次に、別の批判がありました。再生産の概念は当事者にイニシアティヴを取る余地を残さない、絶望的な概念だと批判されたのです。確かに社会学は拘束的で重苦しい決定論を明るみに出す学問です。教育に関しては、不平等の恒常性と、教育システム内の、改革が非常に困難な構造的効果の数々を証明しました。この四十年間、事態はまったくといっていいほど変わっていません。ブルデューは、続けていかなければならないこと、明晰であり続けなければいけないことを教え続けました。社会学は思弁ではなく、社会現実をさらに平等で民主主義的な方向に変化・変形させる手段を与えることで初めてその価値をもつ学問であることを示したのです。明るみに出すだけでは正すことはできません。ですから、ブルデューは長い間政治家に善意をもって対応していました。しかし政治家は彼を欺きました。教育省から「教育内容」と「教えられる知の再検討」を諮問された一九八九年のブルデュー・グロ委員会のときもそうでした。私は当時の状況をつぶさに知っています。同委員会のナント大学区通信員だったからです。政治家たちはこの委員会の報告書を政治的に利用することで、政権の顧問的役割は根本的に失敗を運命づけられていること、そして、社会学は政治界に影響を与えることによってではなく、大衆に直接話しかけることによってその役割を果たすということを証明したのです。

のちに、『世界の悲惨』で、ブルデューは、教育を内部における排除という角度から検討しました。教師らを相手におこなわれたインタビューに見られる強い共感は、この職業が今日生成している苦しみを明らかにしています。これは、別のやり方での教育問題への接近であり、ギアチェンジです。これは彼の敵が言うほどブルデューは繰り返しが多くない証拠です。彼にとって社会学は終わることがありませんでした。それは可動的で常に不安を抱えた科学、生という学校だったのです。

（談話／ニコラ・ドゥモラン構成）

林修訳

Christian Baudelot,
"Le scandale des héritiers", *Les Inrockuptibles*, 323

哲学への深い愛

ジャック・ブーヴレス
（コレージュ・ド・フランス教授／哲学者）

多くの哲学者はそうだと信じこんでいるようだが、ピエール・ブルデューは決して哲学の敵でなかった。一九九五年、コレージュ・ド・フランスで五年間消滅したままになっていた哲学関係の講座が再びつくられ、私が任命されたが、このために誰よりも奮闘したのが彼であった。ブルデューが哲学を深く愛していた事実は私が証言できる。また、彼の著作をちょっと読んだだけでも、彼が多くの専門の哲学者よりもはるかにすぐれた哲学の教養をもっていたことが分かるだろう。ブルデューは、哲学が現実に生み出すことができるかけがえのないものと、哲学がひけらかす、疑わしく、時に不条理な主張や、生み出されたものについて哲学が抱く、大体において無分別な意見とを決して混同することがなかった。私は哲学者たちの彼に対する態度にいつも非常に驚かされてきた。哲学の固有性と重要性を、私は誰よりも確信しているつもりだ。だが、この固有性や重要性が彼の仕事によって、どんなかたちであるにせよ、脅威にさらされている、などという考えに至ったことは一度もない。

それはさておき、ブルデューは、哲学の社会学的分析と代表的哲学者の行動の社会学的分析に対して哲学はきわめて特殊な抵抗の仕方をしている、と考えていた。「職業的イデオロギー」と呼ばれるもの、すなわち自分たちの職業の現実について、高貴で、理想化され、昇華されたイメージを提示するイデオロギーを生産するのは、すべての職業において自然なことである。しかし、哲学者は他のどんな職業よりもはるかにプロ的なやり方でそれをおこなう能力をもっており、それに成功することは、彼らにとって重要な死活問題である。このような理由から社会科学と哲学の間にある時期起こった一種の戦争状態には、ブルデューもひどく苦しんだようだ。

ブルデューのすべての著作は、多くの点において哲学書でもある。もちろん、「純粋」哲学という概念を信じ、ブルデューを「純粋」社会学者あるいは「単なる」社会学者と考えがちな者たちはそう思わないだろう。ブルデューと哲学との関係についての質問に答えるのは難しくない。『パスカル的瞑想』などを一冊読むだけで充分だ。もしこれが立派な哲学書でないならば、なにが哲学書なのか、私にはわからない。一九九五年の『クリティーク』誌のブルデュー特集号の序文で、クリスティアン・ショヴィレも「哲学者はだんだんと彼を哲学者として読むようになってきている」と言っている。晩年、彼と少なくとも一部の哲学界との間に接近があったのは間違いない。彼を理解しようと努力し、彼自身そばにいて信頼感を感じられるような哲学者に出会ったとき、彼は、「戦略的」用心もせず、自分の哲学への愛情をいかなる曖昧さもなしに表明したものだ。

ブルデューにおいて最も注目すべきことのひとつは、同世代のフランス大知識人のなかでおそらくただひとり、ウィトゲンシュタインを非常に早くから読み、常に変わらぬ関係を彼との間に持ち続けたことだ。このことが私たちの付き合いのきっかけでもあった。ウィトゲンシュタインの『フレイザー「金枝篇」について』の最初のフランス語版が掲載されたのは、哲学雑誌ではなく『アクト』誌だった。ウィトゲンシュタインはブルデューがよく引用する哲学者のひとりで、『世界の悲惨』でも引用している。私にとって、その理由を理解するのはそう難しくはなかった。ウィトゲンシュタインは困難な時代のための哲学者である、とブルデューは言ったが、それはまったく正しい。そもそもウィトゲンシュタインはこう考えていた。現在は哲学にとって困難な時代である、なぜならわれわれが生きている時代はこれまで以上に駄弁、言語的混乱、見せかけだけの安易な哲学的答弁、知的御都合主義の誘惑を助長しているからだ、と。おそらくブルデューも同じことを思っていただろう。だからといって、ブルデューが分析哲学の信奉者であった、と言うつもりはない。彼は分析哲学に対してきわめて批判的になることがよくあった。だが、近年フランスで分析哲学を代表する者の何人かとはかなり親密であったようだ。いずれにせよ、彼は、分析哲学に対して、正確さと明解さの探究を軸にしつつ経験哲学との直接的なコンタクトを保持しようとする哲学的企てであるとして、いつも敬意を持っていた。ハイデガーとカッシラーの対決と、その対決についての哲学史家たちの見方が哲学的および社会学的見地から何を示しているかについて、彼と夢中になっておこなった会話を思い出す。この種の問題に対する私たちの反応が、どれほどまでに自然に同じ方向へ向かっていくかを発見するのは、彼にとっても、私にとっても、驚きの種であった。晩年、私たちは互いの研究計画についていつも励まし合い、力づけ合っていた。まさに、この点において、彼が逝ったさびしさを、私はますます痛感している。

林修 訳

Jacques Bouveresse,
"La recherche de l'exactitude", *Les Inrockuptibles*, 323

ブルデューと文化

美的趣味の社会的批判

リチャード・シュスターマン
（フィラデルフィア・テンプル大学およびニューヨーク・ニュースクール・オブ・ソーシャルリサーチ教授／哲学者）

芸術と文化の哲学におけるピエール・ブルデューの重要性は巨大だ。彼の仕事は複数の学問（社会学、人類学、哲学、芸術史、文学）とこれらの学問内の複数の知的伝統を横断している。私がブルデューの著作を発見したのはフランス思想の愛好者としてではなく、芸術と言語に関する哲学者としてだ。オクスフォード大を卒業し、哲学における私のふたりのヒーロー、すなわちブルデューもその仕事を賞賛していたウィトゲンシュタインとオースティンに欠けているものを探し求めていたときだ。

ブルデューの天分は、歩をさらに進めたこと、われわれの芸術的、言語的、文化的実践を構造づける社会空間をより複雑にそして具体的に理論化したことにある。彼は、「ハビトゥス」、「界《シャン》」、「象徴資本」、「イルーシオ」といった実り多い概念を導入することでこの力業を成し遂げ、これらの概念を見事な歴史感覚に裏打ちされた経験的研究によって実践に移すことに成功した。

　アメリカの哲学者たちは、芸術が、社会制度、慣習、「芸術界」と呼ばれる集団的な歴史的伝統が織り成すネットワークに大きく依存している、と考えている。彼らは、この「芸術界」というものが、実はより大きな社会環境によって形づくられている、芸術論争という形で表われる固有の政治的・社会的争点によって決定されるということが理解できないでいる。ブルデューは、豊かで精密な経験的道具を用いて美的趣味の社会的批判を公式化し、それは世界中で不可欠なリファレンスとなった。ブルデューによれば、美的価値は社会的に決定される、社会的支配者たちによって決定される。熱烈な民主主義的アンガージュマンをおこなっていたにもかかわらず、ブルデューは、大衆《ポピュラー》芸術はどんな美学的正統性にも到達することができず、高級な芸術に対する「ネガティヴな参照物」としてしか役に立たないこと、こうして大衆芸術は支配階級に自らの卓越《ディスタンクシオン》性を肯定する補足的な機会を与えていること、を主張していた。

　『ディスタンクシオン』でブルデューが推し進めたこれらの議論は、六〇年、七〇年代のフランスに関する調査に基づいていた。私の考えでは、九〇年代アメリカの社会は、その構造と歴史において当時のフランスとはかなり異なっており、大衆芸術はそこでは躍動的な現実であり、ありえない矛盾ではなかった。ブルデューは決して私の意見に納得しなかった。それは、彼にとって、美学理論に無視されているさまざまな文化を難破から救出するための「ラディカル＝シック〔（見せかけの）左翼趣味〕」な手続きであったのだ。彼には美学的行動主義と社会的行動主義が同時に機能し得ることは認める用意があったが（彼は私の著書『ポピュラー芸術の美学――プラグマティズムの立場から』の仏語版をミニュイ社の彼の監修する叢書から出版することを承諾してくれた）、いつも社会的行動主義の方を重視していたし、それは正しいことだった。

　彼があの見事な著書『世界の悲惨』を私に送ってくれたとき、「大衆芸術を論じるもうひとつの方法」という暖かくも批判的な献辞が添えられていた。彼の批判的な知性と率直さを私はかつてなかったほど強く愛おしく思っている。

林修 訳

Richard Shusterman,
"Une critique sociale du goût esthétique", *Les Inrockuptibles*, 323

言葉と物を変える

ピエール・アンクルヴェ
（社会科学高等研究院教授／社会学者）

ブルデュー・スタイルというものは本当にあります。彼は社会科学にとってまったく新しい書き方を創造したのです。このエクリチュールは、まずフィールドワークに基づく彼の大著作に見い出されます。そこには真のブルデュー・スタイルがあります。『ディスタンクシオン』を例にあげましょう。これは、まったくありそうもない、型破りの本です。写真、新聞記事の抜粋、面接調査の断片、統計、グラフ、書簡の分析、あらゆる種類の図表が挿入されています。そしてこれらの間をぬうように、七百頁の長大なテクストが流れています。延々と一ページも続く文、複雑にはめ込まれた挿入節、括弧、イタリック体、理論的抽象が最も具体的な経験的現実と完全に不可分になっている技術的・概念的語彙。これは今日もなお仰天させられる本であり、フランス社会学にお

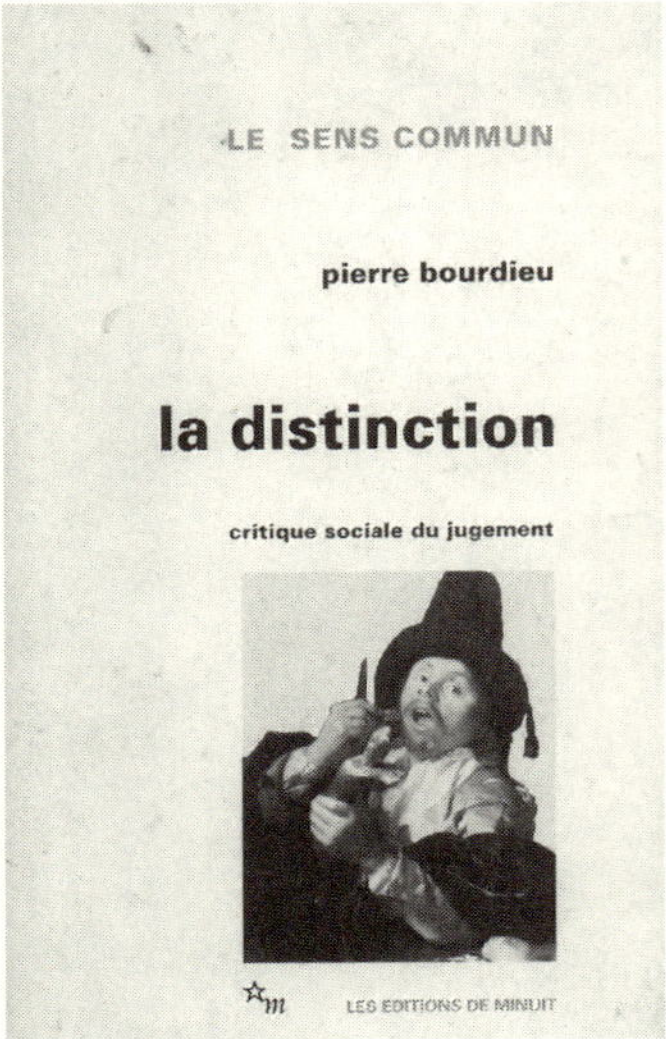

『ディスタンクシオン』

ける最も驚くべき本のひとつと言えます。

ブルデューはいつもこう言っていました。ああ、僕の本は読むのが難しいよ、しかし社会現実、社会世界は理解するのが難しく、考えるのが難しく、書くのが難しいんだ、だから、それを説明するエクリチュールを読むのが難しいのは当然のことさ。また、どこかで、明快に話す最良の方法は複雑に話すこと、とも言っています。これはブルデューのエクリチュールを考えるキーポイントのひとつです。読者が簡略化できないような書き方をしなければならない、と彼は考えていました。しかし理論と経験が一体化しているために哲学的ジャーゴンに陥ることはありません。文学的才能は別として、ブルデューは自分のエクリチュールがプルーストのそれに比べられるのがとても嬉しかったようです。よく調べると、彼のエクリチュールは、ラテン語的な面でボシュエに、語彙の内的弁証法と文のタイプという面でヘーゲルに、それからプルーストに近いことがわかります。実際、説明しなければならない現実経験の構造化された複雑さは、エクリチュールの構造化された複雑さを要求するのです。ブルデューのスタイルの底に流れるエピステモロジーとは、理論と経験の間の必然的な不可分性です。「理論的に構築された経験的ケースを通してしか正確に思考することはできない」からです。

彼にとってエクリチュールは科学的作業の本質的な一側面でした。なぜならテクストによって社会学者は社会世界を作ることに貢献するからです。科学的認識のための闘いは、言葉のための闘いから始まるのです。「文化的資本」、「象徴暴力」など、彼が導入した語は、社会世界についての理解、ひいては社会世界そのものを変化させることに貢献しました。言葉と表象を変えること、それはすでに物を変えることでもあるのです。エリート風と思われている彼のエクリチュールのスタイルはこの闘いに直接結びついているのです。ちなみに、絵画表現についても彼は同じ意見をもっていました。例えば、マネは世界のイメージを変えることで世界を変えることに貢献した、と考えていました。彼は長年にわたってマネについての本を構想していましたが、その本を絶対に読めないと思うと胸が痛みます。彼のマネ論が読めないことはずっとわれわれの悲しみとなりつづけるでしょう。

ブルデューのアンガージュマンを語るとき、人は彼をサルトルやフーコーと比較します。しかし、彼にとって典型的な政治参加《アンガジェ》した知識人はジャン＝ジャック・ルソーであったと思います。ブルデューは次のことをいつも強調していました。ジュネーヴの時計職人の見習いだったルソーが、物の見方を一変させるスタイルを発明し、政治哲学に新しい語を導入し、フランス文学のエクリチュールに革命を起こしたこと。彼がフランス古典文学における唯一の独学者であり、ブルジョワや貴族の出身ではない唯一のフランス古典作家であったこと。そして、哲学者の社会への介入を「人間間の不平等」に対する闘いだとみなしていたルソー、そんな彼が全知識人からひどく憎まれ、嫌悪され、中傷され、捨てられ、孤独を余儀なくされたこと、を。

（談話／シルヴィ・ブルモー構成）

林修 訳

Pierre Encrevé,
"Changer les mots et les choses", *Les Inrockuptibles*, 323

遺産を生かす

ベルナール・ライール
(リヨン高等師範学校《エコル・ノルマル・シュペリユール》教授/社会学者)

ピエール・ブルデューの訃報が発表されて以来ラジオやテレビで言われていることや活字メディアで書かれていることは、彼の仕事がこれからの何年間どのように(ひどく)扱われる危険があるか、その大きな二つの扱われ方をすでにかなり予示している。ひとつは無視と軽蔑、もうひとつはナイーヴな崇拝である。一方で、彼を「イデオローグ」と評し、科学者としてのブルデューを恥知らずにも政治という浴槽に放り込んで溺死させようとする者たちがいる。この者たちはブルデューの著作の矮小化も企てている(あまりに長く師匠の影に隠れていることに落胆した昔の弟子のひとりは、最近の『ル・モンド』紙に「彼の仕事は部分的には伝統を再検討したものだ」とか「晩年の十年、十五年の仕事は論ずるに値しない」と書いた)。ある種の人々にとってはこうすることが自分を偉く見せる唯一の手段なのだろう。もう一方では、人と作品を区別することなく称賛を贈る者たちがいる。この者たちは、ブルデューが（ハーバーマスをおさえて）「世界で最も引用される知識人」であったこと、彼が寛大で、実直で、誠実であったことをうやうやしく回想し、「私はすべてを彼に負っている」と心情吐露までしている。

この二つの態度にはそれぞれ問題があると思うが、二つを同列に扱うつもりはない。前者の態度は愚かであり、長々と論ずるのは無駄だろう。好奇心あるいは知的努力の能力が貧弱なあまり、ブルデューの著作（特に経験的に裏付けられた著作）を正確に読もうとさえ思わない者たち、読んだら読んだで、論証を伴なった反論と経験的再検証の代わりに安易な論難と軽蔑を選ぶ者たち、このような者たちは大した考慮には値しない。後者の態度は、悲しみに包まれているなかのことでまったく理解できる態度であるが、多くの研究者たちがかなり前からすでにブルデューの人と作品に対して結んできた、魅入られた、非批判的な関係を示している。しかし、健全で正常な科学研究には論証による批評が必要である。ひとりの著作家を「愛する」ことが、科学面における麻痺を引き起こすような自己同一化に至ってはいけない。

私が自分に問うている質問は次のようなものだ。ある学者の怒りのほとんどすべてに同意しつつ、（その学者の仕事に心酔するあまり、あらゆる批判に「卑劣な攻撃」しか見出せなくなった者たちを敵にまわして、）彼の仕事に理性的な批判を加えるとき、人は知的空間においてどんな場所を占めることができるのか？　陣営や派閥の論理で言えば、そのような位置《ポジシオン》を占める可能性はほとんどありそうもないし、非常に居心地が悪く不安定な位置であろう。ブルデューを嫌い、私が彼の考察に負うているものを私の著作のなかに見出している人々にとって、私はあまりにもブルデューの業績に影響されている人間だろうし、神殿の番人役をつとめる人々にとってはあまりに批判的な人間だろう。自らの陣営を選択しないことを選択するとき、人は科学における自らの敵だけでなく、敵にとっての敵さえも敵にまわす危険があるのだ。

このような場合、どのようにすれば、特にブルデューの仕事をよく知っている人々に、自分の話を聞いてもらえるのだろう？　おそらく、ブルデューが特別な愛着を感じていた哲学者の言い分に従うことによってであろう。ウィトゲンシュタインの熱烈で厳格な解説者であるジャック・ブーヴレスは、数年前、この哲学者についてこう述べていた。「ウィトゲンシュタインはさまざまなかたちの崇拝や偶像化を生み出しやすい哲学者です。しかし、こうならぬよう、常に気をつけていなければなりません。父親殺しが必要になることもあるでしょう」(『哲学者と現実界』、一九九八年)。同じ対談本で、彼は哲学の界《シャン》について語っているが、それは社会学の界についても一言一句当てはめられるだろう。「……特にフランスの哲学者共同体について私が最も非難することのひとつは、宗教信者の集団にあまりにも似過ぎている、まさにそのことなのです。哲学者共同体には宗教的なタイプの反射運動や無意識行動が多すぎます。特に、時のヒーローや聖人を崇拝する傾向があり、その結果、彼らから現実的な批判を今後一切免除することがあります。このようなかたちの信仰は、私には絶対出来ません。最も完成された民主主義が哲学界を統治しなければならないと、私はずっと思ってきたのです(私が言いたいのは、批判する権利はみんなにあり、批判を受け入れる義務もみんなに課せられている、ということです)」。

ピエール・ブルデューが逝った今、われわれが望みうるのは、この言葉がこれからも長く考えられ続けること、そうして彼がわれわれに残した遺産が生き続けることであろう。

林修 訳

Bernard Lahire,
"Fire vivre l'héritage", *Les Inrockuptibles*, 323

ピエール・ブルデュー関連インターネット・サイト案内

（いずれも http：//を省略して記載してある。2002年6月現在）

それぞれが相互にリンクされていることが多く、便利。

●www.ehess.fr/centres/cse/
ブルデューが1968年に創設した Le Centre de sociologie européenne「ヨーロッパ社会学センター」のホームページ。

●www.radio-france.fr/chaines/france-culture/speciale/speciale_bourdieu/index.php
「フランス・キュルテュール」ラジオ局のサイト。ブルデューが出演したインタビュー番組やブルデューの多彩な仕事を各界の専門家が論じた番組を提供している。ブルデューの肉声が聞ける。今後もぜひ持続して欲しいサイト。

●www.pages-bourdieu.fr.st/
« sociologue énervant »「苛立たしい社会学者」について個人が開設したサイト。刺激的な情報・資料が豊富に揃っている。

●www.lemonde.fr/dossier/0,5987,3230-7108--,00.html
ブルデュー没後、日刊紙『ル・モンド』に掲載された（本書収録のものも含めて）諸家の論評が提供されている。EHESS「社会科学高等研究院」などにもリンクしている。

●www.massey.ac.nz/~nzsrda/bourdieu/byauthuk.htm
ニュージーランドの Massey 大学のサイト。ブルデューについての（英語の）著作・論文の（1999年までの）網羅的文献目録。

●www.utu.fi/erill/RUSE/blink.html
« Links to sites related to Pierre Bourdieu »　主として英語のいろいろなサイトにアクセスできる。

●www.iwp.uni-linz.ac.at/lxe/sektktf/bb/HyperBourdieu.html
« HyperBourdieu WorldCatalogue » と誇るオーストリアのリンツ大学のサイト。ブルデューの著作・発言の詳細な目録。5～10日おきに更新されている。

○www.college-de-france.fr/
からはブルデューの経歴・業績の紹介は消えた。« professeurs honoraires »『名誉教授」の欄に « Pierre Bourdieu-Chaire de sociologie (1982-2001) » とあるのみ。これも更新の時に消えるのであろうか……

（加藤晴久）

講演。

1992 自著の出版社をミニュイ社 Minuit からスーユ Seuil 社に替える。

1993 国立科学研究機構 CNRS のゴールド・メダル賞を受賞。
10月、2度目の来日。東京大学、東洋大学で講演。

1994 4月、パリで NHK 教育テレビ ETV 特集インタビューを収録（45分2本。5月11日と12日に放送）

1995 12月、国鉄労働者ストを支持。以後、失業者によるエコル・ノルマル占拠支持。アルジェリア知識人支援活動。

1996 11月24日、パリで「社会運動大結集」Les états généraux du mouvement social を主催。

1997 スーユ社で「リベール」« Liber » 叢書をつくり、ブルデュー派研究者の成果の出版を開始。

1998 4月8日、『ル・モンド』紙に「左の左のために」を発表。ジョスパン「左翼」政権を批判。

2000 6月、ミヨー市でグローバル化反対行動に参加。
10月、3度目の来日。恵泉女学園大学、日仏会館で講演。

2001 3月28日、コレージュ・ド・フランスで最終講義。定年退職し名誉教授となる。
7月12〜19日、ノルマンディーのスリジー・ラ・サル城で「象徴的なものと社会的なもの」をテーマとする、ブルデューをめぐるシンポジウムが開催される。本人も参加。

2002.1.23 肺ガンのためパリの病院で死去。1月30日、パリのペール＝ラシェーズ墓地に埋葬。2月2日、国立コリヌ劇場でお別れ会。

2002 5月30日、東京日仏学院で同学院と藤原書店共催の「ピエール・ブルデューへのオマージュ——映画とシンポジウムの集い」が開催される。

（加藤晴久作成）

ピエール・ブルデュー略年譜

1930.8.1 オート・ピレネー県ダンガン村に生まれる。父は農家出身の郵便配達人。

1951 国立ポー高等学校、国立ルイ・ル・グラン高等学校（パリ）を経て、高等師範学校（エコル・ノルマル・シュペリユール）に入学。同期にポール・ヴェーヌ（古代史）、ジェラール・ジュネット（テクスト理論）、クリスティアン・メッス（映像理論）がいる。また、ブルデューの前後には、ミシェル・フーコー（46年）、エマニュエル・ル＝ロワ＝ラデュリ（49年）、ジャック・デリダ（52年）、ミシェル・セール（52年）などがいる。

1954 哲学アグレガシオン取得。
（55年まで）国立ムーラン高等学校哲学教員。

1955 召集されアルジェリアに送られる。

1958 （60年まで）アルジェ大学文学部助手。

1960 （61年まで）パリ大学文学部社会学教授レイモン・アロンの助手。

1961 （64年まで）リール大学文学部助教授。

1964 社会科学高等研究院教授に選任される。ミニュイ出版社「サンス・コマン」« Le sens commun » 叢書主幹となる。

1968 教育・文化社会学センター le Centre de sociologie de l'éducation et de la culture を創設（後にヨーロッパ社会学センター Le Centre de Sociologie européenne と改名）

1975 『社会科学研究紀要』Actes de la recherche en sciences sociales 創刊。

1981 コレージュ・ド・フランス社会学講座教授に選任される。

1989 10月、初来日。東京大学、日仏会館、有楽町マリオン朝日ホールで

ピエール・ブルデュー主要単行本リスト

1958年　*Sociologie de l'Algérie*, PUF
『アルジェリア社会学』 植民地アルジェリアの実態を解説したブルデューの処女作。

1963年　*Travail et Travailleurs en Algérie*, EHESS-Mouton
『アルジェリアにおける労働と労働者』（A. ダルベル、J.-P. リヴェ、C. セベル共著）

1964年　*Le Déracinement*, Minuit
『デラシヌマン』（A. サヤド共著）　副題「アルジェリアの伝統的農業の危機」。上記二著はアルジェリアのカビリア地方での民族学的研究の成果。

1964年　*Les Étudiants et leurs études*, EHESS-Mouton
『学生と学習』（J.-C. パスロン共著）『遺産相続者たち』の基礎になった調査。

1964年　*Les Héritiers*, Minuit
『遺産相続者たち』 邦訳・藤原書店（J.-C. パスロン共著）　副題「学生と文化／教養」。教育社会学の最初の著作。教育の場における形式的平等と実質的不平等を解明し、学校教育をつうじての平等実現という「解放する学校」神話をくつがえす。68年の「五月革命」を思想的に準備したと言われた書。

1965年　*Un Art moyen*, Minuit
『写真論』 邦訳・法政大学出版局（L. ボルタンスキ、R. カステル、J.-C. シャンボルドン共著）　原題「中間芸術——写真術の社会的使用試論」。写真術を扱った文化社会学の最初の著作。

1965年　*Rapport pédagogique et communication*, EHESS-Mouton
『教師と学生のコミュニケーション』 邦訳・藤原書店（J.-C. パスロン、M. ド・サンマルタン共著　『遺産相続者たち』と対をなす教育社会学研究。

1966年　*L'Amour de l'art*, Minuit
『美術愛好』 邦訳・木鐸社（A. ダルベル共著）　副題「ヨーロッパの美術館とその公衆」。美術館参観行動の社会文化的基盤を解析した書。

1968年　*Le Métier de sociologue*, Mouton / EHESS
『社会学者のメチエ』 邦訳・藤原書店（J.-C. パスロン、J.-C. シャンボルドン共著）内外の哲学者、社会学者の抜粋をとおして社会学認識論への導入を意図した書。

1970年　*La Reproduction*, Minuit
『再生産』 邦訳・藤原書店（J.-C. パスロン共著）　副題「教育システム理論のための素材」。『遺産相続者たち』にはじまる教育社会学研究を理論的に総合する文化的再生産論。象徴暴力の諸効果とそれを覆い隠す社会的諸条件についての一般理論を構築。

1972年　*Esquisse d'une théorie de la pratique*, Droz
『行動論素描』　カビリアでの民族学的研究をもとにした行動社会学の理論化の試み。

1977年　*Algérie 60*, Minuit
『資本主義のハビトゥス――アルジェリアの矛盾』邦訳・藤原書店　副題「経済構造と時間構造」。資本主義による植民地化が作り出す現実を分析。構造主義、民族学を批判。

1979年　*La Distinction*, Minuit
『ディスタンクシオン』邦訳・藤原書店　副題「社会的判断力批判」。絵画、音楽、映画、読書、料理、部屋、服装、スポーツ、友人、仕草、意見、結婚等における「このみ」「趣味」の階級化のメカニズムを解明。文化社会学を革新。ブルデューの理論的パラダイムが詳細に提示されている代表作。

1980年　*Le Sens pratique*, Minuit
『実践感覚』邦訳・みすず書房　『ディスタンクシオン』と並ぶ代表作のひとつ。人類学的研究を踏まえた行動理論の集大成。

1980年　*Questions de sociologie*, Minuit
『社会学の社会学』邦訳・藤原書店　自己の社会学理論の基礎概念、方法等についての講演、インタビュー等を収録した書。

1982年　*Leçon sur la leçon*, Minuit
『講義についての講義』邦訳・藤原書店近刊　コレージュ・ド・フランス教授就任講義。

1982年　*Ce que parler veut dire*, Fayard
『話すということ』邦訳・藤原書店　副題「言語的交換のエコノミー」。オースティンらの分析的言語哲学に依拠しつつ、独自の社会言語学を提示した書。

1984年　*Homo Academicus*, Minuit
『ホモ・アカデミクス』邦訳・藤原書店　1960年代、70年代フランスの学問研究の界（シャン／フィールド）を分析。反省性の社会学の実践。

1987年　*Choses dites*, Minuit
『構造と実践』邦訳・藤原書店　『社会学の社会学』に続いて、自己の社会学理論についての講演・インタビューを収録した書。

1988年　*L'Ontologie politique de Martin Heidegger*, Minuit
『ハイデガーの政治的存在論』邦訳・藤原書店　もとはドイツ語で発表された論文のフランス語版。政治性と無縁に見えるハイデガーの哲学の核心に社会的な政治性を見て取る。フランスのハイデガー論争に一石を投じた書。

1989年　*La Noblesse d'État*, Minuit
『国家貴族』邦訳・藤原書店近刊　副題「グランド・ゼコルと一体意識」。現代の貴族、エリート官僚の生産・再生産の分析。

1992年　*Réponses*, Seuil
『応答』邦訳・藤原書店近刊　副題「反省的人間学のために」。愛弟子であるカリフォルニア大学社会学教授ロイック・ワッカントとの対談形式の書。

1992年　*Les Règles de l'art*, Seuil
『芸術の規則』邦訳・藤原書店　副題「文学の界の生成と構造」。作家・批評家・出版者・読者が形成する象徴空間としての文学の「界」を論じた文芸社会学の成果。

1993年　*La Misère du monde*, Seuil
『世界の悲惨』邦訳・藤原書店近刊　「ブルデュー学派」社会学者とすすめた共同アンケート調査の成果。50余りの面談記録に社会学的解説・分析を付して収録。現代的な「位置の悲惨」に光を当てて、10万部以上のベストセラーになる。すべての面談がそのまま脚本化され上演された。

1994年　*Libre-échange*, Seuil
『自由-交換』邦訳・藤原書店　ドイツ生まれ、アメリカ在住の前衛美術家ハンス・ハーケとの対話。商業主義に抗して表現の自律性を模索する。

1994年　*Raisons pratiques*, Seuil
『実践理性』邦訳・藤原書店近刊　副題「行動理論について」。自分の研究についての講演を収録した書。

1996年　*Sur la télévision*, Liber / Raisons d'agir
『メディア批判』邦訳・藤原書店　原題「テレビについて」。コレージュ・ド・フランス制作のテレビ講義番組を活字化した小冊子。20万部のベストセラーになった。

1997年　*Les Méditations pascaliennes*, Seuil
『パスカル的瞑想』邦訳・藤原書店近刊　自己の社会学的理論の哲学的根拠付けを試みた書。

1997年　*Les Usages sociaux de la science*, INRA
『科学の社会的使用』邦訳・藤原書店近刊　副題「科学界の臨床的社会学のために」。国立農業研究所 INRA での講演記録。

1998年　*Contre-feux*, Liber / Raisons d'agir
『市場独裁主義批判』邦訳・藤原書店　原題「対抗火――ネオ・リベラリズムの侵略に対する抵抗のために」。野放しのグローバル化を批判した講演、インタビュー、論説を収録した小冊子。10万部のベストセラーになった。

1998年　*La Domination masculine*, Seuil
『男性支配』邦訳・藤原書店近刊　人類学的研究を踏まえたジェンダー研究への寄与。

2000年　*Propos sur le champ politique*, Presses universitaires de Lyon
『政治の界についての発言』　リヨン大学でおこなった講演を活字化した小冊子。

2000年　*Les Structures sociales de l'économie*, Seuil
『経済の社会的構造』邦訳・藤原書店近刊　供給、需要，市場、また買い手・売り手の行動を現実的に分析し、経済学の独善的抽象性を批判し、社会学と経済学の統合を図る。

2001年　*Contre-feux 2*, Raisons d'agir
『市場独裁主義批判２』　1998年以降のネオ・リベラリズム批判の言説を集めた小冊子。

2001年　*Langage et Pouvoir symbolique*, Seuil
『言語と象徴権力』　1991年に Harvard University Press から出版されていた社会言語学理論の原書。

2001年　**『新しい社会運動——ネオ・リベラリズムと新しい支配形態　ピエール・ブルデュー来日記念講演』**発行・恵泉女学園大学／発売・藤原書店　2000年10月来日の際の講演を CD-ROM で再現、仏日対訳テクストを付した CD-ROM ブック。

2001年　*Science de la science et réfléxivité*, Raisons d'agir
『科学の科学と反省性』邦訳・藤原書店近刊　副題「コレージュ・ド・フランス講義録 2000-2001」。コレージュ・ド・フランス教授としての最終学年の講義をまとめたもの。特に第3部「社会科学はなぜ自己を対象化しなければならないか」ではみずからの知的・学問的軌跡を自己・社会分析の対象とした。

2002年　*Interventions 1961-2001*, Agone
『政治的発言 1961-2001』邦訳・藤原書店近刊　副題「社会科学と政治行動」。1961年以来の政治的発言を収録した書。

2002年　*Le Bal des célibataires*, Seuil
『独身者たちのダンスパーティ』邦訳・藤原書店近刊　副題「ベアルン地方の農村社会の危機」。自分の故郷である農村地帯の「嫁不足」の調査をとおして農村社会の変容の真相を解明した初期の研究。カビリア研究とともに、理論的にも実践的にもブルデューの原点と言うべき作品。

（加藤晴久作成）

編者解題

加藤晴久

ピエール・ブルデューは二〇〇二年一月二三日午後一一時、パリ一二区のサン＝タントワーヌ病院で、肺ガンのため、亡くなった。七一歳であった。一月三〇日、パリ東端のペール・ラシェーズ墓地で家族と近しい者たち四〇人ばかりによる密葬が執り行われた。その三日後の二月二日、生前交流のあった内外の研究者や社会運動指導者四〇〇人が墓地近くの国立コリヌ劇場に集い、お別れ会を持った*。

本書はそのピエール・ブルデューに捧げるささやかなオマージュである。

以下、本書を構成するテクストについて順を追って簡略に説明しておきたい。

第I部

「**超領域の人間学**」は、一九九四年、ＮＨＫ教育テレビのＥＴＶ特集班から依頼されてパリに赴き、四月一日はコレージュ・ド・フランスのブルデューの研究室で、翌二日はブルデューの自宅で行ったインタビューのビデオテープ五本全体を起こしたものである。インタビューを編集して制作した各四五分二本の番組は五月一一日と一二日に放送され、ブルデューの学問と人柄を分かりやすく紹介していると好評を博したが、もちろん収録の際のブルデューの応答のすべては生かされていない。その後、藤原書店社長藤原良雄氏からすべてを活字化するように何度も強く勧められたが、躊躇しているうちに八年がたった。ブルデュー没後、更なる藤原氏の勧めに従って作業に取りかかり、ビデオの中のブルデューと何日も共に過ごした。仕事を終えたいま、このインタビューの真価が改めて理解できた。ブルデューは時には挑発的な私の質問に実に正直に答えてくれていて、ブルデュー社会学の理論的核心についても、また、この頃から活発になった社会参加の行動についても、格好の入門となっていると感じた。

「現代フランス思想と私」はブルデューが初来日した一九八九年一〇月に東京でおこなったインタビューである。社会学者としての確固たる位置を学界の一角に占めて以来、その位置を支配的なものとするため、ブルデューは自分の研究業績について解説的なテクストをたくさん書いている。また、講演やインタビューを積極的に引き受けて、自分の理論的概念、方法論の普及に努めてきた。『社会学の社会学』(八〇年)、『構造と実践』(八七年)、『実践理性』(九四年) はこれらを収録した本である。『応答』(九二年) もそうした性格の本である。生前ブルデューは、これらはみな choses dites「述べたこと」だから易しいと常々言っていた。しかし、かならずしもそうでないことを、これらの本の読者は知っている。そこで『構造と実践』に収められている「哲学のフィールドワーク」を下敷きにしつつ、日本の読者向けにインタビューを試みたのであった。これは私の編集した『ピエール・ブルデュー――超領域の人間学』(藤原書店、一九九〇年) に収められたが、ブルデューが哲学から民族学・人類学を経て社会学に「回心」するまでの自分の知的形成を同時代の思想家・研究者との関係において、率直に、また平易に語っているとして高く評価された。同書は今では絶版になっているが、ブルデュー入門としてのこのインタビューの価値は少しも失われていない、という藤原氏の意見に従ってここに収録した。

第Ⅱ部
「界《シャン》とは何か」は一九九九年二月一一日にブルデューがリヨン第二大学で行った「政治界」と題する講演である（*Propos sur le champ politique*, Presses universitaires de Lyon, 2000 所収）。「政治界」を例にとって「界」概念を「順を追って、教育的配慮をしながら」解説している。

ブルデュー社会理論のキー概念のひとつである champ（英語では field）という語は言うまでもなく物理学（力学）の用語から着想されたものである（effet「効果」も同じ）。champ électromagnétique「電磁場（界）」などと言うときの champ である。そのことを弁えてさえいれば、これを「界」と訳しても「場」と訳しても、あるいはもっと普通に「領域」と訳しても、問題はない。ブルデューの著作の日本語訳の読者はある知識水準以上の人々であろうから、その辺の事情を理解して読んでいるものと期待しよう。

私たちが普通に言う「社会」に相当するフランス語は la société である。この la société に事実上相当する意味でブルデューは le monde social という言い方をする。「社会世界」とそのまま日本語にしてみると何かしっくりこない感じがするが、フランス語では le monde économique「経済界」とか le monde juridique「法曹界」などという言い方をするから le monde「世界」という語を使う以上、social と補わなければならない。また、ブルデューは私たちの「社会」「社会世界」をひとつの多次元的空間と考えているから、これを l'espace social「社会空間」と言う。つまりブルデューにおいては la société = le monde social = l'espace social である。この社会空間は諸社会集団が、それぞれ所有する（経済・文化）資本の総量によって縦軸に、（経済・文化）資本の構成によって横軸に位置づけられる空間である。

この「社会空間」はまた le cosmos social「社会コスモス」または le macrocosme social「社会的マクロコスモス」とも言い換えられるが、社会は多くの microcosme social「社会的ミクロコスモス」、つまり le champ「界」によって構成されている。社会空間とは社会分化が進行する場である。社会的分業が進行するにつれて様々な領域、ブルデューの用語によれば「界」（「場」）= le champ が生成される。宗教「界」、経済「界」、文学「界」、ジャーナリズム「界」、出版「界」などなどである。これらの「界」は相対的に自律性を持っており、それぞれに固有の論理と必然性によって機能する空間である。ただし、これらの「界」相互の間には相同性 la homologie の関係がある。また、「界」の構造は固定的なものではない。「界」は力の場であると同時に、その「場」を貫徹する力関係を変革しようとする闘争の場でもあるのである。

「**国家とは何か**」は『社会科学研究紀要』Actes de la recherche en sciences sociales の九六／九七合併号（一九九四年）に掲載された論文である。改稿されて『実践理性』に採録されているが、ブルデューの指示に従って初出から翻訳された。以下に訳者三浦信孝氏の初出誌における長い「解題」の一節を転記する。

「原題の Esprits d'État はとりあえず『国家精神』と訳せるが、esprit は複数であり、国家の名において行動する高級官僚団を指すと考え、『国家精神の担い手たち』〔初出誌におけるタイトル〕とした。esprit d'État は raison d'État（国家理性）を連想させるが、一般的な表現ではなく、état d'esprit（精神状態）の語順を入れ換えたブルデューの発明である。また、esprit d'état と同じ範列に esprit de corps という表現がある。特定の集団に帰属する人々が共有する社団《コール》精神のことで、その典型は grands corps と呼ばれるフランスのエリート官僚団のギルド的な仲間意識である。こうして言葉の範列をたどっていくと、この論文は絶対王政期の『法服貴族』という特定の階層が普遍的な国家精神を発明して独占し、『国家貴族』の誕生を準備した歴史的過程を解明したものと言える。」

「**社会学と言語学**」は一九八二年一一月一四日にベルギー国営ラジオのジャック・ボーデュアンによる、同年に出版された『話すということ』（邦訳は一九九二年、藤原書店）をめぐるインタビューである。以下に訳者立花英裕氏の初出誌における長い「解題」の一部を転記する。

「その徹底した批判的姿勢にもかかわらず、〔ブルデューの〕社会学にはソシュール／レヴィ＝ストロース的構造主義を発展的に受け継いだ側面が内包されていることを否定するわけにはいかない。ブルデューの批判の核心は、むしろ科学性を標榜する構造主義（……）の方法論が言語活動の社会的側面を隠蔽してしまうイデオロギーになってしまったことを問題にしているのである。したがって、ブルデューが言語を分析対象として選ぶとき、必然的にラングからパロールへの移行を伴う、言説（言述）の社会学となる。（……）言説のこのような社会性を、社会世界内に相関的に配置されている象徴権力の錯綜した磁場ともいうべき『界』の概念の中で、より組織的・包括的に分析していく。『界』は、その内部で活動する行為者が無意識的で慣習的な生活を営む場であるとともに、ときに戦略的な実践行動を企てもする場であり、『構造』とは異なり、特定の時点における社会空間構造を説明するだけでなく、変化や運動の方向をも説明しうるのである。」

「知識人とは何か」は二〇〇〇年六月一〇日、ベルリン・フンボルト大学の学生自治会の求めに応じておこなった講演である（その後改稿されて、*Contre-feux 2* に収録された）。

ブルデューの社会参加《アンガージュマン》を考える際のキー・コンセプトは「集団的知識人」と「現実主義的（または合理的）ユートピア」であろう。神託を公布する預言者然とした姿勢を拒否し、自己顕示のみのエッセイズムを嫌い、できるだけ多くの社会科学者を誘い、自分たちの専門性を生かした共同の討議による成果をとおして、社会運動の一翼を集団として担っていこうとする志向である。そして、社会的現実の分析においては科学的合理主義を厳格に実践しながら、エセ法則性を自然的宿命のように思い込ませるシニシズムを排して、「現実主義的な理念の世界 un univers d'idéaux réalistes を再構築しようとする意志である。この講演の三ヶ月後の十月、ブルデューは東京で「ネオ・リベラリズムと新しい支配形態」と題する講演を行い、日本の若者たちに野放しのグローバリゼーションへの抵抗を呼びかけた（CD―ROMブック『ピエール・ブルデュー来日記念講演2000』恵泉女学園大学発行、藤原書店発売）。

以上の四論文はいずれも季刊誌『環』（藤原書店発行）に掲載されたものである。ブルデュー理論の中核概念である「界」。そして、その両義性の重要性を理解するには長い時間がかかったとブルデューが私に漏らしていた「国家」概念。生涯にわたってこだわり続けた「言語」の問題。一九九五年一二月の国鉄労働者のストライキ支援に始まるのではなく、実は、研究者としての出発時から、ブルデューの社会学はきわめて「政治的」であった（パトリック・シャンパーニュ）といわれる「政治的アンガージュマン」の問題。ブルデューにとってもっとも重要なテマティークについての論考がこの第Ⅱ部には収められている。

本書ではじめて翻訳紹介される『**多文化主義**』と『**グローバリゼーション**』の触発力を力説しておきたい。この論文ではイデオロギー面でのアメリカの覇権主義に対するきわめて原理的、きわめて根底的な批判が展開されている。政治・経済の面以上に知的レベルで骨の髄までアメリカに隷属している日本人の頭の中に根を張っている無意識的諸前提 les présupposés inconscients が剔抉されている。このテクストにはアメリカを考える際の基本原則が力強く縮約されている。「**アメリカという例外はない**」とともに熟読玩味されることを願う。

第Ⅲ部

「**ブルデューを悼む**」には二月二日の国立コリヌ劇場の「お別れ会」で読まれた弔辞を収録した。このうち、サイードとホブズボームの弔辞は代読された（後者は密葬にはロンドンから駆けつけた）。この五人のほかに弔辞を述べた者を順に挙げると、フィリップ・アドリアン（『世界の悲惨』の全篇を劇化上演した演出家）、レミ・ルノワール（社会学者・ヨーロッパ社会学センター所長）、クレイグ・カルーン（ニューヨーク大学教授・アメリカ社会学会会長）、カール・ショースキ（プリンストン大学美術史教授）、レイラ・シャヒド（パレスチナ解放機構パリ駐在代表）、シルヴァン・ダヴィッド（高校教員）、デトレーフ・ヘンシュ（ドイツ金属労連会長）、アニック・クーペ（独立系労組ＳＵＤ指導者）、トニー・モリスン（アメリカ・女性作家。代読）である。あいだにブルデューのテクストが俳優によって朗読された。

ブーヴレスとテレの弔辞の内容と口調を理解するためには、ブルデューの死後の、マスコミの反応をやや詳しく述べておく必要がある。

「ブルデュー死す」が報じられると、時を移さず、シラク大統領、ジョスパン首相が哀悼のコミュニケを発表した。それをラジオが繰り返し報道した。続いて社会党、共産党、緑の党、トロツキスト党、さらには保守政党までが、また共産党系、社会党系、独立系の諸労組が同じく惜別のメッセージを流した。二四日晩のテレビ各局のニュースがトップで取り上げた。ラジオ・テレビが前に放送したインタビュー、あるいは討論番組を再放送して回顧特集を組んだ。フランスを代表する新聞『ル・モンド』が翌日の一面トップで報道した上、中の二ページを費やして、その生き様と業績を紹介した。その翌日はさらに六ページの特集。しかも社説でその人柄と行動を論評する。翌週、知識層を対象にした週刊誌二つがそれぞれ一六ページ、二二ページの特集を組んだ。読者がそれぞれの思いをメールや手紙で寄せ、それが日刊紙・週刊誌の投書欄の全面を埋めた。

ピエール・ブルデューの死が巻き起こした反響はそのようなものだったである。

だがその反響は賛辞ばかりではなかった。お別れ会の二日前の一月三一日発売の『ヌーヴェル・オプセルヴァトゥール』誌は表紙をブルデューの大きな写真で飾り、一五ページの特集を組んだ。その中で、社長ジャン・ダニエルは、自分ではニュアンスに富み、バランスの取れた論評をしているつもりなのだろう、ブルデューの思想と行動を高く評価すると言う一方で、「善悪二元論的な世界観」「セクト的で陰湿な正義派ぶり」といった語句をちりばめ、ブルデューの思想は結局「金、市場、不平等、腐敗に対する、要するに連帯の諸価値より競争の諸価値を優先させることへの怒りに、科学的な、いや、メシア的でさえある装いをまとわせたシステム」にすぎないと断じた。編集長ローラン・ジョフランはこの「赤い大御所《マンダラン》」の仕事と行動の説明原理は下層の社会的出自ゆえに少年期に受けた「屈辱」に対する「リベンジ」だとし、マルクスは理論では硬直だが、時局的歴史的評論では柔軟で生彩があった。ブルデューはその逆で、『遺産相続者たち』や『ディスタンクシオン』はニュアンスに富んだ本だが、社会的コミットメントでは「単細胞的で事実を無視」している。「九〇年代のフランスで一冊の本（『世界の悲惨』）と一度の行動（国鉄労働者のスト支援）でルンペン共和国の祖父になった。貧乏人の子が大立て者になった」と皮肉った。論説委員フランソワーズ・ジルーは、ブルデューはジャーナリストを「軽蔑し、罵倒し、彼らに自分の犬をけしかけた」、ブルデューのメディア批判は「パラノイア」と断罪した。

そしてジャック・ジュリヤールのコラムのこの週のタイトルが「社会学の貧困」Misère de la sociologie（もちろんマルクスの『哲学の貧困』La Misère de la philosophie をなぞっている）。「私はなんと盲目だったことよ！　先週まで、ブルデューの思想がフランスが国を挙げて共感する思想とは知らなかった」と書き出して、現職の大統領・首相をはじめ、左右ほとんどの政党、労組などかこぞって哀悼と賞賛のコミュニケを出したこと（『現代思想』二〇〇二年三月号を参照）を揶揄し、社会のこの反応自体がブルデュー社会学の「華々しい挫折」を証していると決めつけた。そして、『遺産相続者たち』で学校は不平等を拡大再生産する機関と主張しながら、後にミッテラン大統領の諮問に応じて書いた報告書では、学校を「資本主義支配に対する精神の城壁」と言う、また、ブルジョア国家とその機関を派手に批判したかと思うと、九五年ストを支援して、一国営独占企業体と鉄道労働者退職制度の同業組合的既得権益を擁護する」、こうした理論的破綻がブルデューを晩年の急進的活動と「民衆迎合的道徳主義」に追いやり、彼を「百パーセントのイデオローグ」に変えたと、批判した。

「さらば、ピエール・ブルデュー。あなたは付き合いやすい人ではありませんでした。また、いつもフェアな人でもありませんでした。それに、社会的嫉妬心というのは困った欠点です。ただ、強者に対して弱者を擁護したとき、あなたは真摯でした。私としては、ここではひとつのことだけを思い起こしておきましょう。私がこれまで出会ったもっとも明敏でもっとも複雑な人のひとりが自分の社会観を私に語ったことがありますが、うっかり我を忘れたのか、彼の言ったことは彼を有名にした社会観とはほぼ正反対のことでした。」

ジュリヤールのコラムはブルデューの全生涯を「社会的嫉妬心」で説明するだけでなく、まさに陰湿な仄めかしで結ばれている。

お別れ会に集った四〇〇人の関係者はすべて『ヌーヴェル・オプセルヴァトゥール』を読んでいたから、ブーヴレスが弔辞のなかで「正義の」怒り、「聖なる」怒りを爆発させたときには、共感と、週刊誌への抗議を込めた熱烈な拍手がしばらく鳴り止まなかった。そして、アメリカから駆けつけたプリンストン大学教授で美術史学者カール・ショースキが「ところで、私はパリに着いてから今週の『ヌーヴェル・オプセルヴァトゥール』を読みましたが、……」と言ったときには、こんどは満場、爆笑に包まれた。笑いが収まると、ショースキはほぼ次のように続けた。

「ブルデューは民族学的研究で写真を多用しましたし、『中間芸術』ではまさに写真術そのものを対象にしています。私は彼としばしば写真術を論じましたが、彼の説に感服していました。それで言うのですが、今度の『ヌーヴェル・オプセルヴァトゥール』で展開されたブルデュー批判がすべて見当違いな歪曲であることは、掲載されたブルデューの数葉の写真が証明しています。写っているブルデューの表情を見れば誰でもそのことを理解します。」

至言である、と私も思った。

『ヌーヴェル・オプセルヴァトゥール』のことを長々しく述べたのは、ブーヴレスやテレの弔辞の理解を助けるためだが、同時に、フランスという国における思想や学問上の対立がいかにきびしく仮借ない形を取るものであるかを示すためでもあった。ブルデューが「社会学は格闘技だ」(ブルデューを「主人公」にしたピエール・カルルのドキュメンタリー映画のタイトル)と言ったのは別の意味でだが、学問の「界」はまさに熾烈なたたかいの場なのである。

参考までに付け加えれば、『ヌーヴェル・オプセルヴァトゥール』編集長代理ジャック・ジュリヤールは単なるジャーナリストではない。一九三三年生まれ、つまりブルデューより三歳下。五四年にエコル・ノルマル入学。つまりブルデューと同じ学校で三学年下。学生時代から識っていたと思われる。しかも、歴史学アグレジェのジュリヤールは社会科学高等研究院教授だから、ブルデューと同僚なのだ。

ブルデューは常々、ジュリヤールのたぐいの知識人をこっぴどく批判していたが、それにしても、こうした関係にある著名な大学人どうしが、公の場で、しかも片方が死亡した直後、このような言説を臆することなくぶつけ合う、これがフランスの知識人「界」であるということを知るのも、ブルデュー社会学の理解を助ける手だてになるかもしれない。

「**ブルデューの偉大さを称えて**」に収めたのは『ル・モンド』紙に載った諸家の論評である(デリダの短いコメントも同じ)。また『ル・モンド』の社説である。ひとりの知識人、それもラディカルな反体制派知識人の死に際してその国の体表的な新聞が社説で追悼する。いかにも知的水準の高いフランスらしい、と言えば「フランス馬鹿」と言われるかもしれない。だが、『ル・モンド』が社説を充てたことをもって、二十一世紀初頭のフランスにおけるブルデューの存在はそれほど大きかった証拠、と言っても、それは嘘ということにはなるまい。いずれにせよ、『ル・モンド』紙の評価を高めるエピソードにはちがいない。日本には『ル・モンド』の知的水準に達する新聞はひとつもない。

「**諸領域へのブルデューの影響**」に収めたのは、各分野の専門家がブルデューの「遺産」を論評したコメントである。いずれも短いが要を得ている。音楽・映画・本の批評紹介を主とする週刊雑誌 Les Inrockuptibles の「ブルデュー追悼特集号」（二月二九日号）に掲載されたものである。この挑発的なまでに反正統主義的な論調の雑誌はブルデューの「分裂ハビトゥス」にマッチしていたらしく、九五年九月に師のジョルジュ・カンギレームを悼む文章を載せて以来、しばしば寄稿しているだけでなく、九八年一二月二八日号では招待編集長もつとめた。

ブルデュー関連インターネット・サイトも大いに活用していただきたい。ブルデューが世界で、特にアングロ・アメリカン圏の社会科学界でどんなに大きな存在になっているかがおわかりいただけるだろう。三〇年前、四〇年前に留学した時のアメリカの社会科学「界」の状況、つまり（ブルデューの言い方を借りて言えば）パーソンズ、マートン、ラザーズフェルトの御三家が君臨していた状況がそのまま今日まで存続しているかのように信じ込んでいる化石的社会学者は、いくら社会科学・人文科学の片田舎である日本にもいないだろうとは思うけれども……。

＊

二〇〇二年五月三〇日、東京日仏学院で同学院と藤原書店が共催して「ピエール・ブルデューへのオマージュ――映画とシンポジウムの集い」が開催された。その冒頭の挨拶で藤原良雄氏は二〇年も前からブルデュー研究会を主催し、ブルデューの仕事の翻訳紹介をめざしてきたことを熱を込めて回想した。『地中海』のフェルナン・ブローデルに対するそれと同じように長く深い思い入れである。ブルデューは藤原氏の勘と嗅覚と情熱と執念のおかげで日本でもここまで理解され影響を及ぼすようになった。しかし道は遠い。ブルデューはそれほど手強い。反ブルデューに染まった『ヌーヴェル・オプセルヴァトゥール』誌の「追悼」特集の中にもよい論評は載っていた。ブルデューがもっとも愛した弟子のひとりであるロイック・ワッカントの言を引用しておこう。

「ブルデューの概念装置を使って仕事をしている研究者は世界各国にすでに数多くいる。しかし、彼の思想の全体像を解明するにはまだ数十年かかるだろう。下層プロレタリアート、インテリゲンチャ、農民、教員、結婚、失業、学校、教会、国家、市場、科学、芸術、スポーツ、身体、メディア、政治、倫理、人間関係、世代、民族、階級……これらの問題に関する研究で、ブルデューの影響を受けて大きく変貌しなかった分野はない。ブルデューは科学的方法の厳密性と芸術家の創造性を融合できた学者、(デュルケムとヴェーバー、マルクスとモース、カッシーラーとウィトゲンシュタイン、フッサールとレヴィ＝ストロース、バシュラールとパノフスキーといった風に伝統的には対立的に考えられている理論家たちを総合した) 比類ない理論的教養と倦むことのない貪欲な探求心とを兼ね備えた学者であった。」

ブルデューが日本で理解されるようになるきっかけをつくったのは、まず、彼の弟子であるイタリアのアンナ・ボスケッティがブルデューの指導のもとに彼の方法を使って、戦後フランス思想「界」におけるサルトルの位置と位置取りを分析した、そして石崎晴己氏が翻訳した『知識人の覇権』(一九八七年。新評論刊) であろう。しかしながら、本格的な理解が進んだのは何と言っても、石井洋二郎氏が一〇年間の艱難辛苦の末、新評論時代の藤原氏のもとで出版した『ディスタンクシオン』のおかげである。ブルデューが何を言っているのかを石井氏が理解したおかげで、我々もようやくブルデューが言っていることが理解できるようになった。ブルデューはインタビュー「超領域の人間学」のなかでも、最終講義のなかでも翻訳というものが科学研究の国際化に果たす役割に言及しているが、日本におけるブルデュー理解の進展の過程がその証左のひとつである。

その石井氏と、近年、ブルデューにも目配りをしながら鋭い論客として頭角を現しつつある三浦信孝氏、そしてブルデュー紹介にも協力していただくことになっている、ロートレアモンを中心に幅広く研究活動を展開している立花英裕と新進気鋭のユルスナール研究家林修の両氏の協力を得て本書がなったことを記し感謝したい。

そして、いつものことだが、翻訳・編集の過程全体を統括された清藤洋氏への深甚なる感謝を述べて解題を終える。

（二〇〇二年六月七日）

注

＊　密葬、お別れ会の様子については次で報告しておいた。『現代思想』二〇〇二年三月号。『環』二〇〇二年 Spring（vol. 9）。『機』（藤原書店月刊ＰＲ誌）二〇〇二年三月号。

訳者紹介（五十音順）

石井洋二郎（いしい・ようじろう）

1951年生まれ。東京大学大学院総合文化研究科教授。専攻、地域文化論、フランス文学。著書に、『差異と欲望』藤原書店、訳書に、ブルデュー『ディスタンクシオンＩⅡ』藤原書店、『ロートレアモン全集』筑摩書房、ほか。

立花英裕（たちばな・ひでひろ）

1949年生まれ。早稲田大学法学部教授。専攻、フランス語フランス文学。編著に、Lautréamont au Japon, Éditions du Lérot. ほか、訳書に、コルタサル『海に投げこまれた瓶』白水社、ベルナール＝アンリ・レヴィ『危険な純粋さ』紀伊國屋書店、ほか。

林修（はやし・おさむ）

1962年生まれ。福島大学経済学部助教授。専攻、フランス文学。共訳書に、ユルスナール『空間の旅・時間の旅』白水社、ウィーゼル編『介入？』藤原書店、『ミシェル・フーコー思考集成Ⅸ』筑摩書房、ほか。

三浦信孝（みうら・のぶたか）

1945年生まれ。中央大学文学部教授。専攻、フランス文化社会論。著書に、『現代フランスを読む』大修館書店、編著に、『多言語主義とは何か』『普遍性か差異か』いずれも藤原書店、訳書に、コンデ『越境するクレオール』岩波書店、ほか。

著者紹介

Pierre Bourdieu（ピエール・ブルデュー）

1930年、フランスのダンガン生まれ。高等師範学校を卒業後、哲学の教授資格を取得、リセの教員となるが、1955年、アルジェリア戦争に徴兵される。その後、アルジェ大学助手、パリ大学助手、リール大学助教授を歴任。1964年、社会科学高等研究院の教授に就任、教育・文化社会学センター（現在のヨーロッパ社会学センター）を主宰し、精力的に社会学の共同研究を展開し始める。1981年、コレージュ・ド・フランス教授に就任。以後、フランスを代表する社会学者として独自の方法論・概念を駆使しながら、従来の社会学の枠組を越える学際的研究活動を行う。90年代以降は、反グローバリズムの運動に積極的に関わり、「集団的知識人」としての社会参加を実践する。2001年3月、コレージュ・ド・フランス教授を退任。2002年1月23日、癌のためパリのサン=タントワーヌ病院にて死去。

編者紹介

加藤晴久（かとう・はるひさ）

1935年東京都生まれ。東京大学名誉教授。恵泉女学園大学教授。フランス語フランス文学専攻。訳書に、シャリュモー『現代フランスの思想』大修館書店、ファノン『黒い皮膚・白い仮面』（共訳）みすず書房、メレール&デュプー『赤ちゃんは知っている』（共訳）藤原書店、ブルデュー『市場独裁主義批判』藤原書店、ブルデュー『ピエール・ブルデュー来日記念講演2000』恵泉女学園大学、などがある。

ピエール・ブルデュー——1930-2002

2002年6月30日　初版第1刷発行©

編　者　加藤晴久

発行者　藤原良雄

発行所　株式会社　藤原書店

〒162-0041　東京都新宿区早稲田鶴巻町523

TEL 03（5272）0301
FAX 03（5272）0450
info@fujiwara-shoten.co.jp
振替　00160-4-17013

印刷・製本　美研プリンティング

落丁本・乱丁本はお取り替えします
定価はカバーに表示してあります

Printed in Japan
ISBN4-89434-282-0

趣味と階級の関係を精緻に分析

ディスタンクシオン

〈社会的判断力批判〉Ⅰ・Ⅱ

P・ブルデュー　石井洋二郎訳

ブルデューの主著。絵画、音楽、映画、読書、料理、部屋、服装、スポーツ、友人、しぐさ、意見、結婚……。毎日の暮らしの「好み」の中にある階級化のメカニズムを、独自の概念で実証。

第8回渋沢クローデル賞受賞

A5上製　Ⅰ五一二、Ⅱ五〇〇頁

各五九〇〇円（一九九〇年四月刊）

Ⅰ◇4-938661-05-5　Ⅱ◇4-938661-06-3

LA DISTINCTION　Pierre BOURDIEU

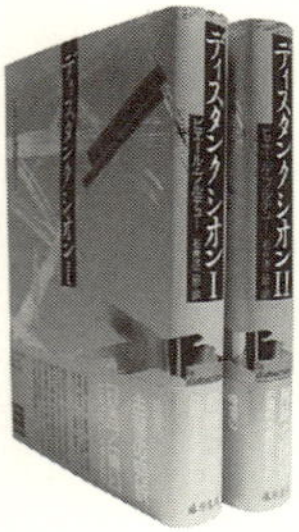

初の本格的文学・芸術論

芸術の規則Ⅰ・Ⅱ

P・ブルデュー

石井洋二郎訳

作家・批評家・出版者・読者が織りなす象徴空間としての〈文学場〉の生成と構造を活写する、文芸批評をのりこえる「作品科学」の誕生宣言。好敵手デリダらとの共闘作業、「国際作家会議」への、著者の学的決意の迸る名品。

A5上製　Ⅰ三一二、Ⅱ三二〇頁

Ⅰ四一〇〇円、Ⅱ四〇七八円

（Ⅰ一九九五年二月刊　Ⅱ一九九六年一月刊）

Ⅰ◇4-89434-009-7　Ⅱ◇4-89434-030-5

LES RÈGLES DE L'ART　Pierre BOURDIEU

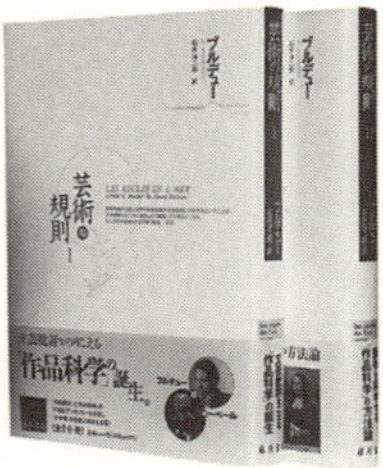

知と芸術は自由たりうるか

自由―交換

〈制度批判としての文化生産〉

P・ブルデュー、H・ハーケ

コリン・コバヤシ訳

ブルデューと、大企業による美術界支配に対して作品をもって批判=挑発し続けてきた最前衛の美術家ハーケが、現代消費社会の商業主義に抗して「表現」の自律性を勝ち取る戦略を具体的に呈示。ハーケの作品写真も収録。

A5上製　二〇〇頁　**二八〇〇円**

（一九九六年五月刊）

◇4-89434-039-9

LIBRE-ÉCHANGE　Pierre BOURDIEU et Hans HAACKE

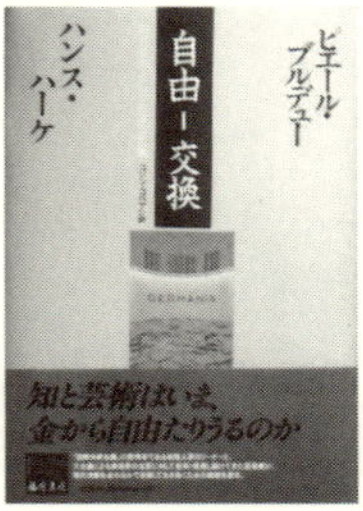

『ディスタンクシオン』入門

差異と欲望

〈ブルデュー『ディスタンクシオン』を読む〉

石井洋二郎

デュルケーム『自殺論』と並び賞され、既に「今世紀人文社会科学総合の古典」の誉れ高いブルデューの主著を解読する、本邦初、待望の書き下ろし。難解なその書を、概念構成を中心に明快に整理、併せて日本へのディスタンクシオン概念応用の可能性を呈示。

四六上製　三六八頁　**三五〇〇円**

（一九九三年一一月刊）

◇4-938661-82-9

「象徴暴力」とは何か

再生産（教育・社会・文化）

P・ブルデュー、J-C・パスロン
宮島喬訳

『遺産相続者たち』（'64）にはじまる教育社会学研究を理論的に総合する文化的再生産論の最重要文献。象徴暴力の諸作用とそれを蔽い隠す社会的条件についての一般理論を構築。「プラチック」論の出発点であり、ブルデュー理論の主軸。

A5上製　三〇四頁　**三七〇〇円**
（一九九一年四月刊）
◇4-938661-24-1

LA REPRODUCTION
Pierre BOURDIEU et
Jean-Claude PASSERON

ブルデューの原点

遺産相続者たち（学生と文化）

P・ブルデュー、J-C・パスロン
石井洋二郎監訳

『再生産』（'70）『ホモ・アカデミクス』（'84）『国家貴族』（'89）へと連なるブルデューの原点。大学における形式的平等と実質的不平等の謎を科学的に解明し、見えない資本の機能を浮彫りにした、文化的再生産論の古典的名著。

四六上製　二三二頁　**二八〇〇円**
（一九九七年一月刊）
◇4-89434-059-3

LES HÉRITIERS
Pierre BOURDIEU et
Jean Claude PASSERON

学校的言語とは何か

教師と学生のコミュニケーション

P・ブルデュー他　安田尚訳

ブルデュー教育社会学研究の原点として『遺産相続者たち』と対をなす画期作。講義や試験の言葉遣いにあらわれる教師と学生の関係の本質を抉り出し、教育の真の民主化のために必要な認識を明快に示す、全教育者必読の書。

A5上製　二〇〇頁　**三二〇〇円**
（一九九九年四月刊）
◇4-89434-129-8

RAPPORT PÉDAGOGIQUE ET COMMUNICATION
Pierre BOURDIEU
Jean-claude PASSERON et
Monique de SAINT MARTIN

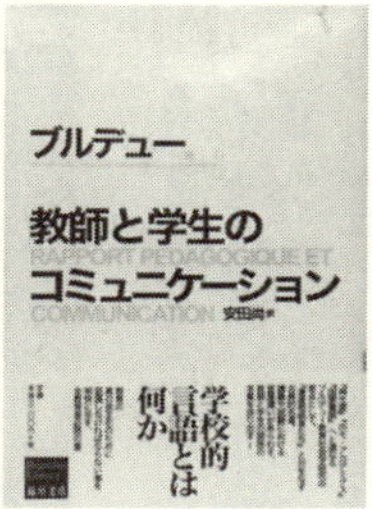

ブルデュー社会学を日本に適用

文化的再生産の社会学（ブルデュー理論からの展開）

宮島　喬

文化的再生産論の諸相を包括的に示し、そのダイナミズムとフロンティアを初めて呈示する本邦初成果。ブルデュー理論の基本を整理し、さらなる展開としてエスニシティ、ジェンダー等の新領野にも挑む。現在唯一の日本社会調査・分析も収録した注目の書。

A5上製　三二〇頁　**三八〇〇円**
（一九九四年二月刊）
◇4-938661-87-X

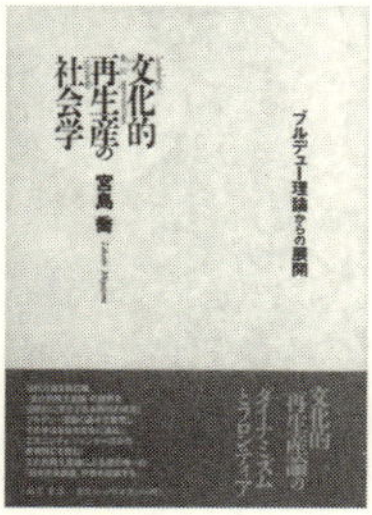

ブルデュー理論の基礎

社会学者のメチエ

（認識論上の前提条件）

P・ブルデュー他

田原音和・水島和則訳

ブルデューの隠れた理論体系を一望に収める基本文献。科学の根本問題としての認識論上の議論を、マルクス、ウェーバー、デュルケーム、バシュラールほか、45のテキストから引き出し、縦横に編み、その神髄を賦活する。

Ａ５上製　五二八頁　**五七〇〇円**
（一九九四年一月刊）
◇4-938661-84-5

LE MÉTIER DE SOCIOLOGUE
Pierre BOURDIEU, Jean-Claude CHAMBOREDON et Jean-Claude PASSERON

新しい社会学の本格的入門書

社会学の社会学

P・ブルデュー

田原音和監訳

文化と政治、スポーツと文学、言語と音楽、モードと芸術等、日常的な行為を対象に、超領域的な人間学を展開しているブルデューの世界への誘いの書。ブルデュー社会学の方法、概念、対象及び、社会科学の孕む認識論的・哲学的諸問題を呈示。

Ａ５上製　三七六頁　**三八〇〇円**
（一九九一年四月刊）
◇4-938661-23-3

QUESTIONS DE SOCIOLOGIE
Pierre BOURDIEU

〔附〕主要著作解題・全著作目録

構造と実践

（ブルデュー自身によるブルデュー）

P・ブルデュー　石崎晴己訳

新しい人文社会科学の創造を企図するブルデューが、自らの全著作・仕事について語る。行為者を構造の産物にして構造の再生産者として構成する「プラチック」とは何かを、自身の「語られたものごと」を通して呈示する、ブルデュー自身によるブルデュー。

Ａ５上製　三七六頁　**三七〇〇円**
（一九九一年一二月刊）
◇4-938661-40-3

CHOSES DITES
Pierre BOURDIEU

仏社会学界の潮流を俯瞰

科学的知の社会学

（デュルケームからブルデューまで）

田原音和

隣接諸学との関連において、仏社会学界百年の潮流を俯瞰しえた我国初の成果。デュルケームからレヴィ＝ストロース、ブルデューに至る今世紀の知的前線を、「認識論的」問題系から活写。九二年に急逝した著者の遺作選。

Ａ５上製　三五二頁　**四七〇〇円**
〔附〕月報・著作目録・略年譜
（一九九三年四月刊）
◇4-938661-70-5

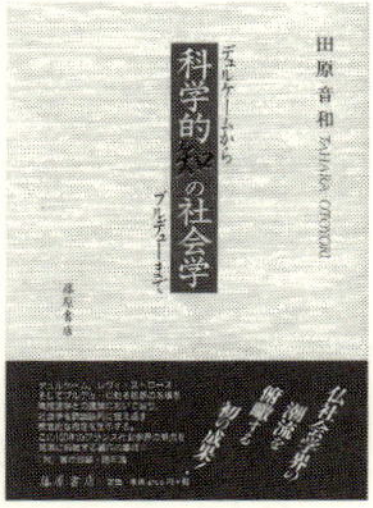